해커스 중국어 TSC 3급 중국어말하기시험

"니하오"를 몰라도 20일 만에 딸 수 있다! **200% 활용법!**

해커스 TSC 3급 발음 완성 트레이너

방법 1 [해커스 ONE] 앱 다운로드 후 로그인 ▶ 좌측 상단에서 [중국어] 선택 ▶ [무료학습] 클릭 ▶
[발음 트레이너] 클릭 ▶ 교재 구매 인증 코드 입력 후 이용하기

방법 2 해커스중국어(china.Hackers.com) 접속 후 로그인 ▶ 페이지 상단 [무료 자료] ▶
[TSC 발음 완성 트레이너] 클릭 ▶ 교재 구매 인증 코드 입력 후 이용하기

▲ [해커스 ONE]
앱 다운받기

TSC 학습용 무료 MP3

이용방법 해커스중국어(china.Hackers.com) 접속 후 로그인 ▶ 페이지 상단 [교재/MP3] ▶
[교재 MP3/자료] 클릭 ▶ 본 교재 선택 후 이용하기

폰 안에 쏙! TSC 3급, 주제별 필수 암기 어휘집 (PDF)

이용방법 해커스중국어(china.Hackers.com) 접속 후 로그인 ▶ 페이지 상단 [교재/MP3] ▶
[교재 MP3/자료] 클릭 ▶ 본 교재 선택 후 이용하기

시험장까지 들고가는 답변 문장 암기 노트

이용방법 본 교재에 수록된 중철부록을 분리하여 시험장에 가져가기

본 교재 인강 20% 할인쿠폰

EE238FD253BE7ERK · 쿠폰 유효기간: 쿠폰 등록 후 30일

▲ 쿠폰 등록하기

* 해당 쿠폰은 TSC 3급 단과 강의 구매 시 사용 가능합니다.
* 본 쿠폰은 1회에 한해 등록 가능합니다.
* 이 외 쿠폰 관련 문의는 해커스중국어 고객센터(02-537-5000)로 연락 바랍니다.

이용방법 해커스중국어(china.Hackers.com) 접속 후 로그인 ▶ 나의강의실 ▶ 내 쿠폰 확인하기 ▶ 쿠폰번호 등록

중국어도 역시 1위 해커스중국어
약 900여 개의 체계적인 무료 학습자료

레벨 \ 분야	공통	회화	HSK	HSKK/TSC
공통	철저한 성적분석 **무료 레벨테스트** 	빠르게 궁금증 해결 **1:1 학습 케어** 	HSK 전 급수 **프리미엄 모의고사** 	TSC 급수별 **발음 완성 트레이너**
초급	초보자가 꼭 알아야 할 **초보 중국어 단어** 	기초 무료 강의 제공 **초보 중국어 회화** 	HSK 4급 쓰기+어휘 완벽 대비 **쓰기 핵심 문장 연습** 	TSC 급수별 **만능 표현** **& 필수 암기 학습자료**
중급	매일 들어보는 **사자성어 & 한자상식** 	입이 트이는 자동발사 **중국어 팟캐스트** 	기본에서 실전까지 마무리 **HSK 무료 강의** 	HSKK/TSC 실전 정복! **고사장 소음 버전 MP3**
고급	실생활 고급 중국어 완성! **중국어 무료 강의** 	상황별 다양한 표현 학습 **여행/비즈니스 중국어** 	HSK 고득점을 위한 **무료 쉐도잉 프로그램** 	고급 레벨을 위한 **TSC 무료 학습자료**

[중국어인강 1위] 주간동아 선정 2019 한국 브랜드 만족지수 교육(중국어인강) 부문 1위
[900개] 해커스중국어 사이트 제공 총 무료 콘텐츠 수(~2021.02.19)

중국어 인강 1위 해커스중국어   china.Hackers.com ▾   검색

무료 학습자료
확인하기 ▶

해커스

중국어 TSC 3급

"니하오"를 몰라도   20일 만에 딸 수 있다!

해커스 어학연구소

중국어는 "니하오"도 모르는데
20일 만에 **TSC 3급**을 딸 수 있다고요?

그럼요! **해커스와** 함께 **세 가지**만 하면
TSC 3급 딸 수 있습니다!

 중국어 발음을 잘 익히면 3급 딸 수 있어요.

중국어 발음의 시작인 성모·운모·성조부터 차근차근 익혀요.

🔲 성모 익히기

성모는 중국어 발음의 첫소리로 우리말의 자음에 해당하는 부분이에요. 성모는 ◯류되며, 총 21개의 성모로 구성되어 있어요. 아래의 성모에 o, e, i 3개의 모음 빌라 말해보세요.

구분		
쌍순음, 순치음 (입술을 이용해 내는 소리)	b(o) 뿌어~	p(o) 포어~
설첨음 (혀끝을 이용해 내는 소리)	d(e) 뜨어~	t(e) 트어~
설근음 (혀뿌리를 이용해 내는 소리)	g(e) 끄어~	k(e) 크어~
설면음 (혓바닥을 넓게 펴서 내는 소리)	j(i) 찌이~	q(i) 치이~
설치음 (혀끝과 윗니가 만나 내는 소리)	z(i) 쯔으~	c(i) 츠으~
권설음 (혀를 둘둘 말아 내는 소리)	zh(i) 쯰~	ch(i) 츨~

★ 한글 발음 표기 중, "찌이~"에서 '이'처럼 더 작은 글씨로 표기된 것은 가볍게 입모양만 갖◯ 소리를 나타낸 거예요.

★ 권설음은 이를 앙 물고 혀를 둥근 국자처럼 만 상태에서 공기를 내보내며 발음해요. 그◯

🔲 성조 익히기

1. 성조 한눈에 보기

중국어는 글자마다 고유의 음을 가지고 있는데, 이런 고유의 음을 성조라고 해요. 시함으로써 비로소 의미를 갖는 중국어 단어가 완성돼요. 성조에는 1성, 2성, 3성, ◯음원을 들으며 큰 소리로 한 번에 따라 말해보세요.

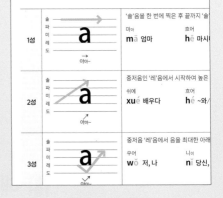

1성	a	'솔'음을 한 번에 찍은 후 끝까지 '솔◯ 마아 mā 엄마 흐어 hē 마시◯
2성	a	중저음인 '레'음에서 시작하여 높은◯ 쉬에 xué 배우다 흐어 hé ~와/◯
3성	a	중저음 '레'음에서 음을 최대한 아래◯ 우어 wǒ 저, 나 니이 nǐ 당신, ◯

둘째 **TSC에 꼭 필요한 어법 11개만 말하기로 익히면 3급 딸 수 있어요.**

TSC 3급에 필요한 어법 11개를 말하기로 익혀요.

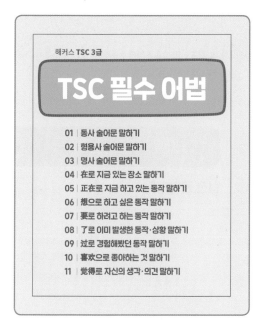

해커스 TSC 3급

TSC 필수 어법

01 | 동사 술어문 말하기
02 | 형용사 술어문 말하기
03 | 명사 술어문 말하기
04 | 在로 지금 있는 장소 말하기
05 | 正在로 지금 하고 있는 동작 말하기
06 | 想으로 하고 싶은 동작 말하기
07 | 要로 하려고 하는 동작 말하기
08 | 了로 이미 발생한 동작·상황 말하기
09 | 过로 경험해봤던 동작 말하기
10 | 喜欢으로 좋아하는 것 말하기
11 | 觉得로 자신의 생각·의견 말하기

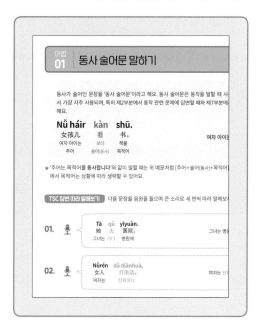

어법 01 동사 술어문 말하기

동사가 술어인 문장을 '동사 술어문'이라고 해요. 동사 술어문은 동작을 말할 때 사...서 가장 자주 사용되며, 특히 제2부분에서 동작 관련 문제에 답변할 때와 제7부분에...해요.

Nǚ háir kàn shū.
女孩儿 看 书。 여자 아이...
여자 아이는 보다 책을
주어 술어(동사) 목적어

★ '주어는 목적어를 동사합니다'와 같이 말할 때는 위 예문처럼 [주어 + 술어(동사) + 목적어]
에서 목적어는 상황에 따라 생략할 수 있어요.

TSC 답변 따라 말해보기 다음 문장을 음원을 들으며 큰 소리로 세 번씩 따라 말해보...

01. 🎤 **Tā qù yīyuàn.**
她 去 医院。 그녀는 병원...
그녀는 가다 병원에

02. 🎤 **Nǚrén dǎ diànhuà.**
女人 打电话。 여자는 전...
여자는 전화하다

 셋째 **1~2개의 문장으로 쉽게 답변하는 방법만 알면 3급 딸 수 있어요.**

패턴화된 질문을 활용하여 1~2개의 문장으로 쉽게 답변하는 방법을 학습해요.

기출 패턴 1 사람이 가고 있는 장소를 묻는 질문과 답변 패턴

질문이 '사람+去哪儿?(~qù nǎr? ~은 어디에 갑니까?)' 패턴으로 출제되면, 哪儿(nǎr, 어디) 자리에 그림 속 장소 어휘를 넣어 말하면 돼요.

질문 패턴
사람+
去哪儿?

Tā qù nǎr ?
她 去 哪儿 ? 그녀는 어디에 갑니까?
그녀는 가다 어디에

답변 패턴
사람+去+
장소.

Tā qù yīyuàn .
她 去 医院 。 그녀는 병원에 갑니다.
그녀는 가다 병원에

목차

시험장까지 들고가는
답변 문장 암기 노트

 폰 안에 쏙!
**TSC 3급, 주제별 필수
암기 어휘집**

 • 교재 학습용 **MP3**
• 해커스 TSC 3급 **발음 완성
트레이너**

* 폰 안에 쏙! TSC 3급, 주제별 필수 암기 어휘집, 교재 학습용 MP3, 해커스 TSC 3급 발음 완성 트레이너는 해커스 중국어 사이트
(china.Hackers.com)에서 무료로 다운로드 및 이용하실 수 있습니다.

교재 200% 활용법

'중국어 기초'와 'TSC 필수 어법'으로 기본기 다지기

'중국어 기초'로 발음, 기초 어휘, 기본 문장 익히기

중국어의 발음에 해당하는 성모, 운모, 성조를 익히고 다양한 품사별 기초 어휘 및 숫자 표현을 익힐 수 있습니다. 그리고 아주 기본적인 중국어 문장 형태를 학습하여 TSC의 기초를 다질 수 있습니다.

'TSC 필수 어법'으로 TSC 3급에 꼭 필요한 어법 11개 익히기

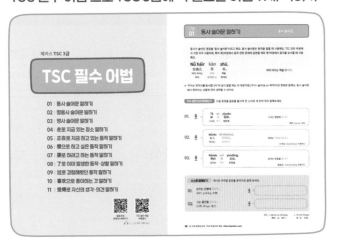

TSC 3급 달성을 위해 꼭 알아두어야 할 어법 11개만을 모아 집중적으로 학습할 수 있도록 하였습니다. 11개의 필수 어법을 학습함으로써 TSC 3급 달성을 위한 답변 문장을 스스로 말할 수 있습니다.

빈출 어휘·표현 및 질문/답변 패턴으로 실력 쌓기

시험에서 자주 출제되는 어휘·표현 익히기

각 부분의 유형별로 빈출 어휘와 빈출 표현을 정리하였습니다. 이를 통해 학습자들은 질문을 정확히 이해하고, 질문에 맞는 답변을 할 수 있습니다.

1~2 문장으로 쉽게 답변하기 위한 질문/답변 패턴 익히기

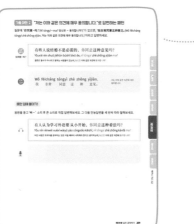

실제 시험에 출제됐던 모든 질문을 패턴화하였고, 답변 역시 질문의 패턴을 활용하여 1~2 문장으로 쉽게 답할 수 있도록 패턴화하였습니다. 이로써 학습자들은 모든 질문에 대해 쉬운 1~2 문장으로 답변할 수 있습니다.

교재 200% 활용법

최신 경향을 반영한 실전 문제로 실전 감각 익히기

'답변 전략 스텝'을 적용한 문제풀이로 실전 감각 익히기

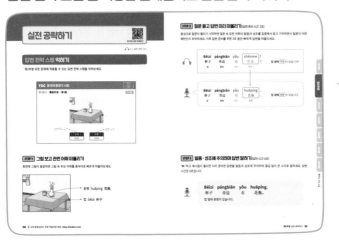

각 부분별로 답변 전략 스텝을 수록하여 체계적인 답변 연습이 가능하도록 하였습니다. 학습자들은 문제가 화면에 등장하는 순간부터 답변 준비 및 답변을 어떤 순서로 어떻게 하면 되는지를 익힘으로써, 시험장에서도 당황하지 않고 효과적으로 답변할 수 있습니다.

'실전TEST' 및 '실전모의고사'으로 실제 시험 대비하기

실제 시험과 동일한 디자인과 난이도로 구성한 문제들을 수록해 실제 시험에 대비할 수 있도록 하였습니다. '실전TEST'와 '실전모의고사'를 통해 학습한 내용을 토대로 실전 감각을 익혀보세요.

다양한 버전의 MP3와 발음 완성 트레이너, 답변 문장 암기 노트로 TSC 3급 실력 극대화하기

다양한 버전의 MP3와 '해커스 TSC 3급 발음 완성 트레이너'로 중국어 발음 실력 극대화하기

해커스중국어 사이트에서는 다양한 버전으로 들을 수 있는 학습용 MP3와 정확한 발음 훈련을 위한 '해커스 TSC 3급 발음 완성 트레이너' 서비스를 제공하고 있습니다. 정확한 발음을 익혀 TSC 3급을 달성해보세요.

※ MP3는 해커스중국어 사이트(china.Hakcers.com)에서 다운로드 가능하고 해커스 TSC 3급 발음 완성 트레이너'는 아래의 경로로 이용 가능합니다.
① PC 버전: 해커스중국어(china.Hackers.com) ▶ 페이지 상단 [무료 강의/자료] ▶ [TSC 발음 완성 트레이너] ▶ 교재구매 인증 코드 입력 후 이용
② 모바일 버전: 해커스ONE 어플 다운로드 ▶ [해커스중국어] 클릭 ▶ [무료학습]클릭 ▶ [발음 트레이너] 클릭

부록 [시험장까지 들고가는 답변 문장 암기 노트]로 답변 문장 말하기 실력 극대화하기

교재에 수록된 핵심 답변 문장들을 패턴별로 모아 별책부록으로 한눈에 보기 쉽게 구성하였습니다. 시험장에 들어가는 순간까지 부록을 반복적으로 보며 TSC 3급에 최종 대비하세요.

TSC의 모든 것

TSC란?

TSC(Test of Spoken Chinese)는 국내 최초의 CBT(Computer-Based Test) 방식의 중국어 말하기 시험으로, 중국어 학습자의 말하기 능력을 직접적으로 평가하는 시험입니다.

TSC 시험 구성

TSC는 모두 7개의 부분, 총 26문항으로 구성되어 있으며, 평가 시간은 총 50분(오리엔테이션: 20분, 시험: 30분)입니다.

구분	구성	답변 준비시간	답변 시간	문제 수
제1부분	자기 소개	0초	10초	4개
제2부분	그림 보고 답하기	3초	6초	4개
제3부분	대화 완성	2초	15초	5개
제4부분	일상 화제에 대해 설명하기	15초	25초	5개
제5부분	의견 제시	30초	50초	4개
제6부분	상황 대응	30초	40초	3개
제7부분	스토리 구성	30초	90초	1개

TSC 평가 방법

TSC는 이해도, 반응도, 정확도 등 답변의 전반적인 수준을 측정하여 급수를 부여하고, 유창성·어법·어휘·발음으로 평가 영역을 나누어, 4가지 평가 영역별로 성취도 평가를 진행합니다. 마지막으로 평가 완료된 답변을 무작위로 골라 동일 기준으로 평가가 되었는지 검토한 후 최종적으로 평가를 마무리합니다.

TSC 급수별 수준

시험 결과는 초급부터 최상급까지 10단계로 구분하여 등급으로 표시됩니다.

급수	수준	급수	수준
1급	인사말만 겨우 말할 수 있는 수준	6급	일반적인 화제에 대해 내용이 충실하고 구체적으로 답할 수 있는 수준
2급	어휘와 구(句) 사용이 제한적이고 기본적인 의사소통만 가능한 수준	7급	일반적인 화제에 대해 적극적으로 자신감을 갖고 대응할 수 있는 수준
3급	기초적인 어휘와 어법으로 구성한 간단한 문장을 말할 수 있는 수준	8급	대부분의 문제에 명확하고 설득력을 갖추어 답변할 수 있는 수준
4급	기초적인 사회 활동에 필요한 대화를 구사할 수 있는 수준	9급	대부분의 화제에 적극적으로 대처하고 자세히 설명할 수 있는 수준
5급	일반적인 화제에 대해 답변할 수 있고 기본적인 사회 활동에 지장이 없는 수준	10급	모든 질문에 풍부한 어휘와 복잡한 문형을 사용해 조리 있게 답변할 수 있는 수준

TSC 접수부터 성적 확인까지

1. **TSC 시험 접수**

   TSC 홈페이지 (https://www.ybmtsc.co.kr)에서 상단 왼쪽의 [시험접수]를 클릭하여 접수합니다.

   *TSC는 반드시 홈페이지를 통해 온라인 접수를 해야 하며 우편/방문접수는 받지 않습니다.

   - 접수 과정: 로그인 → 시험센터 선택 → 개인 정보 입력 및 사진 등록 → 내용 확인 및 결제

2. **TSC 시험 당일 준비물** : 규정 신분증

3. **TSC 시험 성적 확인**

   (1) 성적 확인: 시험 성적은 시험일로부터 11일 후, TSC 홈페이지에서 확인이 가능합니다.

       - 성적 확인 과정: 홈페이지 상단 중간의 [성적확인] 클릭 → 로그인 → 비밀번호 재입력 → '자세히보기' 클릭

   (2) 성적표 수령 방법: 성적표는 시험 접수 시 선택했던 온라인 출력 또는 우편 수령 방법으로 받아볼 수 있습니다.

   (3) 성적 유효기간: 성적은 시험 시행일로부터 2년 후 해당 시험 일자까지입니다.

TSC 부분별 출제 유형 및 3급 답변 가이드

제1부분 – 자기 소개

이름, 출생 연월일, 가족 수, 소속 등 자기 소개 관련 질문을 듣고 답하는 유형이에요.

- 문제 수 : 4개
- 답변 준비시간 : 0초
- 답변 시간 : 10초

3급 답변 가이드

미리 준비한 이름, 출생 연월일, 가족 수, 소속에 대한 답변을 정확한 발음으로 끊김 없이 말하세요.

제2부분 – 그림 보고 답하기

화면 속 그림을 보고 음성으로 들리는 질문에 맞게 답하는 유형이에요.

- 문제 수 : 4개
- 답변 준비시간 : 3초
- 답변 시간 : 6초

3급 답변 가이드

질문에 맞는 문장 1개를 정확한 발음으로 끊김 없이 말하세요.

제3부분 – 대화 완성

음성으로 들리는 질문에 정확하게 답하는 유형이에요.

- 문제 수 : 5개
- 답변 준비시간 : 2초
- 답변 시간 : 15초

3급 답변 가이드

그림 속 주인공이라고 상상한 후, 질문에 대한 답변 문장 1개를 정확한 발음으로 끊김 없이 말하세요.

제4부분 – 일상 화제에 대해 설명하기

화면 속 질문을 보고 정확하게 답하는 유형이에요.

- 문제 수 : 5개
- 답변 준비시간 : 15초
- 답변 시간 : 25초

3급 답변 가이드

질문을 최대한 반복 또는 활용한 문장 2개를, 정확한 발음으로 끊김 없이 말하세요.

TSC 부분별 출제 유형 및 3급 답변 가이드

제5부분 – 의견 제시

화면 속 질문에 맞춰 자신의 의견을 논리적으로 답하는 유형이에요.

- 문제 수: 4개
- 답변 준비시간: 30초
- 답변 시간: 50초

3급 답변 가이드

질문의 유형에 가장 적절한 만능답변을 정확한 발음으로 끊김 없이 말하세요.

제6부분 – 상황 대응

주어진 상황에 맞춰 문제 속 미션을 모두 달성해야 하는 유형이에요.

- 문제 수: 3개
- 답변 준비시간: 30초
- 답변 시간: 40초

3급 답변 가이드

질문의 유형에 가장 적절한 만능답변을 상대방과 대화하듯이 정확한 발음으로 끊김 없이 말하세요.

제7부분 – 스토리 구성

화면 속 4개의 그림을 하나의 스토리로 만들어 답하는 유형이에요.

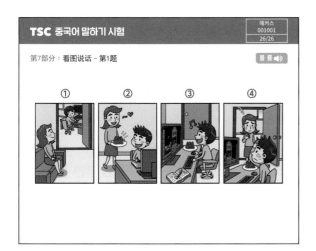

-문제 수 : 1개
-답변 준비시간: 30초
-답변 시간: 90초

3급 답변 가이드

그림 한 개당 한 문장을 준비하여 정확한 발음으로 그림 순서대로 말하세요.

코멘트 – 자유 발언

시험이 모두 종료된 후, 자유롭게 하고 싶은 말을 할 수 있는 시간이 주어져요.

-발언 준비시간: 2초
-발언 시간: 30초

발언은 이렇게!

중국어로 시험에 대한 감상평 등을 자유롭게 얘기해도 되고, 아무런 말을 하지 않아도 돼요.

TSC 입문자를 위한 Q&A

Q TSC 시험 중 필기가 가능한가요?

A TSC 시험 중 필기는 불가능하며, 별도의 필기도구도 제공되지 않습니다.

TSC 시험 중 필기도구를 사용하거나 메모하는 행위는 시험 규정 위반 사항이며, 규정 위반자는 1년간 응시 제한, 해당 시험 성적 무효 처리 및 퇴실 조치가 이루어질 수 있습니다.

Q 고사장에 사람이 많거나 시끄럽지는 않나요?

A 고사장에 따라 최대 30명까지 응시생이 있을 수 있으며, 시험 중 주변 응시생들의 답변 소리가 들릴 수 있습니다.

TSC 시험에서는 모든 응시생이 주변 응시생들에게 방해가 되지 않도록 평소 말하는 목소리 크기로 답변할 것을 규정하고 있는데, 고사장 환경에 따라 다른 응시생들의 말소리가 들릴 수 있으므로 자신의 답변에만 집중하는 것이 중요합니다. <해커스 TSC 3급>에서는 실전모의고사를 실제 고사장 환경 속에서 풀어볼 수 있는 고사장 버전 MP3 파일을 제공하고 있습니다.

Q 어떻게 답변해야 할 지 모르는 문제가 나오면 차라리 아무말 안하는 것이 나을까요?

A 아무 말도 안 하고 있기보다는 "죄송합니다. 잘 모르겠습니다.(对不起, 我不知道, Duìbuqǐ, wǒ bù zhīdào.)"와 같은 비상용 답변을 말하는 것이 좋습니다.

질문을 정확히 이해하지 못했거나, 어떻게 답변해야 할 지 모르겠으면 "죄송합니다. 잘 모르겠습니다(对不起, 我不知道, Duìbuqǐ, wǒ bù zhīdào.)"라고 답변하는 것이 좋습니다. <해커스 TSC 3급>에는 특히 난이도가 높은 제4~6부분에 비상용 답변 문장이 수록되어 있습니다. 아무 말도 안 하거나 질문에 맞지 않은 엉뚱한 답변을 하는 것이 오히려 더 안 좋은 점수를 받을 수 있습니다.

TSC 학습 관련 Q&A

Q TSC 성적과 HSK 급수는 비례하나요?

A **TSC 성적은 HSK 급수와 직접적인 관련이 없습니다.**

TSC에서 가장 중요하게 요구되는 말하기 능력은 HSK 학습과는 관련이 없습니다. 따라서, 높은 급수의 HSK 성적을 가졌다고 해서 TSC 역시 높은 성적을 기대하긴 어렵습니다. 다만 HSK 학습을 통해 쌓아 놓은 어휘/문법/듣기/독해 실력은 목표하는 TSC 급수를 좀 더 빠르게 달성하는 데 도움이 됩니다.

Q 중국어를 잘 못하는데 TSC의 모든 부분을 다 준비해야 할까요?

A **중국어 왕초보 또는 초보인데 TSC를 처음 시작하신다면 제1~4부분을 중점적으로 공략하는 것을 추천합니다.**

풍부한 어휘량을 요구하고 논리적으로 답변해야 하는 제5~7부분보다는 문제의 내용을 이해하고 답변하기 비교적 쉬운 제1~4부분을 중점적으로 학습하는 것이 좋습니다. <해커스 TSC 3급>의 합격 전략대로 학습하면 제1~4부분의 모든 문제에 정확하게 답변할 수 있고, 제5~7부분은 만능 답변 문장으로 자신있게 답변할 수 있습니다.

Q 중국어를 잘 못하는데 TSC 공부, 무엇부터 시작해야 할까요?

A **중국어 발음과 어휘, 문장의 기초를 다지고, TSC 답변을 위한 필수 어법부터 학습하세요.**

TSC에서는 정확한 발음과 오류 없는 완전한 문장으로 답변하는 것이 매우 중요합니다. 따라서 발음, 기초 어휘, 기본 문장 그리고 최소한의 필수 어법을 익혀두어야 합니다. <해커스 TSC 3급>에서는 발음, 기초, 어휘, 기본 문장을 학습할 수 있는 '중국어 기초'와 TSC 필수 어법 11개를 학습할 수 있는 'TSC 필수 어법'을 제공하고 있습니다.

3급 달성을 위한 케바케 20일 학습플랜

CASE 1 | "니하오"도 모르는데 TSC 첫 도전!!!

중국어 공부를 해 본적이 없거나 왕초보인데 TSC 첫 도전인가요? 그러면 먼저 '중국어 기초'와 'TSC 필수 어법'을 충분히 학습하세요. 그리고 하루에 한 유형씩 학습하며 실력을 차곡차곡 쌓고, 마지막 날 실전모의고사를 TSC 3급에 도전하세요! 명심하세요! 20일 동안 하루에 1시간 30분 이상 공부해야 해요!

DAY01 □ ___월___일	중국어 기초 01 성모·운모·성조 익히기	DAY11 □ ___월___일	제2부분 실전 공략하기 제2부분 실전TEST
DAY02 □ ___월___일	중국어 기초 02 기초 어휘 익히기	DAY12 □ ___월___일	제3부분 유형1
DAY03 □ ___월___일	중국어 기초 02 숫자 표현 익히기	DAY13 □ ___월___일	제3부분 유형2
DAY04 □ ___월___일	중국어 기초 03 기본 문장 익히기	DAY14 □ ___월___일	제3부분 유형3
DAY05 □ ___월___일	TSC 필수 어법 01~08	DAY15 □ ___월___일	제3부분 실전 공략하기 제3부분 실전TEST
DAY06 □ ___월___일	TSC 필수 어법 09~11 제1부분	DAY16 □ ___월___일	제4부분 유형1
DAY07 □ ___월___일	제2부분 유형1	DAY17 □ ___월___일	제4부분 유형2
DAY08 □ ___월___일	제2부분 유형2	DAY08 □ ___월___일	제4부분 실전 공략하기 제4부분 실전TEST
DAY09 □ ___월___일	제2부분 유형3	DAY19 □ ___월___일	제5부분 제6부분 제7부분
DAY10 □ ___월___일	제2부분 유형4	DAY20 □ ___월___일	실전모의고사

★ 30일 학습 플랜 TIP Day06 제1부분부터 Day15의 제3부분까지, 하루 분량을 이틀에 나눠서 학습하면 좀 더 실력을 탄탄히 다지면서 30일 동안 학습할 수 있어요.

CASE 2 | TSC 3급 재도전, 이번이 진짜 마지막이다!!!

이번 시험에서는 2급이 아니라 3급을 꼭 따고 싶은가요? 그렇다면 복습만이 살 길! 부분별로 학습이 끝나면 하루를 할애해 학습했던 부분을 꼭 복습하세요. 그리고 마지막 날 부록 [시험장까지 들고가는 답변 문장 암기 노트]로 최종 복습하면 3급 성적표를 받을 수 있을 거예요. 명심하세요! 20일 동안 하루 1시간 이상은 공부해야 해요!

DAY01 ☐ __월 ___일	**중국어 기초 01** **중국어 기초 02**	**DAY11** ☐ __월 ___일	**제3부분** 유형2
DAY02 ☐ __월 ___일	**중국어 기초 03** **TSC 필수 어법**	**DAY12** ☐ __월 ___일	**제3부분** 유형3
DAY03 ☐ __월 ___일	중국어 기초, TSC 필수어법 복습 **제1부분**	**DAY13** ☐ __월 ___일	**제3부분** 실전 공략하기 **제3부분** 실전TEST
DAY04 ☐ __월 ___일	**제2부분** 유형1	**DAY14** ☐ __월 ___일	제3부분 복습
DAY05 ☐ __월 ___일	**제2부분** 유형2	**DAY15** ☐ __월 ___일	**제4부분** 유형1
DAY06 ☐ __월 ___일	**제2부분** 유형3	**DAY16** ☐ __월 ___일	**제4부분** 유형2
DAY07 ☐ __월 ___일	**제2부분** 유형4	**DAY17** ☐ __월 ___일	**제4부분** 실전 공략하기 **제4부분** 실전TEST
DAY08 ☐ __월 ___일	**제2부분** 실전 공략하기 **제2부분** 실전TEST	**DAY08** ☐ __월 ___일	제4부분 복습
DAY09 ☐ __월 ___일	제1,2부분 복습	**DAY19** ☐ __월 ___일	**제5-7부분** **실전모의고사**
DAY10 ☐ __월 ___일	**제3부분** 유형1	**DAY20** ☐ __월 ___일	제5-7부분 복습 **[부록] 시험장까지 들고가는** **답변 문장 암기 노트** **[PDF] 폰 안에 쏙! TSC 3급,** **주제별 필수 암기 어휘집**

★ 3급 합격 데일리 학습 TIP 매일 학습을 끝낼 때에는 그날 익힌 표현과 문장을 우리말을 보고 중국어로 말할 수 있을 때까지 꼭 암기하세요.

본 교재 동영상강의·무료 학습자료 제공
china.Hackers.com

해커스 **TSC 3급**

중국어 기초

중국어 기초 01
바로듣기

🎧 1_1_중국어 발음.mp3

중국어 발음은 우리말의 자음에 해당하는 성모와 모음에 해당하는 운모, 음의 높낮이를 나타내는 성조를 익혀야 해요. 중국어는 정확한 발음으로 말해야지만 상대방이 제대로 이해할 수 있어요. 따라서 '발음'은 TSC 채점 항목 중 하나입니다. 중국어 발음을 꼼꼼히 익혀보도록 해요.

🔲 성모 익히기

성모는 중국어 발음의 첫소리로 우리말의 자음에 해당하는 부분이에요. 성모는 소리 내는 방식에 따라 6종류의 소리로 분류되며, 총 21개의 성모로 구성되어 있어요. 아래의 성모에 o, e, i 3개의 모음 발음을 붙여서 음원을 들으며 큰 소리로 따라 말해보세요.

구분	병음			
쌍순음, 순치음 (입술을 이용해 내는 소리)	b(o) 뽀어~	p(o) 포어~	m(o) 모어~	f(o) f어~
설첨음 (혀끝을 이용해 내는 소리)	d(e) 뜨어~	t(e) 트어~	n(e) 느어~	l(e) 르어~
설근음 (혀뿌리를 이용해 내는 소리)	g(e) 끄어~	k(e) 크어~	h(e) 흐어~	
설면음 (혓바닥을 넓게 펴서 내는 소리)	j(i) 찌이~	q(i) 치이~	x(i) 씨이~	
설치음 (혀끝과 윗니가 만나 내는 소리)	z(i) 쯔으~	c(i) 츠으~	s(i) 쓰으~	
권설음 (혀를 둘둘 말아 내는 소리)	zh(i) 쯔f~	ch(i) 츠f~	sh(i) 쓰f~	r(i) 르f~

★ 한글 발음 표기 중, "찌이~"에서 '이'처럼 더 작은 글씨로 표기된 것은 가볍게 입모양만 갖춰서 앞뒤 소리에 자연스럽게 이어지도록 내는 소리를 나타낸 거예요.

★ 권설음은 이를 앙 물고 혀를 둥근 국자처럼 만 상태에서 공기를 내보내며 발음해요. 그래서 쯔f~, 츠f~, 쓰f~, 르f~로 표기한 거예요.

운모 익히기

운모는 중국어 발음의 끝소리로 우리말의 모음에 해당하는 부분이에요. 성모와 운모를 결합하면 글자 한 개를 발음할 수 있어요. 운모는 6개의 단운모, 30개의 결합운모, 총 36개의 운모로 구성되어 있어요. 아래의 운모를 음원을 들으며 큰 소리로 따라 말해보세요.

단운모	결합운모			
a [아아~]	**ao** [아오~]	**ai** [아이~]	**an** [아안~]	**ang** [아앙~]
o [오어~]	**ou** [어우~]	**ong** [오옹~]		
e [으어~]	**ei** [에이~]	**en** [으언~]	**eng** [으엉~]	**er** [으얼~]
i [이이~]	**ia (ya)** [이아~]	**ian (yan)** [이엔~]	**iang (yang)** [이앙~]	**iao (yao)** [이아오~]
	in (yin) [이인~]	**ing (ying)** [이잉~]		
	iou (you) [이어우~]	**iong (yong)** [이옹~]	**ie (ye)** [이에]	
u [우우~]	**ua (wa)** [우아~]	**uan (wan)** [우안~]	**uang (wang)** [우앙~]	**uai (wai)** [우아이~]
	uen (wen) [우언~]	**ueng (weng)** [우엉~]	**uei (wei)** [우에이~]	**uo (wo)** [우어~]
ü [위이~]	**üe (yue)** [위에~]	**üan (yuan)** [위엔~]	**ün (yun)** [위인~]	

★ i, u, ü가 성모 없이 단독으로 쓰일 때는 yi, wu, yu로 표기한다는 것을 알아두세요. 그리고 ü가 성모 j, q, x 뒤에 올 때는 u로 표기해요.

📱 성조 익히기

1. 성조 한눈에 보기

중국어는 글자마다 고유의 음을 가지고 있는데, 이런 고유의 음을 성조라고 해요. 성모와 운모가 결합한 병음에 성조를 표시함으로써 비로소 의미를 갖는 중국어 단어가 완성돼요. 성조에는 1성, 2성, 3성, 4성, 경성이 있어요. 1성부터 4성까지를 중국어 성조의 '4성'이라 하고, 성조는 운모 위에 표시해요. 경성은 성조가 없고, 따라서 아무 표시를 하지 않아요. 음원을 들으며 큰 소리로 한 번에 따라 말해보세요.

1성	솔 파 미 레 도 **a** → 아아~	'솔'음을 한 번에 찍은 후 끝까지 '솔'음을 길게 유지해요. 마아 흐어 츠 **mā** 엄마 **hē** 마시다 **chī** 먹다
2성	솔 파 미 레 도 **a** ↗ 아아~	중저음인 '레'음에서 시작하여 높은 음으로 쭉 끌어올려요. 쉬에 흐어 위엔 **xué** 배우다 **hé** ~와/과 **yuán** 위안
3성	솔 파 미 레 도 **a** ↘↗ 아아~	중저음 '레'음에서 음을 최대한 아래로 내렸다가 위로 살짝 올려요. 우어 니이 이어우 **wǒ** 저, 나 **nǐ** 당신, 너 **yǒu** 있다
4성	솔 파 미 레 도 **a** ↘ 아아~	'솔'음을 시작으로 낮은 '도'까지 쭉 끌어내려요. 따아 리어우 뿌우 **dà** 크다 **liù** 6, 여섯 **bù** 아니다
경성	솔 파 미 레 도 **a**● 아	경성은 특별한 음높이 없이 짧고 가볍게 발음해요. 경성은 성조 표시를 하지 않아요. 마 바 **ma** ~입니까? **ba** ~하자

★ 성조는 항상 운모 위에 표기해요. 운모가 2개 이상일 경우 a>e, o>i, u, ü와 같이 입이 가장 크게 벌어지는 순서대로 표기해요.

2. 성조 마스터하기

첫 음절이 1성, 2성, 3성, 4성인 글자 뒤에 1성, 2성, 3성, 4성, 경성이 각각 결합된 글자를 음원을 들으며 큰 소리로 따라 말해보세요.

• **1성 마스터하기** 1성이 첫 성조이면 처음부터 높은 음으로 길게 쭉~ 이어준 후, 뒤에 오는 성조를 발음해요.

1성+1성	1성+2성	1성+3성	1성+4성
찌인티엔	꼬옹위엔	카이쓰ⓡ	쪼ⓡ어우모어
jīntiān 오늘	gōngyuán 공원	kāishǐ 시작하다	zhōumò 주말

• **2성 마스터하기** 2성이 첫 성조이면 첫 음을 낮은 음에서 높은 음으로 끌어올려준 후, 뒤에 오는 성조를 발음해요.

2성+1성	2성+2성	2성+3성	2성+4성
미잉티엔	츠ⓡ앙츠ⓡ앙	피잉구어	토옹이이
míngtiān 내일	chángcháng 항상, 자주	píngguǒ 사과	tóngyì 동의하다

• **3성 마스터하기** 3성은 뒤에 오는 성조가 1성, 2성, 4성이면 반3성(음이 내려가는 부분까지만 발음)으로, 3성이면 2성으로 성조가 바뀌어요.

3성+1성	3성+2성	3성+3성	3성+4성
메이티엔	뤼이이어우	스ⓡ우에이구어	비이찌아오
měitiān 매일	lǚyóu 여행하다	shuǐguǒ 과일	bǐjiào 비교적

• **4성 마스터하기** 4성이 첫 성조이면 첫 음을 높은 음에서 낮은 음으로 끌어내려준 후, 뒤에 오는 성조를 발음해요.

4성+1성	4성+2성	4성+3성	4성+4성
따안까오	씨잉그어	띠엔이잉	띠엔쓰ⓡ
dàngāo 케이크	xìnggé 성격	diànyǐng 영화	diànshì TV, 텔레비전

• **경성 마스터하기** 경성은 앞에 오는 성조에 따라 음의 높이가 달라지므로, 앞 성조에 맞춰 짧고 가볍게 발음해요.

1성+경성	2성+경성	3성+경성	4성+경성
쯔ⓡ우어즈	프엉여우	시이환	빠아바
zhuōzi 책상	péngyou 친구	xǐhuan 좋아하다	bàba 아빠

3. 3성의 성조 변화 마스터하기

3성은 뒤에 오는 성조에 따라 반3성 또는 2성으로 성조가 바뀌어요. 3성 뒤에 1성, 2성, 4성, 경성이 오면 앞의 3성은 내려가는 부분까지만 발음하는데, 이를 '반3성'이라고 해요. 3성 뒤에 바로 3성이 오면 앞의 3성을 2성으로 읽어줘요. 이렇게 성조가 바뀌는 이유는 말을 좀 더 쉽게 하기 위해서예요. 음원을 들으며 큰 소리로 여러 번 따라 말해보세요.

• 3성 + 1성 ⇒ 반3성 + 1성

하오츨	라오쓰	쏭어우찌이	지엔따안
hǎochī 맛있다	lǎoshī 선생님	shǒujī 휴대폰	jiǎndān 간단하다

• 3성 + 2성 ⇒ 반3성 + 2성

지에쥐에	차오메이	리이이어우	다아즈어
jiějué 해결하다	cǎoméi 딸기	lǐyóu 이유	dǎzhé 할인하다

• 3성 + 3성 ⇒ 2성 + 3성

크어이이	쏭어우비아오	다아싸오	니이 하오
kěyǐ ~해도 좋다	shǒubiǎo 손목시계	dǎsǎo 청소하다	nǐ hǎo 안녕하세요

• 3성 + 4성 ⇒ 반3성 + 4성

리이우	미이f아안	쯩우언뻬이	자오f아안
lǐwù 선물	mǐfàn 쌀밥	zhǔnbèi 준비하다	zǎofàn 아침밥

• 3성 + 경성 ⇒ 반3성 + 경성

니이 더	자오상	우안상	나이나이
nǐ de 너의 (것)	zǎoshang 아침	wǎnshang 저녁	nǎinai 할머니

4. 不(bù)와 一(yī)의 성조 변화 익히기

不(bù)와 一(yī)는 뒤에 나오는 글자의 성조에 따라 본래의 성조가 변해요. 원래 4성인 不와 원래 1성인 一 뒤에 1성, 2성, 3성이 오면 4성으로 발음하고, 4성이 오면 2성으로 발음해요. 不와 一는 바뀐 성조를 그대로 표기하니 병음에 표기된 성조를 반복 연습해서 입에 붙이는 것이 중요해요. 음원을 들으며 큰 소리로 여러 번 따라 말해보세요.

- **'不(bù) + 1성, 2성, 3성'이면 不를 원래 성조인 4성으로 발음해요.**

뿌우 티잉 **bù tīng** 듣지 않다	뿌우 층앙 ⓕ **bù cháng** 길지 않다	뿌우 마이 **bù mǎi** 사지 않다

- **'不(bù) + 4성'이면 不를 2성(bú)으로 발음해요.**

부우 이아오 **bú yào** 원하지 않다	부우 찌엔 **bú jiàn** 보이지 않다	부우 따아 **bú dà** 크지 않다	부우 쿠아이 **bú kuài** 빠르지 않다

- **'一(yī) + 1성, 2성, 3성'이면 一를 4성(yì)으로 발음해요.**

이이 쯩앙 ⓕ **yì zhāng** 1장	이이 피잉 **yì píng** 1병	이이 브언 **yì běn** 1권

- **'一(yī) + 4성'이면 一를 2성(yí)으로 발음해요.**

이이 쿠아이 **yí kuài** 1위안	이이 츠으 **yí cì** 한 번	이이 씨아 **yí xià** 한번 ~하다	이이 쑤에이 **yí suì** 1살

- **一(yī)가 단독으로 또는 서수로 쓰일 때, 원래 성조인 1성으로 발음해요.**

이이 **yī** 1, 하나	이이 디엔 **yī diǎn** 1시	띠이이이 **dìyī** 첫 번째	이이 위에 **yī yuè** 1월

🔲 헷갈리는 발음 마스터하기

중국어를 처음 시작할 때 특히 자주 헷갈리는 발음을 좀 더 집중적으로 익혀보아요. 음원을 들으며 큰 소리로 여러 번 따라 말해보세요.

• 운모 e는 '에'가 아닌 '으어'로 발음해요.

흐어
hē 마시다
('헤'로 발음하면 안 돼요.)

흐언
hěn 매우
('헨'으로 발음하면 안 돼요.)

므언
mén 문
('멘'으로 발음하면 안 돼요.)

끄엉
gèng 더욱
('껑'으로 발음하면 안 돼요.)

• 운모 e가 다른 운모 i 또는 ü와 나란히 있으면 '으어'가 아닌 '에'로 발음해요.

찌에
jiè 빌리다

게이
gěi 주다

ⓕ에이
shéi 누구

위에
yuè(üè) 월

• ian과 üan은 '이안' 및 '위안'이 아닌 '이엔'과 '위엔'으로 발음해요.

삐엔
biān ~쪽, ~측

디엔
diǎn 시, 정각

쒸엔
xuǎn 고르다

위엔
yuǎn 멀다

• ji, qi, xi의 운모 i는 '이'로, zi, ci, si 와 zhi, chi, shi, ri의 운모 i는 '으'로 발음해요.

찌이
jǐ 몇

치이
qī 7, 일곱

씨이
xǐ 씻다

쯔으
zì 글자

츠으
cì 번

쓰으
sǐ 죽다

쯔ⓕ
zhǐ 종이

츠ⓕ
chī 먹다

쓰ⓕ
shì 그렇다

르ⓕ
rì 날, 일

- ju, qu, xu, yu는 '쭈우, 추우, 쑤우, 이우'가 아닌 '쮜이, 취이, 쒸이, 위이'로 발음해요.

쮜이
jù 연극

취이
qù 가다

쒸이
xū 필요하다

위이
yú 물고기

- y나 w로 시작하는 병음은 y나 w를 빼고 발음하는 것과 똑같아요.

이이
yī = ī 1, 하나

우우
wǔ = ǔ 5, 다섯

위이
yú = ǘ 물고기

- '3성+3성'은 '2성+3성'으로 발음해요. 3성을 두 번 연속 발음하지 않아요.

시이ⓣ어우
xǐshǒu 손을 씻다

즌ⓣ안라안
zhǎnlǎn 전시회

후안지에
huǎnjiě 완화하다

게이 니이
gěi nǐ 너에게 주다

니이 하오
nǐ hǎo 안녕

시이자오
xǐzǎo 샤워하다

크어이이
kěyǐ ~해도 좋다

흐언 하오
hěn hǎo 매우 좋다

- 습관적으로 (e)r을 붙여 좀 더 부드럽게 발음하는 어휘가 있어요. 이를 'er화운'이라고 해요.

나안 하알
nán háir 남자 아이

뉘이 하알
nǚ háir 여자 아이

이어우디알
yǒudiǎnr 약간

우알
wánr 가지고 놀다

중국어 기초 01 중국어 발음 익히기 **29**

🎧 1_2_중국어 기초 어휘 및 숫자 표현.mp3

어휘가 떠오르지 않아 말을 이어가지 못하고 있군요. TSC에서 답변할 때에는 질문에 따라 적절한 어휘나 정확한 숫자를 말해야 해요. 따라서 '어휘'는 TSC 채점 항목 중 하나입니다. 기초 어휘와 함께 다양한 숫자 표현을 익혀보도록 해요.

🔲 기초 어휘 익히기

1. 대사

사람이나 사물을 대신해서 나타내는 어휘를 중국에서는 '대사'라고 해요. TSC에서 자주 나오는 대사를 음원을 들으며 큰 소리로 따라 말하면서 암기하세요.

TSC 어휘 암기하기

wǒ 我 저, 나	nǐ 你 당신, 너
tā 他 그, 그 사람	tā 她 그녀, 그 여자
wǒmen 我们 우리	nín 您 당신 (你의 존칭)
tāmen 他们 그들, 그 사람들	tāmen 她们 그녀들, 그 여자들
zánmen 咱们 우리	zhè 这 이, 이것
nà 那 그, 저	

* 咱们은 본인과 상대방을 모두 포함해요.

2. 의문사

의문의 초점이 되는 사람, 사물, 상태를 나타내는 어휘를 '의문사'라고 해요. TSC에서 자주 나오는 의문사를 음원을 들으며 큰 소리로 따라 말하면서 암기하세요.

TSC 어휘 암기하기

shénme 什么 무엇, 무슨	shéi 谁 누구	nǎ 哪 어느	nǎr 哪儿 어디
jǐ 几 몇	duō 多 얼마나	duōshao 多少 얼마, 몇	zěnme 怎么 어떻게, 어째서
shénme shíhou 什么时候 언제		zěnmeyàng 怎么样 어떠한가, 어떻다	

3. 동사

동작을 나타내는 어휘를 '동사'라고 해요. TSC에서 자주 나오는 동사를 음원을 들으며 큰 소리로 따라 말하면서 암기하세요.

TSC 어휘 암기하기

qù 去 가다	kàn 看 보다	chī 吃 먹다	hē 喝 마시다
tīng 听 듣다	huà 画 그리다, 그림	mǎi 买 사다	zuò 做 하다, 만들다
zhǎo 找 찾다, 구하다	shì 是 ~이다	yǒu 有 ~이 있다	zài 在 ~에 있다
xǐhuan 喜欢 좋아하다	páshān 爬山 등산하다	yùndòng 运动 운동하다	gōngzuò 工作 일하다, 일

4. 형용사

상태를 나타내는 어휘를 '형용사'라고 해요. TSC에서 자주 나오는 형용사를 음원을 들으며 큰 소리로 따라 말하면서 암기하세요.

TSC 어휘 암기하기

duō 多	많다	shǎo 少	적다	dà 大	크다, 나이가 많다	xiǎo 小	작다, 나이가 어리다
cháng 长	길다	duǎn 短	짧다	kuài 快	빠르다	màn 慢	느리다
guì 贵	비싸다	piányi 便宜	싸다	gāo 高	높다, 키가 크다	yuǎn 远	멀다

5. 부사

동작이나 상태의 정도, 빈도, 범위를 강조하거나 부정해 주는 어휘를 '부사'라고 해요. TSC에서 자주 나오는 부사를 음원을 들으며 큰 소리로 따라 말하면서 암기하세요.

TSC 어휘 암기하기

| hěn 很 | 매우 | fēicháng 非常 | 매우, 아주 | bǐjiào 比较 | 비교적 | gèng 更 | 더, 더욱 |
| yìqǐ 一起 | 같이, 함께 | chángcháng 常常 | 항상, 자주 | bù 不 | 아니다 | méi 没 | ~않다 |

6. 명사

사물이나 장소, 사람 등 특정한 대상을 나타내는 어휘를 '명사'라고 해요. TSC에서 자주 나오는 명사를 음원을 들으며 큰 소리로 따라 말하면서 암기하세요.

TSC 어휘 암기하기

shū 书	책
yīfu 衣服	옷
kāfēi 咖啡	커피
gōngyuán 公园	공원

kāfēitīng 咖啡厅	카페
túshūguǎn 图书馆	도서관
yéye 爷爷	할아버지
nǎinai 奶奶	할머니

| nǚde / nǚrén 女的 / 女人 | 여자 |
| nánde / nánrén 男的 / 男人 | 남자 |

| nǚ háizi / nǚ háir 女孩子 / 女孩儿 | 여자 아이 |
| nán háizi / nán háir 男孩子 / 男孩儿 | 남자 아이 |

7. 양사

사물의 개수나 동작의 횟수 등을 세는 어휘를 '양사'라고 해요. TSC에서 자주 나오는 양사를 음원을 들으며 큰 소리로 따라 말하면서 암기하세요.

TSC 어휘 암기하기

| ge 个 | 개, 명 [사물 또는 사람을 세는 양사] |
| cì 次 | 번 [횟수를 세는 양사] |

| suì 岁 | 세, 살 [나이를 세는 양사] |
| kuài 块 | 위안 [돈을 세는 양사] |

해커스 TSC 3급

hào 号	호 [집이나 방의 호수를 세는 양사]	lù 路	번 [버스 번호를 세는 양사]

8. 조동사

동사 앞에서 계획, 바람, 가능 등을 나타내는 어휘를 '조동사'라고 해요. TSC에서 자주 나오는 조동사를 음원을 들으며 큰 소리로 따라 말하면서 암기하세요.

TSC 어휘 암기하기

xiǎng 想	~하고 싶다, ~하려고 한다	yào 要	~하려고 한다, ~해야 한다
néng 能	~할 수 있다	huì 会	~할 것이다, ~할 줄 안다
kěyǐ 可以	~해도 좋다, ~할 수 있다		

9. 전치사

대상, 장소, 시간 등의 관계를 나타내는 어휘를 '전치사' 또는 '개사'라고 해요. TSC에서 자주 나오는 전치사를 음원을 들으며 큰 소리로 따라 말하면서 암기하세요.

TSC 어휘 암기하기

gēn 跟	~와/과	hé 和	~와/과	zài 在	~에서	gěi 给	~에게
cóng 从	(시간, 장소) ~로부터			dào 到	~까지		

10. 조사

다른 어휘를 보조해 소유, 상태, 경험 등을 나타내는 어휘를 '조사'라고 해요. TSC에서 자주 나오는 조사를 음원을 들으며 큰 소리로 따라 말하면서 암기하세요.

TSC 어휘 암기하기

| ~de
~的 | ~의 | [예] **wǒ** de
我的 | 나의 |

| ~ma?
~吗? | ~입니까? | [예] **qù** ma?
去吗? | 갑니까? |

| ~ne?
~呢? | ~는? | [예] **nǐ** ne?
你呢? | 너는? |

| ~ba
~吧 | ~하자 | [예] **zuò** ba
做吧 | 하자 |

| ~le
~了 | ~했다 | [예] **mǎi** le
买了 | 샀다 |

| ~guo
~过 | ~한 적 있다 | [예] **xué** guo
学过 | 배운 적 있다 |

| ~zhe
~着 | ~한 채로 있다 | [예] **zuò** zhe
坐着 | 앉은 채로 있다 |

■ 숫자 표현 익히기

1. 기본 숫자

TSC에서 금액, 방 번호, 버스 번호 등을 말하기 위해선 기본 숫자를 익혀두어야 해요. 기본 숫자를 음원을 들으며 큰 소리로 따라 말하면서 암기하세요.

TSC 표현 암기하기

yī 一 1, 하나	èr 二 2, 둘	sān 三 3, 셋	sì 四 4, 넷
wǔ 五 5, 다섯	liù 六 6, 여섯	qī 七 7, 일곱	bā 八 8, 여덟
jiǔ 九 9, 아홉	shí 十 10, 열	líng 零 0, 영	bǎi 百 100, 백

qiān 千 1000, 천

yāo 幺 1, 하나
* 전화번호나 방 번호에 1이 있으면 一가 아닌 幺로 말해요.

liǎng 两 2, 둘
* 양사 앞에서는 二이 아닌 两으로 말해요.

2. 다양한 숫자

두 자리 이상의 숫자를 말하는 법을 익혀보세요. 기본적으로 우리말과 같이 큰 단위부터 순서대로 읽으면 돼요. 다양한 숫자를 음원을 들으며 큰 소리로 따라 말하면서 암기하세요.

TSC 표현 암기하기

shí'èr 十二　　12 두 자리 수에서 십의 자리가 1일 경우, 一(yī) 없이 바로 十로 시작해요.	èrshí 二十　　20 일의 자리가 0으로 끝날 경우 그 앞의 단위까지만 말해요. 우리말과 똑같아요.
sìbǎi yīshí qī 四百一十七　　417 세 자리 수 이상에서 십의 자리가 1일 경우, 一를 생략하지 않고 꼭 말해줘야 해요.	bābǎi líng sān 八百零三　　803 0이 중간에 나오면 반드시 0을 뜻하는 零을 말해줘야 해요. 0이 여러 개가 나와도 零은 한 번만 읽어요.

yíwàn yìqiān yìbǎi yīshíyī
一万一千一百一十一　　11,111

만, 천, 백, 십의 자리가 1일 경우, 一를 생략하지 않고 꼭 말해줘요.
이때, 一의 성조 변화에 주의해서 말해야 해요.

liǎng wàn liǎng qiān liǎng bǎi
两万两千两百　　22,200

이만, 이천, 이백을 나타낼 때 二과 两을 둘 다 쓸 수 있지만,
회화에서는 两万, 两千, 两百를 더 많이 사용해요.

3. 금액 표현

중국어로 금액 말하는 방법을 익혀보세요. 일반적으로 금액은 숫자 다음에 단위 元(yuán, 위안)을 붙여 쓰고 块(kuài)라고 말해요. 다양한 금액을 음원을 들으며 큰 소리로 따라 말하면서 암기하세요.

TSC 표현 암기하기

sìshísān kuài
四十三块
43위안(元)

마지막에 붙는 화폐 단위 块는 말할 때
생략할 수 있어요.

jiǔ kuài
九块
9위안(元)

한 자리 수 금액은 화폐 단위를 생략하지 않고
꼭 말해야 해요.

shí'èr kuài
十二块
12위안(元)

11~19는 一(yī)가 생략된 十로 시작해요.
1로 시작되는 백, 천, 만의 자리는 一를 꼭 말해야 해요.

liǎng bǎi kuài
两百块
200위안(元)

2로 시작하는 수는 两으로 말해요.
단, 20元의 2는 반드시 二(èr)로 말해야 해요.

wǔbǎi líng wǔ kuài
五百零五块
505위안(元)

0이 중간에 나오면 반드시 零으로 말해요.
0이 중간에 여러 개 나와도 零은 한 번만 말해주면 돼요.

liǎngbǎi sānshíqī kuài liù máo
两百三十七块六毛
237위안 6마오
(237.6元)

소수점을 사용하여 금액을 표현할 경우, 소수점 앞은 元 단위이며 块라고 말하고,
소수점 다음 자리는 단위 角(jiǎo)를 붙여 쓰고 毛(máo)라고 말해요.

4. 각종 번호

앞에서 익힌 기본 숫자들 뒤에 양사 路(lù, 번), 号(hào, 호)를 붙여 버스 번호, 집이나 방의 호수, 그리고 전화번호를 말하는 법을 익혀보세요. 다양한 번호를 음원을 들으며 큰 소리로 따라 말하면서 암기하세요.

TSC 표현 암기하기

- **버스 번호** 버스 번호를 말할 땐 마지막에 단위 路를 붙여 말해요.

<table>
<tr><td>

wǔshí qī lù
五十七路

57번 (버스)

버스 번호의 숫자가 두 자리일 경우에는
단위를 살려서 말해요.

</td><td>

bā yāo wǔ lù
八幺五路

815번 (버스)

버스 번호의 숫자가 세 자리 이상이면 단위를 생략하고
숫자를 하나씩 말해요. 그리고 세 자리 이상부터
숫자 1은 一(yī)가 아닌 幺(yāo)로 말해요.

</td></tr>
</table>

- **집·방 번호** 집·방 번호를 말할 땐 마지막에 단위 号를 붙여 말해요.

<table>
<tr><td>

wǔ líng èr hào
五零二号

502호

보통 세 자리로 되어있는 집이나 방 번호를 읽을 때는
단위를 생략하고 숫자를 하나씩 말해요.

</td><td>

yāo sān líng sì hào
幺三零四号

1304호

집이나 방 번호의 '1'은 버스 번호와 마찬가지로
一(yī)가 아닌 幺(yāo)로 말해요.

</td></tr>
</table>

- **전화번호**

líng yāo líng wǔ sì sān líng qī èr liù bā
零幺零 五四三零 七二六八

010- 5430-7268

중국에서는 전화번호를 말하는 방법은 한국과 마찬가지로 숫자를 하나씩 말해요.
숫자 1은 발음이 비슷한 七(7, qī)와 혼동될 수 있어서 一(yī)가 아닌 幺(yāo)라고 말해요.

5. 날짜 표현

앞에서 익힌 기본 숫자들 뒤에 양사 年(nián, 년), 月(yuè, 월), 号(hào, 일)를 붙여 연월일을 말하는 법을 익혀보세요.
다양한 날짜를 음원을 들으며 큰 소리로 따라 말하면서 암기하세요.

TSC 표현 암기하기

yī jiǔ bā bā nián
一九八八年   1988년

연도를 말할 땐 숫자를 한 개씩 읽고,
맨 뒤에 年(nián)을 붙여 말해요.

sān yuè
三月   3월

몇 월인지 말할 땐
숫자 맨 뒤에 月(yuè)를 붙여 말해요.

jiǔ hào
九号   9일

며칠인지 말할 땐
숫자 맨 뒤에 号(hào)를 붙여
말해요.

èr líng líng èr nián shí'èr yuè sānshíyī hào
二零零二年十二月三十一号   2002년 12월 31일

0이 중간에 나오면 반드시 0을 뜻하는 零을 말해줘야 해요.
연도를 말할 땐 모든 0을 읽어줘요.

6. 시간 표현

앞에서 익힌 기본 숫자들 뒤에 양사 点(diǎn, 시), 分(fēn, 분)을 붙여 시간을 말하는 법을 익혀보세요. 다양한 시간을 음원
을 들으며 큰 소리로 따라 말하면서 암기하세요.

TSC 표현 암기하기

shí'èr diǎn èrshíqī fēn
十二点二十七分   12시 27분

몇 시인지 말할 땐 숫자 뒤에 点(diǎn)을 붙여 말하고,
몇 분인지 말할 땐 숫자 뒤에 分(fēn)을 붙여 말해요.

liǎng diǎn líng wǔ fēn
两点 零五分   2시 5분

2시를 말할 땐 二点(èr diǎn)이 아닌
两点(liǎng diǎn)으로 말해요.
그리고 1~9분을 말할 땐, 앞에 零(líng, 0)을 붙여 말해요.

sì diǎn shíwǔ fēn /
四点十五分   /
sì diǎn yíkè
四点一刻   4시 15분

15분을 말할 땐 숫자 15 뒤에 分(fēn)을 붙여 말해도 되고,
15분을 뜻하는 一刻(yíkè)라고 말해도 돼요.

bā diǎn sānshí fēn /
八点三十分   /
bā diǎn bàn
八点半   8시 30분,
8시 반

30분을 말할 땐 숫자 30 뒤에 分(fēn)을 붙여 말해도 되고,
30분, 반을 뜻하는 半(bàn)이라고 말해도 돼요.

7. 요일 표현

앞에서 익힌 기본 숫자들을 활용해 요일을 말하는 법을 익혀보세요. 중국어로 요일을 말할 땐 '요일'을 뜻하는
星期(xīngqī) 또는 周(zhōu) 뒤에 숫자를 넣어 말해요. 다양한 요일을 음원을 들으며 큰 소리로 따라 말하면서 암기하세요.

TSC 표현 암기하기

| xīngqī yī 星期一 | 월요일 | zhōu yī 周一 | 월요일 |

| xīngqī èr 星期二 | 화요일 | zhōu èr 周二 | 화요일 |

| xīngqī sān 星期三 | 수요일 | zhōu sān 周三 | 수요일 |

| xīngqī sì 星期四 | 목요일 | zhōu sì 周四 | 목요일 |

| xīngqī wǔ 星期五 | 금요일 | zhōu wǔ 周五 | 금요일 |

| xīngqī liù 星期六 | 토요일 | zhōu liù 周六 | 토요일 |

xīngqī tiān / xīngqī rì
星期天 / 星期日 　일요일

일요일은 다른 요일들과 다르게 星期(xīngqī) 뒤에
숫자가 아닌 天(tiān)이나 日(rì)을 붙여 말해요.

zhōu rì
周日 　일요일

星期(xīngqī)와는 달리 周뒤에는 天(tiān)이 올 수 없어요.

해커스 TSC 3급

03 | 중국어 기본 문장 익히기

🎧 1_3_중국어 기본 문장.mp3

> 너 운동하는 거 좋아해?

> 나 운동하는 거 좋아해.

TSC에서는 질문이 긍정문, 부정문, 의문문 등 다양한 형태로 출제되므로, 답변 또한 다양한 문장으로 말할 수 있어야 해요. 따라서 질문을 정확히 이해하고 완전한 문장으로 실수 없이 답변하려면 중국어 기본 문장을 꼼꼼히 익혀야 해요.

📗 긍정문 익히기

중국어의 긍정문은 '주어+술어(+목적어)' 순서로 말해요. 주어는 동작이나 상태의 주체, 술어는 동작이나 상태, 목적어는 동작의 대상이 되는 말이에요. 중국어의 긍정문은 술어의 품사에 따라 동사 술어문, 형용사 술어문, 명사 술어문으로 나뉘어요.

1. 동사 술어문

동사가 술어인 문장을 '동사 술어문'이라고 해요. 대부분 목적어를 취하여 '주어+술어(동사)+목적어'의 형태로 쓰이며, 동작을 말할 때 사용해요.

Tāmen	qù	kāfēitīng.	
他们	去	咖啡厅。	그들은 카페에 갑니다.
그들은	가다	카페	

TSC 문장 따라 말해보기   다음 문장을 음원을 들으며 큰 소리로 세 번씩 따라 말해보세요.

01. 🎤

Tā	mǎi	shū.	
她	买	书。	그녀는 책을 삽니다.
그녀는	사다	책을	

02. 🎤

Wǒ	zuò	kāfēi.	
我	做	咖啡。	저는 커피를 만듭니다.
저는	만들다	커피를	

2. 형용사 술어문

형용사가 술어인 문장을 '형용사 술어문'이라고 해요. '주어＋부사＋술어(형용사)'의 형태로 쓰이며, 어떤 상태나 상황을 말할 때 사용해요. 형용사 술어 앞에는 습관적으로 很(hěn, 매우)과 같은 부사가 나오는데, 이때 很은 따로 해석하지 않아요.

> **Tā hěn xiǎo.**
> 她 很 小。
> 그녀는 (매우) 나이가 어리다
>
> 그녀는 어립니다.

TSC 문장 따라 말해보기 다음 문장을 음원을 들으며 큰 소리로 세 번씩 따라 말해보세요.

01.
> **Kāfēi hěn piányi.**
> 咖啡 很 便宜。
> 커피가 (매우) 싸다
>
> 커피가 쌉니다.

02.
> **Shū hěn guì.**
> 书 很 贵。
> 책은 (매우) 비싸다
>
> 책은 비쌉니다.

3. 명사 술어문

명사가 술어인 문장을 '명사 술어문'이라고 해요. '주어＋술어(숫자와 관련된 명사)'의 형태로 쓰이며, 술어로 쓰인 명사 자체에 '~이다'라는 뜻이 포함돼요. 주로 나이, 가격, 날짜, 요일과 같이 숫자 정보가 있는 말을 할 때 사용해요.

> **Wǒ shíbā suì.**
> 我 十八岁。
> 저는 18살
>
> 저는 18살입니다.

TSC 문장 따라 말해보기 다음 문장을 음원을 들으며 큰 소리로 세 번씩 따라 말해보세요.

01.
> **Nǚrén sānshíwǔ suì.**
> 女人 三十五岁。
> 여자는 35살
>
> 여자는 35살입니다.

02.
> **Yīfu sān bǎi sìshíliù kuài.**
> 衣服 三百四十六块。
> 옷은 346위안
>
> 옷은 346위안입니다.

중국어 기초

해커스 TSC 3급

■ 부정문 익히기

중국어의 부정문은 긍정문의 동사 앞에 不(bù, 아니다) 또는 没有(méiyǒu, ~않다)를 붙이면 돼요.

1. 不 부정문

동사나 형용사 앞에 不(bù, 아니다)를 붙여 부정하는 문장을 '不 부정문'이라고 해요. 동작이나 상태를 부정할 때 사용해요.

| Wǒ bú kànshū.
我 不 看书。
저는 아니다 책을 보다 | 저는 책을 보지 않습니다.
(저는 책을 안 봅니다.) |

| Wǒ bù gāo.
我 不 高。
나는 아니다 키가 크다 | 저는 키가 크지 않습니다.
(저는 키가 안 큽니다.) |

TSC 문장 따라 말해보기 다음 문장을 음원을 들으며 큰 소리로 세 번씩 따라 말해보세요.

01. 🎤
| Tā bú zuò kāfēi.
她 不 做 咖啡。
그녀는 아니다 만들다 커피를 | 그녀는 커피를 만들지 않습니다.
(그녀는 커피를 안 만듭니다.) |

02. 🎤
| Tā bù mǎi yīfu.
他 不 买 衣服。
그는 아니다 사다 옷을 | 그는 옷을 사지 않습니다.
(그는 옷을 안 삽니다.) |

03. 🎤
| Shū bù duō.
书 不 多。
책은 아니다 많다 | 책은 많지 않습니다.
(책은 안 많습니다.) |

04. 🎤
| Gōngyuán bú dà.
公园 不 大。
공원은 아니다 크다 | 공원은 크지 않습니다.
(공원은 안 큽니다.) |

2. 没有 부정문

동사 앞에 **没有**(méiyǒu, ~않다)를 붙여 부정하는 문장을 '没有 부정문'이라고 해요. 과거에 하지 않은 일을 말할 때 사용해요. 참고로 没有 대신 **没**(méi, ~않다)만 말해도 돼요.

Tā	méiyǒu	tīng.	
他	没有	听。	그는 듣지 않았습니다.
그는	~않다	듣다	(그는 안 들었습니다.)

Wǒ	méi	mǎi.	
我	没	买。	나는 사지 않았습니다.
나는	~않다	사다	(나는 안 샀습니다.)

TSC 문장 따라 말해보기 다음 문장을 음원을 들으며 큰 소리로 세 번씩 따라 말해보세요.

01. 🎤
Nǚrén	méiyǒu	qù.	
女人	没有	去。	여자는 가지 않았습니다.
여자는	~않다	가다	(여자는 안 갔습니다.)

02. 🎤
Wǒ	méiyǒu	chī.	
我	没有	吃。	저는 먹지 않았습니다.
저는	~않다	먹다	(저는 안 먹었습니다.)

03. 🎤
Nánrén	méi	kànshū.	
男人	没	看书。	남자는 책을 보지 않았습니다.
남자는	~않다	책을 보다	(남자는 책을 안 봤습니다.)

04. 🎤
Tā	méi	mǎi	kāfēi.	
她	没	买	咖啡。	그녀는 커피를 사지 않았습니다.
그녀는	~않다	사다	커피	(그녀는 커피를 안 샀습니다.)

🔲 의문문 익히기

중국어의 의문문에는 기본적으로 3가지 종류가 있어요. 바로 吗(ma) 의문문, 정반 의문문, 의문사 의문문이에요.

1. 吗 의문문

긍정문의 맨 끝에 吗(ma, ~입니까?)를 붙이면 의문문이 돼요. 이렇게 吗를 붙여 묻는 문장을 '吗 의문문'이라고 해요. 사실을 물을 때 가장 자주 쓰이는 일반 의문문이에요.

> **Nǐ xǐhuan páshān ma?**
> 你   喜欢   爬山   吗?
> 당신은 좋아하다   등산하다   ~입니까?
>
> 당신은 등산하는 것을 좋아합니까?

TSC 문장 따라 말해보기   다음 문장을 음원을 들으며 큰 소리로 세 번씩 따라 말해보세요.

01. 🎤
> **Túshūguǎn hěn yuǎn ma?**
> 图书馆   很   远   吗?
> 도서관은   (매우) 멀다 ~입니까?
>
> 도서관은 멉니까?

02. 🎤
> **Tā mǎi kāfēi ma?**
> 她   买   咖啡   吗?
> 그녀는 사다 커피를 ~입니까?
>
> 그녀는 커피를 삽니까?

2. 정반 의문문

술어의 긍정형과 부정형을 나란히 붙여 말하면 의문문이 돼요. 이렇게 'A不A~?(A bu A~?, A합니까?)' 형태로 묻는 문장을 '정반 의문문'이라고 해요. 목적어를 붙일 땐, 'A不A' 뒤에 붙여주면 돼요. 이때 不는 경성으로 발음하고 'A不A~?'를 한 덩어리로 빨리 발음해요. 주로 사실을 확인할 때 사용하는 의문문이에요.

> **Yīfu guì bu guì?**
> 衣服   贵不贵?
> 옷은   비싸다 안 비싸다
>
> 옷은 비쌉니까?
> (옷은 비쌉니까 안 비쌉니까?)

TSC 문장 따라 말해보기   다음 문장을 음원을 들으며 큰 소리로 세 번씩 따라 말해보세요.

01. 🎤
> **Gōngyuán dà bu dà?**
> 公园   大不大?
> 공원은   크다 안 크다
>
> 공원은 큽니까?
> (공원은 큽니까 안 큽니까?)

02. 🎤

Nǐ kàn bu kàn shū?
你　看不看　　书?
당신은　보다 안 보다　책

당신은 책을 봅니까?
(당신은 책을 봅니까 안 봅니까?)

3. 의문사 의문문

什么(shénme, 무엇), 几(jǐ, 몇), 谁(shéi, 누구) 등의 의문사를 사용하여 묻는 문장을 '의문사 의문문'이라고 해요. 의문사는 그 자체로 묻는 역할을 하므로 문장의 맨 끝에 吗(ma, ~입니까?)를 붙이지 않아도 돼요. 구체적으로 궁금한 사물이나 숫자, 사람, 장소 등을 물을 때 사용하는 의문문이에요.

Nǐ chī shénme?
你　吃　什么?
당신은　먹다　무엇을

당신은 무엇을 먹습니까?

Tā jǐ suì?
她　几　岁?
그녀는　몇　살

그녀는 몇 살입니까?

TSC 문장 따라 말해보기　다음 문장을 음원을 들으며 큰 소리로 세 번씩 따라 말해보세요.

01.

Shéi gèng kuài?
谁　　更　　快?
누가　더　빠르다

누가 더 빠릅니까?

02.

Tā qù nǎr?
他　去　哪儿?
그는　가다　어디에

그는 어디에 갑니까?

03.

Nǐ shénme shíhou zuò?
你　什么时候　　做?
당신은　언제　하다

당신은 언제 합니까?

04. 🎤

Tā duō gāo?
她　多　高?
그녀는　얼마나　키가 크다

그녀는 키가 얼마나 큽니까?

본 교재 동영상강의·무료 학습자료 제공
china.Hackers.com

TSC 필수 어법

발음 완성
트레이너 바로가기

TSC 필수 어법
바로듣기

2_1_TSC 필수 어법.mp3

동사가 술어인 문장을 '동사 술어문'이라고 해요. 동사 술어문은 동작을 말할 때 사용해요. TSC 모든 부분에서 가장 자주 사용되며, 특히 제2부분에서 동작 관련 문제에 답변할 때와 제7부분에서 동작을 묘사할 때 사용해요.

Nǚ háir kàn shū.
女孩儿   看   书。

여자 아이는   보다   책을
주어   술어(동사)   목적어

여자 아이는 책을 봅니다.

★ '주어는 목적어를 **동사합니다**'와 같이 말할 때는 위 예문처럼 [주어+술어(동사)+목적어]의 형태로 말해요. 동사 술어문에서 목적어는 상황에 따라 생략할 수 있어요.

TSC 답변 따라 말해보기 다음 문장을 음원을 들으며 큰 소리로 세 번씩 따라 말해보세요.

01. 🎤
Tā qù yīyuàn.
她 去 医院。
그녀는 가다 병원에

그녀는 병원에 갑니다.

医院 yīyuàn 병원

02. 🎤
Nǚrén dǎ diànhuà.
女人 打电话。
여자는 전화하다

여자는 전화를 합니다.

打电话 dǎ diànhuà 전화하다

03. 🎤
Nánde zuò yùndòng.
男的 做 运动。
남자는 하다 운동을

남자는 운동을 합니다.

做运动 zuò yùndòng 운동하다

스스로 말해보기 제시된 우리말 문장을 중국어로 말해보세요.

01. 남자는 은행에 갑니다.
(银行 yínháng 은행)   🎤

02. 그는 물건을 삽니다.
(东西 dōngxi 물건)   🎤

정답 1. Nánde qù yínháng.   2. Tā mǎi dōngxi.
        男的 去 银行。   他 买 东西。

형용사가 술어인 문장을 '형용사 술어문'이라고 해요. 형용사 술어문은 상태나 상황을 말할 때 사용해요. TSC 모든 부분에서 자주 사용되며, 특히 제2부분에서 비교 관련 문제에 답변할 때와 제7부분에서 감정을 묘사할 때 사용해요.

Nán háizi   gèng   gāo.
男孩子   更   高。
남자 아이가   더   키가 크다
주어   부사어   술어(형용사)

남자 아이가 더 키가 큽니다.

★ '주어는 (매우) **형용사합니다**'와 같이 말할 때는 위 예문처럼 [주어+부사어+술어(형용사)]의 형태로 말해요. 형용사 술어문에서 更(gèng, 더)과 같은 정도를 나타내는 부사어를 술어 앞에 자주 붙여서 사용해요.

> **TSC 답변 따라 말해보기** 다음 문장을 음원을 들으며 큰 소리로 세 번씩 따라 말해보세요.

01.

Kāfēi   bǐjiào   guì.
咖啡   比较   贵。
커피가   비교적   비싸다

커피가 비교적 비쌉니다.

咖啡 kāfēi 커피

02.

Gōngsī   gèng   yuǎn.
公司   更   远。
회사가   더   멀다

회사가 더 멉니다.

公司 gōngsī 회사

03.

Nǚrén   de   yīfu   bǐjiào   cháng.
女人   的   衣服   比较   长。
여자   의   옷이   비교적   길다

여자의 옷이 비교적 깁니다.

衣服 yīfu 옷

> **스스로 말해보기** 제시된 우리말 문장을 중국어로 말해보세요.

01. 여자 아이가 더 나이가 어립니다.
(女孩子 nǚ háizi 여자 아이)

02. 남자의 책이 비교적 많습니다.
(书 shū 책)

정답 1. Nǚ háizi gèng xiǎo.   2. Nánrén de shū bǐjiào duō.
　　 女孩子　 更　 小。　　　　男人 的 书 比较 多。

명사 술어문 말하기

명사가 술어인 문장을 '명사 술어문'이라고 해요. 명사 술어문은 나이·가격·날짜·요일 등 숫자 정보를 말할 때 사용해요. 특히 TSC 제2부분에서 요일이나 가격을 묻는 숫자 관련 문제에 답변할 때 사용해야 해요.

Tā   èrshí'èr suì.
她   二十二岁。   **그녀는 22살입니다.**
그녀는   22살
주어   술어(숫자와 관련된 명사)

★ '주어는 **명사입니다**'와 같이 말할 때는 위 예문처럼 [주어+술어(숫자와 관련된 명사)]의 형태로 말해요. 술어 자리에는 주로 '숫자+양사' 형태의 명사가 쓰여요.

TSC 답변 따라 말해보기   다음 문장을 음원을 들으며 큰 소리로 세 번씩 따라 말해보세요.

01. 🎤
Gǒu   shí gōngjīn.
狗   十公斤。   개는 10킬로그램입니다.
개   10킬로그램
                                                        狗 gǒu 개

02. 🎤
Bēizi   sānshí kuài.
杯子   三十块。   컵은 30위안입니다.
컵   30위안
                                                        杯子 bēizi 컵

03. 🎤
Shí yuè shíwǔ hào   xīngqī sì.
十 月 十五 号   星期四。   10월 15일은 목요일입니다.
10월 15일은   목요일
                                                        十月十五号 shí yuè shíwǔ hào 10월 15일

스스로 말해보기   제시된 우리말 문장을 중국어로 말해보세요.

01. 여자 아이는 8살입니다.   🎤
(八岁 8살)

02. 그는 170센티미터입니다.   🎤
(一百七十厘米 170센티미터)

정답 1. Nǚ háizi bā suì.   2. Tā yìbǎi qīshí límǐ.
      女孩子 八 岁。   他 一百七十 厘米。

在로 지금 있는 장소 말하기

zài
在 ~에 있다, ~에서

"그는 어디에 있습니까?" 또는 "당신은 주로 어디에서 운동을 합니까?"와 같은 문제는 在(zài, ~에 있다/~에서)를 사용해 답할 수 있어요. 특히 TSC 제2부분, 제3부분과 제4부분에서 구체적인 장소를 묻는 문제에 답변할 때 자주 사용해요.

Tā   zài   gōngyuán.
他   在   公园。
그는 ~에 있다   공원
주어   술어   목적어

그는 공원에 있습니다.

Wǒ   zài   gōngyuán   zuò   yùndòng.
我   在   公园   做   运动。
저는 ~에서   공원   하다   운동을
주어 전치사   장소   술어   목적어

저는 공원에서 운동을 합니다.

★ 在는 '~에 있다, ~에서'라는 의미로, 장소를 말할 때 사용해요. '주어는 장소**에 있습니다**'와 같이 말할 때는 在를 동사로 사용해 [주어+在+목적어(장소)]의 형태로 말해요. 또한, '주어는 장소**에서** 동사합니다'와 같이 말할 때는 在를 전치사(개사)로 사용해 [주어+在+장소+술어(동사)+목적어]의 형태로 말해요.

TSC 답변 따라 말해보기 다음 문장을 음원을 들으며 큰 소리로 세 번씩 따라 말해보세요.

01. 🎤
Tā   zài   cāntīng.
她   在   餐厅。
그녀는 ~에 있다   식당

그녀는 식당에 있습니다.

餐厅 cāntīng 식당

02. 🎤
Wǒ   zài   jiā   chī fàn.
我   在   家   吃饭。
저는 ~에서   집   밥을 먹다

저는 집에서 밥을 먹습니다.

吃饭 chī fàn 밥을 먹다

스스로 말해보기 제시된 우리말 문장을 중국어로 말해보세요.

01. 여자는 카페에 있습니다.
(咖啡厅 kāfēitīng 카페) 🎤

02. 저는 도서관에서 일합니다.
(图书馆 túshūguǎn 도서관) 🎤

정답 1. Nǚde zài kāfēitīng.   2. Wǒ zài túshūguǎn gōngzuò.
       女的 在 咖啡厅。   我 在 图书馆   工作。

"그는 지금 무엇을 합니까?"와 같은 문제는 正在(zhèngzài, ~하고 있다)를 사용해 답할 수 있어요. 특히 TSC 제1 부분에서 소속을 묻는 문제나, 제2부분에서 동작이나 상태를 묻는 문제에 답변할 때 자주 사용해요.

Wǒ	zhèngzài	zhǎo	gōngzuò.	
我	正在	找	工作。	저는 일을 구하고 있습니다.
저는	~하고 있다	구하다	일	
주어	부사어	술어	목적어	

★ 正在는 '~하고 있다'라는 의미로, 지금 한창 하고 있는 동작 또는 지속되는 상황을 말할 때 사용해요. '주어는 동작을 하고 있습니다'와 같이 말할 때는 위 예문처럼 [주어+正在+술어+목적어]의 형태로 말해요. 이 때 正在 대신에 在(zài, ~하고 있다)만 써도 돼요.

TSC 답변 따라 말해보기 다음 문장을 음원을 들으며 큰 소리로 세 번씩 따라 말해보세요.

01. 🎤
Nǚde	zhèngzài	hē	niúnǎi.
女的	正在	喝	牛奶。
여자는	~하고 있다	마시다	우유를

여자는 우유를 마시고 있습니다.

牛奶 niúnǎi 우유

02. 🎤
Tā	zài	páshān.
他	在	爬山。
그는	~하고 있다	등산하다

그는 등산을 하고 있습니다.

爬山 páshān 등산하다

03. 🎤
Nánrén	zài	kàn	diànyǐng.
男人	在	看	电影。
남자는	~하고 있다	보다	영화를

남자는 영화를 보고 있습니다.

电影 diànyǐng 영화

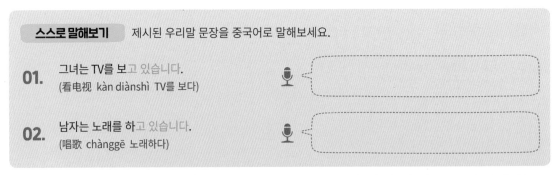

스스로 말해보기 제시된 우리말 문장을 중국어로 말해보세요.

01. 그녀는 TV를 보고 있습니다.
(看电视 kàn diànshì TV를 보다) 🎤

02. 남자는 노래를 하고 있습니다.
(唱歌 chànggē 노래하다) 🎤

정답 1. Tā zhèngzài kàn diànshì. 2. Nánrén zài chànggē.
　　 她 正在 看电视。 　　 男人 在 唱歌。

<table>
<tr><td>어법
06</td><td>想으로 하고 싶은 동작 말하기</td><td>xiǎng
想 ~하고 싶다</td></tr>
</table>

"당신은 무엇을 하고 싶습니까?"와 같은 문제는 조동사 想(xiǎng, ~하고 싶다)을 사용해 답할 수 있어요. 특히 TSC 제3부분과 제4부분에서 무엇을 하고 싶은지를 묻는 문제에 답변할 때 자주 사용해요.

Wǒ　xiǎng　páshān.
我　　想　　爬山。
저는　~하고 싶다　등산하다
주어　　조동사　　술어

저는 등산을 하고 싶습니다.

★ 想은 '~하고 싶다'라는 의미로, 하고 싶은 동작을 말할 때 사용해요. '주어는 동작을 하고 싶습니다'와 같이 말할 때는 위 예문처럼 [주어+想+술어(+목적어)]의 형태로 말해요. 이때 想은 조동사이며 반드시 동사 앞에 와야 해요.

TSC 답변 따라 말해보기 다음 문장을 음원을 들으며 큰 소리로 세 번씩 따라 말해보세요.

01. 🎤
Wǒ　xiǎng　huà　nǎinai.
我　　想　　画　　奶奶。
저는　~하고 싶다　그리다　할머니를

저는 할머니를 그리고 싶습니다.

画奶奶 huà nǎinai 할머니를 그리다

02. 🎤
Wǒ　xiǎng　qù　kāfēitīng.
我　　想　　去　　咖啡厅。
저는　~하고 싶다　가다　카페에

저는 카페에 가고 싶습니다.

去咖啡厅 qù kāfēitīng 카페에 가다

03. 🎤
Wǒ　xiǎng　huàn　shǒujī.
我　　想　　换　　手机。
저는　~하고 싶다　바꾸다　휴대폰을

저는 휴대폰을 바꾸고 싶습니다.

换手机 huàn shǒujī 휴대폰을 바꾸다

스스로 말해보기 제시된 우리말 문장을 중국어로 말해보세요.

01. 저는 옷을 사고 싶습니다.
(买衣服 mǎi yīfu 옷을 사다)
🎤

02. 저는 중국에 가고 싶습니다.
(去中国 qù Zhōngguó 중국에 가다)
🎤

정답 1. Wǒ xiǎng mǎi yīfu. 　　2. Wǒ xiǎng qù Zhōngguó.
　　　我　想　买衣服。　　　　　我　想　去　中国。

yào
要 ~할 것이다

"당신은 무엇을 하려고 합니까?"와 같은 문제에는 要(yào ~할 것이다)을 사용해 답할 수 있어요. 특히 TSC 제3부분과 제4부분에서 무엇을 하려고 하는지 묻는 문제에 답변할 때 자주 사용해요.

Wǒ yào hē kāfēi.
我　　要　　喝　　咖啡。
저는　~할 것이다　마시다　커피를
주어　조동사　술어　목적어

저는 커피를 마실 겁니다.

★ 要는 '~할 것이다'라는 의미로, 의지를 가지고 하려는 동작을 말할 때 사용해요. '주어는 동작**할 것이다**'와 같이 말할 때는 위 예문처럼 [주어+要+술어+목적어]의 형태로 말해요. 이때 要는 조동사이며 반드시 동사 앞에 와야 해요.

TSC 답변 따라 말해보기　다음 문장을 음원을 들으며 큰 소리로 세 번씩 따라 말해보세요.

01. 🎤
Wǒ yào zuò yùndòng.
我　要　做　　运动。
저는　~할 것이다　하다　운동을

저는 운동을 할 겁니다.

做运动 zuò yùndòng 운동하다

02. 🎤
Wo yào jiǎnféi.
我　要　　减肥。
저는　~할 것이다　다이어트하다

저는 다이어트할 겁니다.

减肥 jiǎnféi 다이어트하다

03. 🎤
Wǒ yào mǎi màozi.
我　要　买　帽子。
저는　~할 것이다　사다　모자를

저는 모자를 살 겁니다.

帽子 màozi 모자

스스로 말해보기　제시된 우리말 문장을 중국어로 말해보세요.

01. 저는 잠을 잘 겁니다.
(睡觉 shuìjiào 잠자다)
🎤

02. 저는 은행에 갈 겁니다.
(银行 yínháng 은행)
🎤

정답　1. Wǒ yào shuìjiào.　　2. Wǒ yào qù yínháng.
我 要 睡觉。　　　我 要 去 银行。

了로 이미 발생한 동작·상황 말하기

le
了 ~했다

"저는 운동을 했습니다."와 같은 문장은 문장 끝에 了(le, ~했다)를 붙여서 답할 수 있어요. 특히 TSC 제3부분에서는 了로 끝나는 문제들이 종종 출제되는데, 이럴 경우 질문을 그대로 활용하여 답변해요.

Wǒ	zuò	yùndòng	le.	
我	做	运动	了。	저는 운동을 했습니다.
저는	하다	운동을	~했다	
주어	술어	목적어	조사	

★ 了는 '~했다'라는 의미로, 동작이 완료되었거나 상태가 변화되었음을 말할 때 사용해요. '주어는 동작을 **했습니다**'와 같이 말할 때는 위 예문처럼 [주어+술어+목적어+了]의 형태로 말해요.

TSC 답변 따라 말해보기 다음 문장을 음원을 들으며 큰 소리로 세 번씩 따라 말해보세요.

01. 🎤
Wǒ	qù	chāoshì	le.
我	去	超市	了。
저는	가다	슈퍼마켓에	~했다

저는 슈퍼마켓에 갔습니다.

超市 chāoshì 슈퍼마켓

02. 🎤
Wǒ	mǎi	yīfu	le.
我	买	衣服	了。
저는	사다	옷을	~했다

저는 옷을 샀습니다.

衣服 yīfu 옷

03. 🎤
Wǒ	hē	kāfēi	le.
我	喝	咖啡	了。
저는	마시다	커피를	~했다

저는 커피를 마셨습니다.

咖啡 kāfēi 커피

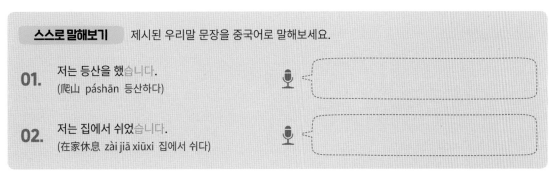

스스로 말해보기 제시된 우리말 문장을 중국어로 말해보세요.

01. 저는 등산을 했습니다.
(爬山 páshān 등산하다) 🎤

02. 저는 집에서 쉬었습니다.
(在家休息 zài jiā xiūxi 집에서 쉬다) 🎤

정답 1. Wǒ páshān le.　　2. Wǒ zài jiā xiūxi le.
　　　　我 爬山 了。　　　　我 在家休息 了。

过로 경험해봤던 동작 말하기

guo
过 ~한 적 있다

"당신은 도서관에 간 적이 있습니까?"와 같은 문제에는 동사 바로 뒤에 过(guo ~한 적 있다)를 붙여서 답할 수 있어요. 특히 TSC 제3,4부분에서 특정 경험해본 적 있는지 묻는 문제에 답변할 때 자주 사용해요.

Wǒ qùguo túshūguǎn.
我   去过   图书馆。
저는 간 적 있다 도서관에
주어 술어+조사 목적어

저는 도서관에 간 적이 있습니다.

★ 过는 '~한 적 있다'라는 의미로, 특정 동작이나 해 봤던 경험을 말할 때 사용해요. '주어는 동작**한 적 있습니다**'와 같이 말할 때는 위 예문처럼 [주어+술어(동사)+**过**+목적어]의 형태로 말해요. 즉 동사 뒤에 过만 붙이면 되고, 이때 **过**는 경성으로 발음해요.

TSC 답변 따라 말해보기 다음 문장을 음원을 들으며 큰 소리로 세 번씩 따라 말해보세요.

01. 🎤
Wǒ kànguo tā de shū.
我   看过   他 的 书。
저는 본 적 있다 그 ~의 책을

저는 그의 책을 본 적이 있습니다.

他的书 tā de shū 그의 책

02. 🎤
Wǒ kànguo tā de huà.
我   看过   她 的 画。
저는 본 적 있다 그녀 ~의 그림을

저는 그녀의 그림을 본 적이 있습니다.

她的画 tā de huà 그녀의 그림

03. 🎤
Wǒ zài miànbāodiàn hēguo kāfēi.
我   在   面包店   喝过   咖啡。
저는 ~에서 빵집   마신 적 있다 커피를

저는 빵집에서 커피를 마신 적이 있습니다.

面包店 miànbāodiàn 빵집

스스로 말해보기 제시된 우리말 문장을 중국어로 말해보세요.

01. 저는 공원에 가서 운동을 한 적이 있습니다.
(做运动 zuò yùndòng 운동하다)
🎤

02. 저는 도서관에서 책을 본 적이 있습니다.
(看书 kànshū 책을 보다)
🎤

정답 1. Wǒ qù gōngyuán zuòguo yùndòng.　2. Wǒ zài túshūguǎn kànguo shū.
我 去 公园 做过 运动。　　我 在 图书馆 看过 书。

喜欢으로 좋아하는 것 말하기

xǐhuan
喜欢 ~을 좋아하다

"당신은 운동하는 것을 좋아합니까?"와 같은 문제에는 **喜欢**(xǐhuan ~을 좋아하다)을 이용해 답할 수 있어요. 특히 TSC 제3, 4부분의 선호하는 동작이나 사람, 사물을 묻는 문제에 답변할 때 자주 사용해요.

Wǒ	**xǐhuan**	**zuò**	**yùndòng.**	
我	喜欢	做	运动。	저는 운동하는 것을 좋아합니다.
저는	~을 좋아하다	하다	운동	
주어	술어	목적어		

★ **喜欢**은 '~을 좋아하다'라는 의미로, 선호하는 동작이나 사물을 말할 때 사용해요. '주어는 동작/사물**을 좋아합니다**'와 같이 말할 때는 위 예문처럼 [주어+**喜欢**+목적어]의 형태로 말해요. 참고로 **喜欢** 뒤에는 '동사+목적어'의 형태가 목적어로 올 수도 있고, 단순한 명사가 목적어로 올 수도 있어요.

TSC 답변 따라 말해보기 다음 문장을 음원을 들으며 큰 소리로 세 번씩 따라 말해보세요.

01. 🎤
Wǒ xǐhuan mǎi dōngxi.
我 喜欢 买 东西。
저는 ~을 좋아하다 사다 물건

저는 물건 사는 것(쇼핑)을 좋아합니다.

东西 dōngxi 물건

02. 🎤
Wǒ xǐhuan háizi.
我 喜欢 孩子。
저는 ~을 좋아하다 아이

저는 아이를 좋아합니다.

孩子 háizi 아이

03. 🎤
Wǒ xǐhuan zài jiā kànshū.
我 喜欢 在 家 看书。
저는 ~을 좋아하다 ~에서 집 책을 보다

저는 집에서 책을 보는 것을 좋아합니다.

看书 kànshū 책을 보다

스스로 말해보기 제시된 우리말 문장을 중국어로 말해보세요.

01. 저는 음악을 듣는 것을 좋아합니다.
(听音乐 tīng yīnyuè 음악을 듣다) 🎤

02. 저는 고양이를 좋아합니다.
(小猫 xiǎomāo 고양이) 🎤

정답 1. Wǒ xǐhuan tīng yīnyuè.　　2. Wǒ xǐhuan xiǎomāo.
　　　我　喜欢　听音乐。　　　　我　喜欢　小猫。

"카페가 매우 먼 것 같아, 네 생각은 어때?"와 같은 문제에는 觉得(juéde ~라고 생각하다)를 이용해 답할 수 있어요. 특히 TSC 제3, 4, 5부분의 본인의 생각이나 의견을 묻는 문제에 답변할 때 자주 사용해요.

Wǒ	juéde	kāfēitīng	hěn	yuǎn.	
我	觉得	咖啡厅	很	远 。	저는 카페가 멀다고 생각합니다.
저는	~라고 생각하다	카페가	(매우)	멀다	
주어	술어		목적어		

★ 觉得는 '~라고 생각하다'라는 의미로, 주관적인 생각이나 느낌에 대해 말할 때 사용해요. '주어는 ~라고 생각합니다' 와 같이 말할 때는 위 예문처럼 [주어+觉得+목적어]의 형태로 말해요. 觉得 뒤에는 '주어+술어' 형태의 구문이 목적어로 와요.

TSC 답변 따라 말해보기 다음 문장을 음원을 들으며 큰 소리로 세 번씩 따라 말해보세요.

01. 🎤
Wǒ	juéde	diànshì	bǐjiào	guì.	
我	觉得	电视	比较	贵。	저는 TV가 비교적 비싸다고 생각합니다.
저는	~라고 생각하다	TV가	비교적	비싸다	

电视 diànshì TV, 텔레비전

02. 🎤
Wǒ	juéde	màozi	fēicháng	xiǎo.	
我	觉得	帽子	非常	小。	저는 모자가 아주 작다고 생각합니다.
저는	~라고 생각하다	모자가	아주	작다.	

帽子 màozi 모자

03. 🎤
Wǒ	juéde	xiǎogǒu	hěn	kuài.	
我	觉得	小狗	很	快。	저는 강아지가 빠르다고 생각합니다.
저는	~라고 생각하다	강아지가	(매우)	빠르다	

小狗 xiǎogǒu 강아지

스스로 말해보기 제시된 우리말 문장을 중국어로 말해보세요.

01. 저는 옷이 길다고 생각합니다.
(很长 hěn cháng 길다)   🎤

02. 저는 책이 비교적 싸다고 생각합니다.
(比较便宜 bǐjiào piányi 비교적 싸다)   🎤

정답 1. Wǒ juéde yīfu hěn cháng.   2. Wǒ juéde shū bǐjiào piányi.
　　　　我 觉得 衣服 很 长。　　　　　我 觉得 书 比较 便宜。

제1부분

자기 소개
自我介绍

실전 공략하기

제1부분 알아보기

남자가 여자에게 자기 소개를 부탁하니
여자가 자기 소개를 하고 있군요.

제1부분은 이처럼 자기 소개 관련 질문에 답하는 파트랍니다.
자, 그럼 제1부분에 대해 좀 더 자세히 알아볼까요?

출제 형태 – 제1부분은?

제1부분 '자기 소개'는 화면에 제시되는 이름, 출생 연월일, 가족 수, 소속에 대한 질문에 답하는 파트입니다.

문제 번호	1, 2, 3, 4	평가 기준	질문에 맞게 정확히 답변했는가
문제 수	4개		문법적 오류가 없는가
답변 준비 시간	0초		발음·성조가 정확한가
답변 시간	10초		

출제 경향 – 이렇게 출제돼요!

항상 똑같은 문제가 출제돼요.

1번부터 4번까지 각각 이름, 출생 연월일, 가족 수, 소속을 묻는 문제가 출제돼요.

1번	당신의 이름은 무엇입니까?
2번	당신의 출생 연월일을 말해주세요.
3번	당신의 가족은 몇 명입니까?
4번	당신은 어디에서 일합니까? 혹은 어느 학교에 다닙니까?

출제 비율

출생 연월일 25%
이름 25%
소속 25%
가족 수 25%

합격 전략 – 이렇게 답변해야 해요!

1. 미리 준비한 문장으로 자신있게 답변해야 해요.

매번 동일한 문제가 출제되니 모든 문제의 답변을 미리 준비해두세요. 답변은 완전한 한 문장으로 준비하고, 시험장에서 큰 소리로 자신있게 답변하세요.

[예]

你 叫 什么 名字?
Nǐ jiào shénme míngzi?

당신의 이름은 무엇입니까?

Wǒ jiào **Jīn Xiùzhēn.**
我 叫 金 秀珍。

저는 김수진이라고 합니다.

2. 정확한 발음과 성조로 끊김 없이 답변해야 해요.

발음과 성조에 유의하며 큰 소리로 끊김 없이 답변하세요. 발음은 TSC의 평가 항목 중 하나로 3급 역시 비교적 정확한 발음을 요구합니다.

학습 방법 – 이렇게 학습하세요!

실전 공략하기

제1부분에서 출제되는 질문에 따라 활용어휘를 참고하여 자신만의 답변을 미리 준비해보세요.

제2부분
제3부분
제4부분
제5부분
제6부분
제7부분

해커스 TSC 3급

시험 화면 및 순서 – 이런 순서로 진행돼요!

TSC 중국어 말하기 시험 　　　　　 해커스 / 001001

第1部分 : 自我介绍 　　　　　　　 볼 륨 ◀))

第一部分共有四个简单的问题。
听到提问和提示音后，请开始回答。
每道题有10秒的回答时间。
现在开始提问。

1. 디렉션

가장 먼저 아래와 같은 디렉션이 음성과 함께 화면에 제시됩니다.

"제1부분에는 모두 4개의 간단한 문제가 있습니다. 문제와 제시음이 들리고 난 후, 답변을 시작하세요. 문제 당 10초의 답변시간이 제공됩니다. 지금 문제가 시작됩니다."

TSC 중국어 말하기 시험 　　　　　 해커스 / 001001 / 1/26

第1部分 : 自我介绍 - 第1题 　　　　 볼 륨 ◀))

你叫什么名字？

2. 문제

화면에 문제가 먼저 나타나고, 약 2초 후 음성으로 문제 번호와 문제를 들려줍니다.
문제는 음성으로 한 번만 들려줍니다.

 "你叫什么名字？"
당신의 이름은 무엇입니까?

3. 답변

문제를 들려주는 음성이 끝나면 '삐-' 소리와 함께 10초의 답변 시간이 시작됩니다. 화면 아래 10초 타이머가 보여지고 카운트가 시작됩니다.

답변 시간이 완료되면 '结束(jiéshù, 종료)' 소리가 들리고 다음 문제로 넘어갑니다.

제2부분

제3부분

제4부분

제5부분

제6부분

제7부분

해커스 TSC 3급

실전 공략하기

🎧 3_2_실전 공략.mp3

질문/답변 패턴 익히기

제1부분에서 출제되는 질문과 답변 패턴을 익혀보세요.

기출 패턴 1 이름을 묻는 질문에 답변하기

1번 문제는 항상 이름을 물어요. 따라서 '我叫~。(Wǒ jiào~, 저는 ~이라고 합니다.)'라고 답변하면 돼요.

 질문

> 你　叫 什么 名字?
> Nǐ　jiào shénme míngzi?　　　　　　　　**당신의 이름은 무엇입니까?**
> 당신은 ~라고 부르다　무엇　　　이름

 답변
패턴

我叫~。

> **Wǒ　　jiào　　　Jīn Xiùzhēn .**
> 我　　　叫　　　　金　　秀珍　　。　　　　저는 김수진 이라고 합니다.
> 저는　　~라고 부르다　　김　　수진

나만의 답변 만들어 보기

> **Wǒ jiào** _____ .
> 我 叫 _____ 。
>
> 저는 _____(이)라고 합니다.

[활용어휘] 사람의 성씨

김 Jīn 金	최 Cuī 崔	정 Zhèng 郑	이 Lǐ 李
장 Zhāng 张	임 Lín 林	박 Piáo 朴	강 Jiāng 姜

★ 더 많은 성씨와 이름의 중국어를 PDF로 제공되는 [폰 안에 쏙! TSC 3급, 주제별 필수 암기 어휘집]에서 확인할 수 있어요.

기출 패턴 2 출생 연월일을 묻는 질문에 답변하기

2번 문제는 항상 출생 연월일을 물어요. 따라서 '我是~年~月~号出生的。(Wǒ shì ~nián ~yuè ~hào chūshēng de, 저는 ~년 ~월 ~일에 태어났습니다.)'라고 답변하면 돼요. 연도를 말할 때에는 숫자를 한 자리씩 읽어야 해요.

질문

请　说出　你　的　　出生年月日。
Qǐng shuōchū nǐ　de chūshēng nián yuè rì.
~해주세요 말하다　당신　~의　　　출생 연월일

당신의 출생 연월일을
말해주세요.

답변
패턴

我是~年~月
~号出生的。

Wǒ shì **èr líng líng yī** nián **sān** yuè **shíbā** hào chūshēng de.
我　是　二零零一　年　三　月　十八　号　出生　的。
저는 ~이다　　2001　　　년　3　월　18　일　태어나다　~한 사람
저는 2001 년 3 월 18 일에 태어났습니다.

나만의 답변 만들어 보기

Wǒ shì　　　　nián　　　　yuè　　　　hào chūshēng de.
我　是　_____　年　_____　月　_____　号　出生　的。

저는 _____년 _____월 _____일에 태어났습니다.

[활용어휘] 출생 연월일

1996년	yī jiǔ jiǔ liù nián 一九九六年	4월	sì yuè 四月	27일	èrshíqī hào 二十七号
1984년	yī jiǔ bā sì nián 一九八四年	9월	jiǔ yuè 九月	20일	èrshí hào 二十号
2000년	èr líng líng líng nián 二零零零年	12월	shí'èr yuè 十二月	10일	shí hào 十号

★ 연월일을 말하는 방법은 '중국어 기초'의 '날짜 표현'(p.40)에서 더 확인할 수 있어요.

기출 패턴 3 가족 수를 묻는 질문에 답변하기

3번 문제는 항상 가족 수를 물어요. 따라서 '我家有~口人。(Wǒ jiā yǒu ~ kǒu rén, 우리 가족은 ~명입니다.)'이라고 답변하면 돼요.

 질문

你 家 有 几 口 人?
Nǐ jiā yǒu jǐ kǒu rén?
당신 집에 있다 몇 식구 사람

당신의 가족은 몇 명입니까?

 답변 패턴

我家有~
口人。

Wǒ jiā yǒu **sì** kǒu rén.
我 家 有 **四** 口 人 。
우리 집에 있다 4, 넷 식구 사람

우리 가족은 4 명입니다.

나만의 답변 만들어 보기

Wǒ jiā yǒu _____ kǒu rén.
我 家 有 _____ 口 人 。

우리 가족은 _____명입니다.

[활용어휘] 인원 수

1 yī 一		4 sì 四		7 qī 七	
2 liǎng 两		5 wǔ 五		8 bā 八	
3 sān 三		6 liù 六		9 jiǔ 九	

★ 숫자 표현을 말하는 방법은 '중국어 기초'의 '기본 숫자'(p.36)에서 더 확인할 수 있어요.

기출 패턴 4 | 소속을 묻는 질문에 답변하기

4번 문제는 항상 소속을 물어요. 따라서 직장인이라면 '我在~工作。(Wǒ zài ~ gōngzuò, 저는 ~에서 일합니다.)'라고 답변하고, 학생이라면 '我在~上学。(Wǒ zài ~ shàngxué, 저는 ~에 다닙니다.)'라고 답변해요. 만약 일을 구하고 있다면 '我正在找工作。(Wǒ zhèngzài zhǎo gōngzuò, 저는 일을 구하고 있습니다.)'라고 답변하면 돼요.

 질문

你	在	什么	地方	工作?	
Nǐ	zài	shénme	dìfang	gōngzuò?	당신은 어느 곳에서 일합니까?
당신은	~에서	어느	곳	일하다	

或者	你	在	哪个	学校	上学?	
Huòzhě	nǐ	zài	nǎge	xuéxiào	shàngxué?	혹은 어느 학교에 다닙니까?
혹은	당신은	~에서	어느	학교	학교에 다니다	

[직장인의 경우]
 답변 패턴

我在~工作。

Wǒ	zài	**Sānxīng** 三星	gōngzuò.	
我	在	삼성	工作。	저는 삼성에서 일합니다.
저는	~에서		일하다	

[학생의 경우]
 답변 패턴

我在~上学。

Wǒ	zài	**Shǒu'ěr Dàxué** 首尔大学	shàngxué.	
我	在	서울대학교	上学。	저는 서울대학교에 다닙니다.
저는	~에서		학교를 다니다	

[구직자의 경우]
 만능 답변

Wǒ	zhèngzài	zhǎo	gōngzuò.	
我	正在	找	工作。	저는 일을 구하고 있습니다.
저는	~하고 있다	찾다	일을	

나만의 답변 만들어 보기

Wǒ
我 _____。
저는 _____.

[활용어휘] 회사명, 학교명

| 롯데 | Lètiān | 乐天 | 고려대학교 | Gāolì Dàxué | 高丽大学 |
| 대한항공 | Dàhán Hángkōng | 大韩航空 | 연세대학교 | Yánshì Dàxué | 延世大学 |

★ 더 많은 회사명과 학교명의 중국어를 PDF로 제공되는 [폰 안에 쏙! TSC 3급, 주제별 필수 암기 어휘집]에서 확인할 수 있어요.

실전TEST

🎧 3_3_실전TEST_풀어보기.mp3, 3_4_실전TEST_모범답변.mp3

TSC 중국어 말하기 시험

第1部分：自我介绍 - 第1题

볼륨 🔊

你叫什么名字？

TSC 중국어 말하기 시험

第1部分：自我介绍 - 第2题

볼륨 🔊

请说出你的出生年月日。

TSC 중국어 말하기 시험

第1部分：自我介绍 - 第3题

볼륨 🔊

你家有几口人？

TSC 중국어 말하기 시험

第1部分：自我介绍 - 第4题

볼륨 🔊

你在什么地方工作？或者你在哪个学校上学？

제2부분
제3부분
제4부분
제5부분
제6부분
제7부분

해커스 TSC 3급

모범답변 및 해석 p.328

해커스 **TSC 3급**

제2부분

그림 보고 답하기
看图回答

유형1 | **장소·위치** 문제 익히기

유형2 | **동작·상태** 문제 익히기

유형3 | **비교** 문제 익히기

유형4 | **숫자** 문제 익히기

실전 공략하기

제2부분 알아보기

남자가 그림에 대해 여자에게 질문을 하고,
여자는 그림을 보며 남자의 질문에 답하고 있군요.

제2부분은 이처럼 한 장의 그림과 관련된 질문을 듣고 답변하는 파트랍니다.
자, 그럼 제2부분에 대해 좀 더 자세히 알아볼까요?

출제 형태 – 제2부분은?

제2부분 '그림 보고 답하기'는 화면에 제시되는 그림을 보며 장소·위치, 동작·상태, 비교, 숫자와 관련된 질문을
듣고 답하는 파트입니다.

문제 번호	5, 6, 7, 8		평가 기준	그림 속 정보와 일치하게 답변했는가
문제 수	4개			문법적 오류가 없는가
답변 준비 시간	3초			발음·성조가 정확한가
답변 시간	6초			

제1부분

제2부분

제3부분

제4부분

제5부분

제6부분

제7부분

해커스 TSC 3급

출제 경향 – 이렇게 출제돼요!

장소·위치, 동작·상태, 비교, 숫자 관련 문제가 각각 1개씩 의문문으로 출제돼요.

출제 비율

숫자 25%

비교 25%

동작·상태 25%

장소·위치 25%

장소·위치	책은 어디에 있습니까?
동작·상태	그녀는 무엇을 하고 있습니까?
비교	누가 더 키가 큽니까?
숫자	모자는 얼마입니까?

합격 전략 – 이렇게 답변해야 해요!

1. 질문을 활용하여 완전한 한 문장으로 답변해야 해요.

질문을 최대한 활용하면 완전한 한 개의 문장으로 쉽게 답변할 수 있어요. 답변 시간이 짧기 때문에 많은 내용을 말하려고 하기보다는 어법적으로 실수가 없는 한 개의 문장으로 답변하는 것이 중요해요.

[예]

Shū **zài** **nǎr** **?**
书 在 哪儿 ?

책은 어디에 있습니까?

Shū **zài** **shūbāo li** **.**
书 在 书包 里 。

책은 책가방 안에 있습니다.

2. 정확한 발음과 성조로 끊김 없이 답변해야 해요.

완전한 한 문장을 발음과 성조에 유의하며 큰 소리로 끊김 없이 답변하세요. 특히 제2부분에서는 정답이 정해져 있기 때문에 정답 어휘를 정확히 발음하는 것이 좋아요.

학습 방법 – 이렇게 학습하세요!

빈출 어휘·표현 및 질문/답변 패턴 익히기

장소·위치 문제에서는 장소·위치 관련 어휘를, **동작·상태 문제**에서는 사람의 동작이나 그림 속 상태를 나타내는 어휘를, **비교 문제**에서는 비교 관련 형용사를, **숫자 문제**에서는 숫자·단위 관련 어휘를 중점적으로 익혀두세요. 그리고 유형별로 질문/답변 패턴을 익혀두면 조금 더 쉽고 실수 없이 답변할 수 있어요.

실전 공략하기

제2부분의 답변 전략 스텝을 알아두면 장소·위치, 동작·상태, 비교, 숫자 주제의 문제를 쉽게 공략할 수 있어요. 문제를 풀며 실전 감각을 익혀보세요.

시험 화면 및 순서 – 이런 순서로 진행돼요!

TSC 중국어 말하기 시험 | 해커스 001001

第2部分 : 看图回答 | 볼 륨 ◀ッ)

第二部分共有四道题，每道题各有一张提示图。
请根据提示图回答问题。
听到提问和提示音后，请准确地回答问题。
每道题有6秒的回答时间。
现在开始提问。

---

1. 디렉션

가장 먼저 아래와 같은 디렉션이 음성과 함께
화면에 제시됩니다.

"제2부분에는 모두 4문제가 있고, 문제마다 1장의
그림이 출제됩니다.
그림에 근거하여 문제에 답변하세요.
문제와 제시음이 들리고 난 후, 정확하게 답변하세요.
문제 당 6초의 답변시간이 제공됩니다.
지금 문제가 시작됩니다."

TSC 중국어 말하기 시험 | 해커스 001001 5/26

第2部分 : 看图回答 - 第1题 | 볼 륨 ◀ッ)

---

2. 문제

화면에 그림 한 컷이 등장하고, 약 2초 후 음
성으로 문제 번호와 문제를 들려줍니다. 문제
는 화면에 보여지지 않고 음성으로 한 번만 들
려줍니다.

🎧 "书在哪儿?"
　　책은 어디에 있습니까?

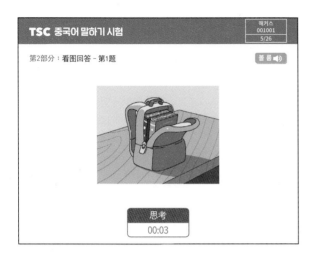

3. 답변 준비

문제를 들려주는 음성이 끝나면 3초의 답변 준비 시간이 주어집니다. 이때, 화면 아래 3초 타이머가 보여지고 카운트가 시작됩니다.

4. 답변

답변 준비 시간이 끝나면 '삐-' 소리와 함께 6초의 답변 시간이 시작됩니다. 이때, 타이머가 6초로 바뀌고 카운트가 시작됩니다.
답변 시간이 완료되면 '结束(jiéshù, 종료)' 소리가 들리고 다음 문제로 넘어갑니다.

장소·위치 문제 익히기

장소·위치 문제는 사람이 가고 있는 장소가 어디인지, 사물·장소·사람·동물이 어디에 있는지를 묻는 문제예요. 그리고 특정 위치에 있는 사물·장소·동물이 무엇인지를 묻기도 해요.

• 그는 어디에 갑니까?

• 손목시계는 어디에 있습니까?
• 책상 위에 무엇이 있습니까?

따라서 자주 쓰이는 장소·위치 관련 어휘와 표현 그리고 질문/답변 패턴을 익혀보세요.

빈출 어휘 및 표현 익히기

1 빈출 어휘 익히기 🎧 4_1_빈출 어휘_따라읽기.mp3, 4_2_빈출 어휘_암기하기.mp3

장소·위치 문제에서 자주 출제되는 어휘를 큰 소리로 따라 말하며 익혀보세요.

자주 쓰이는 장소 어휘 익히기

학교	xuéxiào 学校	도서관	túshūguǎn 图书馆
서점	shūdiàn 书店	빵집	miànbāodiàn 面包店
카페	kāfēitīng 咖啡厅	카페	kāfēidiàn 咖啡店
슈퍼마켓	chāoshì 超市	꽃집	huādiàn 花店

약국	yàodiàn 药店	병원	yīyuàn 医院
공항	jīchǎng 机场	호텔	jiǔdiàn 酒店
영화관	diànyǐngyuàn 电影院	백화점	bǎihuò shāngdiàn 百货商店
은행	yínháng 银行	우체국	yóujú 邮局
공원	gōngyuán 公园	파출소	pàichūsuǒ 派出所
식당, 레스토랑	cāntīng 餐厅	미용실	lǐfàdiàn 理发店
회사	gōngsī 公司	사무실	bàngōngshì 办公室
교실	jiàoshì 教室	방	fángjiān 房间

자주 쓰이는 동물 어휘 익히기

강아지	xiǎogǒu 小狗	고양이	xiǎomāo 小猫

자주 쓰이는 사물 어휘 익히기

안경	yǎnjìng 眼镜	손목시계	shǒubiǎo 手表
TV, 텔레비전	diànshì 电视	컴퓨터	diànnǎo 电脑

제1부분
제2부분
제3부분
제4부분
제5부분
제6부분
제7부분
해커스 TSC 3급

전화기	diànhuà 电话	휴대폰	shǒujī 手机
사진기	zhàoxiàngjī 照相机	사진	zhàopiàn 照片
연필	qiānbǐ 铅笔	볼펜	yuánzhūbǐ 圆珠笔
책	shū 书	공책	běnzi 本子
컵	bēizi 杯子	꽃병	huāpíng 花瓶
신문	bàozhǐ 报纸	우산	yǔsǎn 雨伞
자전거	zìxíngchē 自行车	자동차	chē 车
침대	chuáng 床	소파	shāfā 沙发
책상	zhuōzi 桌子	의자	yǐzi 椅子
옷	yīfu 衣服	외투	wàitào 外套
치마	qúnzi 裙子	바지	kùzi 裤子
모자	màozi 帽子	신발	xiézi 鞋子
상자	xiāngzi 箱子	책가방	shūbāo 书包

수박	**xīguā** 西瓜		바나나	**xiāngjiāo** 香蕉
사과	**píngguǒ** 苹果		귤	**júzi** 橘子
딸기	**cǎoméi** 草莓		포도	**pútao** 葡萄
물	**shuǐ** 水		우유	**niúnǎi** 牛奶
콜라	**kělè** 可乐		커피	**kāfēi** 咖啡
주스	**guǒzhī** 果汁		차	**chá** 茶
달걀	**jīdàn** 鸡蛋		돼지고기	**zhūròu** 猪肉

자주 쓰이는 위치 어휘 익히기

위(쪽)	**shàng(mian)** 上(面)		아래(쪽)	**xià(mian)** 下(面)
왼쪽	**zuǒbian** 左边		오른쪽	**yòubian** 右边
옆쪽	**pángbiān** 旁边		맞은편	**duìmiàn** 对面
안	**lǐ(mian)** 里(面)		가운데	**zhōngjiān** 中间

★ 上, 下, 里가 명사 뒤에 쓰일 때는 경성으로 발음해요.

2 빈출 표현 익히기 🎧 4_3_빈출 표현.mp3

장소·위치 문제의 답변에서 자주 쓰이는 표현을 익혀보아요. 음원을 들으며 큰 소리로 따라 말해보세요.

'~이 특정 장소에 간다'라는 표현 익히기

사람 + 去 특정 장소
사람이 특정 장소에 간다

Tā   qù   yīyuàn.
她   去   医院。
그녀는 가다   병원에

그녀는 병원에 갑니다.

'~이 특정 위치에 있다'라는 표현 익히기

사물 + 在 특정 위치
사물이 특정 위치에 있다

Shǒubiǎo   zài   diànshì   yòubian.
手表   在   电视   右边。
손목시계는 ~에 있다   TV   오른쪽

손목시계는 TV 오른쪽에 있습니다.

장소 + 在 특정 위치
장소가 특정 위치에 있다

Diànyǐngyuàn   zài   cāntīng   duìmiàn.
电影院   在   餐厅   对面。
영화관은   ~에 있다   식당   맞은편

영화관은 식당 맞은편에 있습니다.

사람 + 在 특정 위치
사람이 특정 위치에 있다

Háizi   zài   jiàoshì   li.
孩子   在   教室   里。
아이는 ~에 있다   교실   안

아이는 교실 안에 있습니다.

동물 + 在 특정 위치
동물이 특정 위치에 있다

Xiǎogǒu   zài   chuáng   shang.
小狗   在   床   上。
강아지는 ~에 있다   침대   위

강아지는 침대 위에 있습니다.

'특정 위치에 ~이 있다'라는 표현 익히기

특정 위치 有 + 장소 특정 위치에 장소가 있다	Xuéxiào duìmiàn yǒu gōngyuán. 学校　　对面　　有　　公园。 학교　　맞은편에　있다　공원이	학교 맞은편에 공원이 있습니다.
특정 위치 有 + 사물 특정 위치에 사물이 있다	Zhuōzi shang yǒu qiānbǐ. 桌子　　上　　有　　铅笔。 책상　위에　있다　연필이	책상 위에 연필이 있습니다.
특정 위치 有 + 동물 특정 위치에 동물이 있다	Zhàopiàn li yǒu xiǎogǒu. 照片　里　有　小狗。 사진　속에　있다　강아지가	사진 속에 강아지가 있습니다.

'특정 위치의 것은 ~이다'라는 표현 익히기

특정 위치 的是 + 사물 특정 위치의 것은 사물이다	Zhōngjiān de shì píngguǒ. 中间　　的是　　苹果。 가운데　~의 것은　~이다　사과	가운데의 것은 사과 입니다.
특정 위치 的是 + 장소 특정 위치의 것은 장소이다	Yòubian de shì yóujú. 右边　　的是　　邮局。 오른쪽　~의 것은　~이다　우체국	오른쪽의 것은 우체국 입니다.

질문/답변 패턴 익히기

장소·위치 질문에 자주 출제되는 질문/답변 패턴을 익혀보세요. 🎧 4_4_질문답변 패턴.mp3

기출 패턴 1 사람이 가고 있는 장소를 묻는 질문과 답변 패턴

질문이 '**사람+去哪儿?**(~qù nǎr? ~은 어디에 갑니까?)' 패턴으로 출제되면, 哪儿(nǎr, 어디) 자리에 그림 속 장소 어휘를 넣어 말하면 돼요.

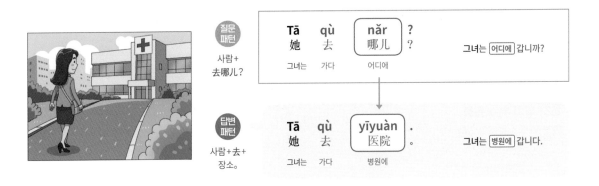

패턴 입에 붙이기!

음원을 들으며 답변을 큰 소리로 세 번씩 따라 말해보세요.

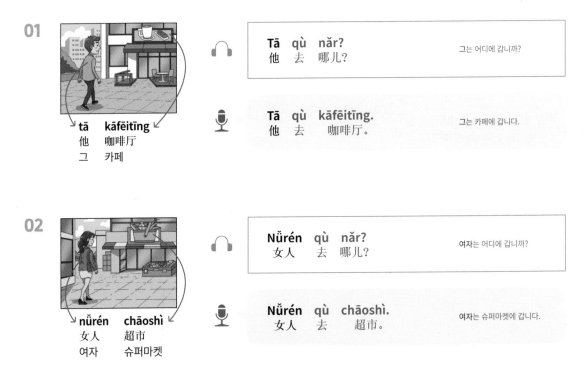

01

🎧
Tā qù nǎr?
他 去 哪儿?

그는 어디에 갑니까?

🎤
Tā qù kāfēitīng.
他 去 咖啡厅。

그는 카페에 갑니다.

tā   kāfēitīng
他   咖啡厅
그   카페

02

🎧
Nǚrén qù nǎr?
女人   去 哪儿?

여자는 어디에 갑니까?

🎤
Nǚrén qù chāoshì.
女人   去 超市。

여자는 슈퍼마켓에 갑니다.

nǚrén   chāoshì
女人   超市
여자   슈퍼마켓

기출 패턴 2 · **사물·장소·사람·동물이 있는 위치를 묻는 질문과 답변 패턴**

질문이 '**사물·장소·사람·동물+在哪儿?**(~zài nǎr? ~은 어디에 있습니까?)' 패턴으로 출제되면, 哪儿(nǎr, 어디) 자리에 그림 속 위치 어휘를 넣어 말하면 돼요.

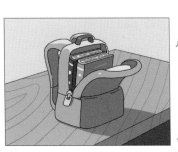

질문 패턴
사물·장소·사람· 동물+在哪儿?

Shū	**zài**	**nǎr**	**?**
书	在	哪儿	?
책은	~에 있다	어디	

책은 어디에 있습니까?

답변 패턴
사물·장소·사람· 동물+在+위치。

Shū	**zài**	**shūbāo li**	**.**
书	在	书包 里	。
책은	~에 있다	책가방 안	

책은 책가방 안에 있습니다.

패턴 입에 붙이기!

음원을 들으며 답변을 큰 소리로 세 번씩 따라 말해보세요.

01

háizimen **jiàoshì li**
孩子们　　 教室 里
아이들　　 교실 안

🎧 **Háizimen zài nǎr?**
孩子们　 在　哪儿?
아이들은 어디에 있습니까?

🎤 **Háizimen zài jiàoshì li.**
孩子们　 在　 教室　 里。
아이들은 교실 안에 있습니다.

02

xiǎogǒu **shāfā shang**
小狗　　 沙发上
강아지　 소파 위

🎧 **Xiǎogǒu zài nǎr?**
小狗　　 在　哪儿?
강아지는 어디에 있습니까?

🎤 **Xiǎogǒu zài shāfā shang.**
小狗　 在　沙发　 上。
강아지는 소파 위에 있습니다.

질문이 '**什么东西在+특정 위치?**(Shénme dōngxi zài~? 어떤 물건이 ~에 있습니까?)' 패턴으로 출제되면, 什么东西(shénme dōngxi, 어떤 물건) 자리에 그림 속 사물 어휘를 넣어 말하면 돼요.

질문 패턴	Shénme dōngxi	zài	píngguǒ	pángbiān?	어떤 물건이 사과 옆에 있습니까?
'什么东西在+ 특정 위치?'	什么东西	在	苹果	旁边?	
	어떤 물건이	~에 있다	사과	옆	

답변 패턴	Xīguā	zài	píngguǒ	pángbiān.	수박이 사과 옆에 있습니다.
사물+在+ 특정 위치.	西瓜	在	苹果	旁边。	
	수박이	~에 있다	사과	옆	

패턴 입에 붙이기!

음원을 들으며 답변을 큰 소리로 세 번씩 따라 말해보세요.

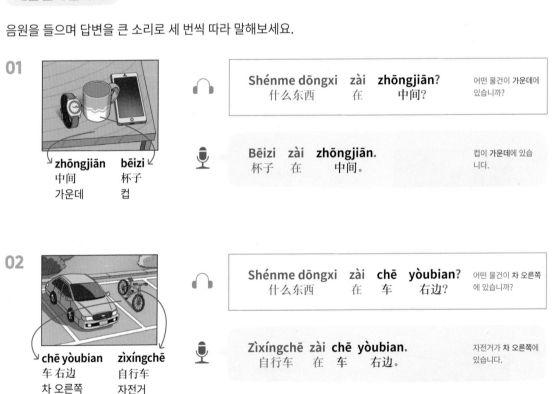

01

🎧
Shénme dōngxi	zài	zhōngjiān?	어떤 물건이 가운데에 있습니까?
什么东西	在	中间?	

🎤
Bēizi	zài	zhōngjiān.	컵이 가운데에 있습 니다.
杯子	在	中间。	

zhōngjiān / bēizi
中间 / 杯子
가운데 / 컵

02

🎧
Shénme dōngxi	zài	chē	yòubian?	어떤 물건이 차 오른쪽 에 있습니까?
什么东西	在	车	右边?	

🎤
Zìxíngchē	zài	chē	yòubian.	자전거가 차 오른쪽에 있습니다.
自行车	在	车	右边。	

chē yòubian / zìxíngchē
车 右边 / 自行车
차 오른쪽 / 자전거

기출 패턴 4 사람이 특정 장소에 있는지 묻는 질문과 답변 패턴

질문이 '**사람+在+특정 장소+吗?**(~zài~ma? ~은 ~에 있습니까?)' 패턴으로 출제되면, '**不**(bù, 아니요)'라고 말한 뒤 在(zài, ~에 있다) 다음에 그림 속 장소 어휘를 넣어 말하면 돼요. 이 패턴은 항상 不로 답하는 문제로 출제돼요.

패턴 입에 붙이기!

음원을 들으며 답변을 큰 소리로 세 번씩 따라 말해보세요.

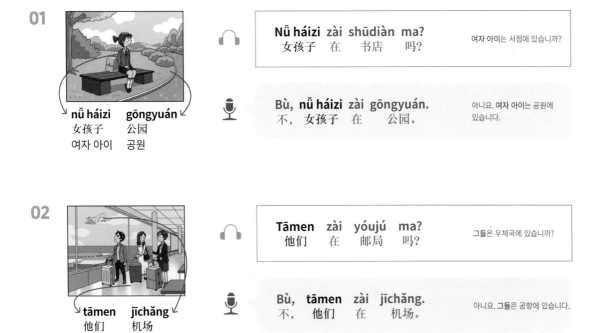

01

　Nǚ háizi zài shūdiàn ma?
　女孩子　在　书店　吗?　　여자 아이는 서점에 있습니까?

　Bù, nǚ háizi zài gōngyuán.
　不, 女孩子　在　公园。　　아니요. 여자 아이는 공원에 있습니다.

nǚ háizi　gōngyuán
女孩子　公园
여자 아이　공원

02

　Tāmen　zài　yóujú　ma?
　他们　在　邮局　吗?　　그들은 우체국에 있습니까?

　Bù, tāmen zài jīchǎng.
　不, 他们　在　机场。　　아니요. 그들은 공항에 있습니다.

tāmen　jīchǎng
他们　机场
그들　공항

특정 위치에 있는 사물·장소·동물을 묻는 질문과 답변 패턴

질문이 '**특정 위치+有什么?**(~yǒu shénme? ~에 무엇이 있습니까?)' 패턴으로 출제되면, **什么**(shénme, 무엇) 자리에 그림 속 사물·장소·동물 어휘를 넣어 말하면 돼요.

질문 패턴	Zhōngjiān 中间	yǒu 有	shénme? 什么?	가운데에 무엇이 있습니까?
특정 위치+ 有什么?	가운데	있다	무엇이	

답변 패턴	Zhōngjiān 中间	yǒu 有	huāpíng. 花瓶。	가운데에 꽃병이 있습니다.
특정 위치+有+ 사물·장소·동물。	가운데	있다	꽃병이	

패턴 입에 붙이기!

음원을 들으며 답변을 큰 소리로 세 번씩 따라 말해보세요.

01

🎧 Huādiàn duìmiàn yǒu shénme?
花店 对面 有 什么?
꽃집 맞은편에 무엇이 있습니까?

huādiàn duìmiàn
花店 对面
꽃집 맞은편

diànyǐngyuàn
电影院
영화관

🎤 Huādiàn duìmiàn yǒu diànyǐngyuàn.
花店 对面 有 电影院。
꽃집 맞은편에 영화관이 있습니다.

02

🎧 Zhàopiàn li yǒu shénme?
照片 里 有 什么?
사진 속에 무엇이 있습니까?

zhàopiàn li
照片里
사진 속

xiǎomāo
小猫
고양이

🎤 Zhàopiàn li yǒu xiǎomāo.
照片里 有 小猫。
사진 속에 고양이가 있습니다.

기출 패턴 6 · 특정 위치에 있는 사물·장소를 묻는 질문과 답변 패턴

질문이 '**특정 위치+的是什么?**(~de shì shénme? ~의 것은 무엇입니까?)' 패턴으로 출제되면, **什么**(shénme, 무엇) 자리에 그림 속 사물·장소 어휘를 넣어 말하면 돼요.

질문 패턴

특정 위치+ 的是什么?

Zhōngjiān	de	shì	shénme	?	가운데의 것은 무엇 입니까?
中间	的	是	什么	?	
가운데	~의 것은	~이다	무엇		

답변 패턴

특정 위치+的是 +사물·장소.

Zhōngjiān	de	shì	niúnǎi	.	가운데의 것은 우유 입니다.
中间	的	是	牛奶	.	
가운데	~의 것은	~이다	우유		

패턴 입에 붙이기!

음원을 들으며 답변을 큰 소리로 세 번씩 따라 말해보세요.

01

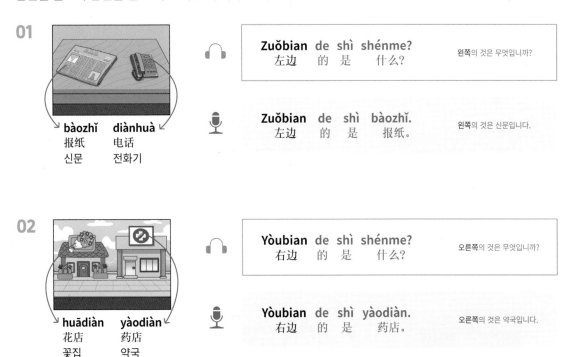

bàozhǐ　diànhuà
报纸　　电话
신문　　전화기

🎧 **Zuǒbian de shì shénme?**
　　左边　的　是　什么?　　　왼쪽의 것은 무엇입니까?

🎤 **Zuǒbian de shì bàozhǐ.**
　　左边　的　是　报纸.　　　왼쪽의 것은 신문입니다.

02

huādiàn　yàodiàn
花店　　药店
꽃집　　약국

🎧 **Yòubian de shì shénme?**
　　右边　的　是　什么?　　　오른쪽의 것은 무엇입니까?

🎤 **Yòubian de shì yàodiàn.**
　　右边　的　是　药店.　　　오른쪽의 것은 약국입니다.

실력 UP 연습문제

🎧 4_5_연습문제.mp3

[01-04] 먼저 질문을 눈으로 한 번 확인한 후, 들리는 질문에 큰 소리로 답변해보세요.

01

shǒubiǎo   zhuōzi shang
手表   桌子上
손목시계   책상 위

🎧
Shǒubiǎo   zài   nǎr?
手表   在   哪儿?

🎤

02

shūdiàn yòubian   yínháng
书店 右边   银行
서점 오른쪽   은행

🎧
Shūdiàn   yòubian   yǒu   shénme?
书店   右边   有   什么?

🎤

03

nǚde   túshūguǎn
女的   图书馆
여자   도서관

🎧
Nǚde   zài   cāntīng   ma?
女的   在   餐厅   吗?

🎤

04

zhōngjiān   qiānbǐ
中间   铅笔
가운데   연필

🎧
Shénme dōngxi   zài   zhōngjiān?
什么东西   在   中间?

🎤

[05-08] 질문을 듣고 큰 소리로 답변해보세요.

05

↘**xiāngzi li**   **cǎoméi**↙
箱子 里   草莓
상자 안   딸기

06

↘**tā**   **diànyǐngyuàn**↙
他   电影院
그   영화관

07

↘**háizimen**   **xuéxiào**↙
孩子们   学校
아이들   학교

08

↘**yòubian**   **xiāngjiāo**↙
右边   香蕉
오른쪽   바나나

모범답변 및 해석 p.330

동작·상태 문제 익히기

동작·상태 문제는 그림 속 사람의 동작, 날씨·계절·시간 또는 사물의 현재 상태를 묻는 문제예요. 특히 사람의 동작과 관련해서는 특정 동작을 하고 있는지, 무엇을 하고 있는지, 무엇을 하면 안 되는지를 묻는 문제가 출제돼요.

• 그는 무엇을 하고 있습니까?
• 그는 수영을 하고 있습니까?

• 창문은 열려 있습니까?
• 바깥에는 비가 옵니까?

따라서 자주 쓰이는 동작·상태 관련 어휘와 표현 그리고 질문/답변 패턴을 익혀보세요.

빈출 어휘 및 표현 익히기

1 빈출 어휘 익히기 🎧 5_1_빈출 어휘_따라읽기.mp3, 5_2_빈출 어휘_암기하기.mp3

동작·상태 문제에서 자주 출제되는 어휘를 큰 소리로 따라 말하며 익혀보세요.

자주 쓰이는 일상 관련 동작 어휘 익히기

밥을 하다	zuò fàn 做饭	요리를 하다	zuò cài 做菜
밥을 먹다	chī fàn 吃饭	과일을 먹다	chī shuǐguǒ 吃水果
우유를 마시다	hē niúnǎi 喝牛奶	술을 마시다	hē jiǔ 喝酒
차를 마시다	hē chá 喝茶	커피를 마시다	hē kāfēi 喝咖啡

전화하다	**dǎ diànhuà** 打电话		잠자다	**shuìjiào** 睡觉
세수하다	**xǐliǎn** 洗脸		손을 씻다	**xǐshǒu** 洗手

자주 쓰이는 취미 관련 동작 어휘 익히기

옷을 사다	**mǎi yīfu** 买衣服		물건을 사다	**mǎi dōngxi** 买东西
쇼핑하다	**guàngjiē** 逛街		휴대폰을 가지고 놀다	**wánr shǒujī** 玩儿手机
수영하다	**yóuyǒng** 游泳		등산하다	**páshān** 爬山
스키 타다	**huáxuě** 滑雪		축구하다	**tī zúqiú** 踢足球
농구하다	**dǎ lánqiú** 打篮球		볼링 치다	**dǎ bǎolíngqiú** 打保龄球
야구하다	**dǎ bàngqiú** 打棒球		테니스 치다	**dǎ wǎngqiú** 打网球
음악을 듣다	**tīng yīnyuè** 听音乐		춤을 추다	**tiàowǔ** 跳舞
사진 찍다	**pāizhào** 拍照		책을 보다	**kànshū** 看书
영화를 보다	**kàn diànyǐng** 看电影		TV를 보다	**kàn diànshì** 看电视
그림 그리다	**huàhuàr** 画画儿		노래 부르다	**chànggē** 唱歌

자주 쓰이는 **이동 관련 동작** 어휘 익히기

버스를 타다	zuò gōngjiāochē 坐公交车	지하철을 타다	zuò dìtiě 坐地铁
택시를 타다	zuò chūzūchē 坐出租车	운전하다	kāichē 开车

자주 쓰이는 **학업·업무 관련 동작** 어휘 익히기

쓰다	xiě 写	시험을 보다	kǎo 考
수업을 듣다	shàngkè 上课	수업이 끝나다	xiàkè 下课
공부하다	xuéxí 学习	회의하다	kāihuì 开会
출근하다	shàngbān 上班	퇴근하다	xiàbān 下班

자주 쓰이는 **날씨·계절 관련** 어휘 익히기

비가 오다	xiàyǔ 下雨	눈이 오다	xiàxuě 下雪
바람이 불다	guāfēng 刮风	천둥이 치다	dǎléi 打雷
덥다, 뜨겁다	rè 热	춥다, 차다	lěng 冷
봄	chūntiān 春天	여름	xiàtiān 夏天

가을	qiūtiān 秋天	겨울	dōngtiān 冬天

자주 쓰이는 시간 관련 어휘 익히기

지금, 현재	xiànzài 现在	오늘	jīntiān 今天
어제	zuótiān 昨天	내일	míngtiān 明天

자주 쓰이는 사물 및 관련 어휘 익히기

문	mén 门	창문	chuānghu 窗户
열려 있다	kāizhe 开着	닫혀 있다	guānzhe 关着

자주 쓰이는 위치 관련 어휘 익히기

바깥, 밖	wàimian 外面	바깥, 밖	wàibian 外边
위	shàngbian 上边	아래	xiàbian 下边
앞	qiánmian 前面	앞	qiánbian 前边
뒤	hòumian 后面	뒤	hòubian 后边

제1부분

제2부분

제3부분

제4부분

제5부분

제6부분

제7부분

해커스 TSC 3급

2 빈출 표현 익히기 🎧 5_3_빈출 표현.mp3

동작·상태 문제의 답변에서 자주 쓰이는 표현을 익혀보아요. 음원을 들으며 큰 소리로 따라 말해보세요.

'~이 특정 동작을 하고 있다'라는 표현 익히기

| 她/他/他们 + 在 특정 동작
그녀/그/그들은 특정 동작을 하고 있다 | **Tā zài kāichē.**
她 在 开车。
그녀는 ~하고 있다 운전하다 | 그녀는 운전을 하고 있습니다. |

| 사람 명사 + 在 특정 동작
사람이 특정 동작을 하고 있다 | **Nán háir zài dǎ bàngqiú.**
男孩儿 在 打棒球。
남자 아이는 ~하고 있다 야구하다 | 남자 아이는 야구를 하고 있습니다. |

'바깥은 특정 날씨이다'라는 표현 익히기

| 外面 + 在 특정 날씨
바깥은 특정 날씨이다 | **Wàimian zài xiàxuě.**
外面 在 下雪。
바깥에는 ~하고 있다 눈이 오다 | 바깥에는 눈이 옵니다. |

| 外边 + 在 특정 날씨
바깥은 특정 날씨이다 | **Wàibian zài guāfēng.**
外边 在 刮风。
바깥에는 ~하고 있다 바람이 불다 | 바깥에는 바람이 붑니다. |

'지금은 특정 계절이다'라는 표현 익히기

| 现在 + 是 특정 계절
지금은 특정 계절이다 | **Xiànzài shì chūntiān.**
现在 是 春天。
지금은 ~이다 봄 | 지금은 봄입니다. |

'~에(서) 특정 동작을 하면 안 된다'라는 표현 익히기

| 특정 장소 + 不能 특정 동작
특정 장소에서 특정 동작을 하면 안
된다 | **Dìtiě li bù néng chī dōngxi.**
地铁 里 不能 吃 东西。
지하철 안에서 ~하면 안 된다 먹다 음식을 | 지하철 안에서 음식을
먹으면 안 됩니다. |

| 특정 위치 + 不能 특정 동작
특정 위치에 특정 동작을 하면 안 된다 | **Qiáng shang bù néng huàhuàr.**
墙 上 不能 画画儿。
벽 위에 ~하면 안 된다 그림 그리다 | 벽 위에 그림을
그리면 안 됩니다. |

제1부분

제2부분

제3부분

제4부분

제5부분

제6부분

제7부분

해커스 TSC 3급

질문/답변 패턴 익히기

동작·상태 문제에서 자주 출제되는 질문/답변 패턴을 익혀보세요. 🎧 5_4_질문답변_패턴.mp3

기출 패턴 1 사람이 특정 동작을 하고 있는지 묻는 질문과 답변 패턴

질문이 '**사람+在+특정 동작+吗?**(~zài~ma? ~은 ~을 하고 있습니까?)' 패턴으로 출제되면, '**不**(bù, 아니요)'라고 말한 뒤, 在(zài, ~을 하고 있다) 다음에 그림 속 사람이 하고 있는 동작 어휘를 넣어 말하면 돼요. 이 패턴은 항상 不로 답하는 문제로 출제돼요.

질문 패턴	**Tāmen**	**zài**	**chī fàn**	**ma?**	그들은 밥을 먹 고 있습니까?
사람+在+ 특정 동작+吗?	他们 그들은	在 ~하고 있다	吃饭 밥을 먹다	吗? ~입니까?	

답변 패턴	**Bù,**	**tāmen**	**zài**	**tī zúqiú**.	아니요. 그들은 축구를 하 고 있습니다.
不, 사람+ 在+동작。	不, 아니다	他们 그들은	在 ~하고 있다	踢足球 축구하다	

패턴 입에 붙이기!

음원을 들으며 답변을 큰 소리로 세 번씩 따라 말해보세요.

01

🎧 **Tā zài kànshū ma?**
她 在 看书 吗?　　그녀는 책을 보고 있습니까?

🎤 **Bù, tā zài huàhuàr.**
不, 她 在 画画儿。　　아니요. 그녀는 그림을 그리고 있습니다

tā huàhuàr
她 画画儿
그녀 그림 그리다

02

🎧 **Nán háizi zài xǐliǎn ma?**
男孩子 在 洗脸 吗?　　남자 아이는 세수를 하고 있습니까?

🎤 **Bù, nán háizi zài dǎ diànhuà.**
不, 男孩子 在 打电话。　　아니요. 남자 아이는 전화를 하고 있습니다.

nán háizi dǎ diànhuà
男孩子 打电话
남자 아이 전화하다

제1부문

제2부문

제3부문

제4부문

제5부문

제6부문

제7부문

해커스 TSC 3급

기출 패턴 2 날씨·계절·사물이 특정 상태인 게 맞는지 묻는 질문과 답변 패턴

질문이 '날씨·계절·사물+在/是+특정 상태+吗?(~zài/shì~·nɑ? ~은 ~입니까?)' 패턴으로 출제되면, '不(bù, 아니요)'라고 말한 뒤 在(zài, ~울 히고 있다) 혹은 是(shì, ~입니다) 다음에 그림 속 상태 어휘를 넣어 말하면 돼요. 질문에서 在와 是은 생략될 수 있다는 점을 알아두세요. 이 패턴은 항상 不로 답하는 문제로 출제돼요.

질문 패턴
날씨·계절·사물
+(在/是)+
특정 상태+吗?

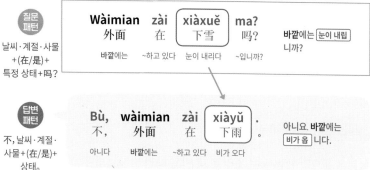

답변 패턴
不, 날씨·계절·
사물+(在/是)+
상태.

패턴 입에 붙이기!

음원을 들으며 답변을 큰 소리로 세 번씩 따라 말해보세요.

01

xiànzài　dōngtiān
现在　　冬天
지금　　겨울

 Xiànzài shì qiūtiān ma?
现在　是　秋天　吗?

지금은 가을입니까?

 Bù, xiànzài shì dōngtiān.
不,　现在　是　冬天。

아니요. 지금은 겨울입니다.

02

jīntiān　lěng
今天　　冷
오늘　　춥다

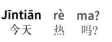 **Jīntiān rè ma?**
今天　热　吗?

오늘은 덥습니까?

 Bù, jīntiān lěng.
不,　今天　冷。

아니요. 오늘은 춥습니다.

사람이 지금 무엇을 하고 있는지 묻는 질문과 답변 패턴

질문이 '**사람+在做什么?**(~zài zuò shénme? ~은 무엇을 하고 있습니까?)' 패턴으로 출제되면, **做什么**(zuò shénme, 무엇을 하다) 자리에 그림 속 사람이 하고 있는 동작 어휘를 넣어 말하면 돼요. 질문에서 **做**(zuò, 하다) 대신 **干**(gàn, 하다)이 쓰일 수 있어요.

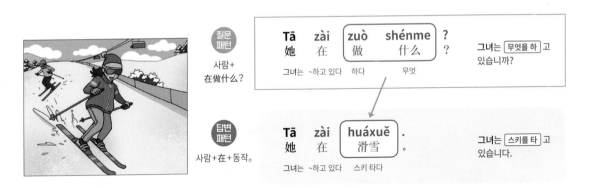

패턴 입에 붙이기!

음원을 들으며 답변을 큰 소리로 세 번씩 따라 말해보세요.

01

Tā zài zuò shénme?
他 在 做 什么?

그는 무엇을 하고 있습니까?

Tā zài chànggē.
他 在 唱歌。

그는 노래를 부르고 있습니다.

tā chànggē
他 唱歌
그 노래를 부르다

02

Nánde zài gàn shénme?
男的 在 干 什么?

남자는 무엇을 하고 있습니까?

Nánde zài páshān.
男的 在 爬山。

남자는 등산을 하고 있습니다.

nánde páshān
男的 爬山
남자 등산하다

기출 패턴 4 하면 안 되는 동작을 묻는 질문과 답변 패턴

질문이 '장소+不能做什么?(~bù néng zuò shénme? ~에서 무엇을 하면 안 됩니까?)' 패턴으로 출제되면, 做什么 (zuò shénme, 무엇을 하다) 자리에 그림 속 금지된 동작 어휘를 넣어 말하면 돼요. 질문에서 不能(bù néng, 안 된다) 대신 不可以(bù kěyǐ, 안 된다)가, 做(zuò, 하다) 대신 干(gàn, 하다)이 쓰일 수 있어요.

질문 패턴

장소+ 不能做什么?

Zhèr	bù néng	zuò	shénme	?
这儿	不能	做	什么	?
여기에서	~하면 안 된다	하다	무엇을	

여기에서 무엇을 하 면 안 됩니까?

답변 패턴

장소+不能+ 동작.

Zhèr	bù néng	chōuyān	.
这儿	不能	抽烟	.
여기에서	~하면 안 된다	담배를 피다	

여기에서 담배를 피우 면 안 됩니다.

패턴 입에 붙이기!

음원을 들으며 답변을 큰 소리로 세 번씩 따라 말해보세요.

01

zhèli　　pāizhào
这里　　拍照
여기　　사진찍다

Zhèli	bù néng	gàn	shénme?
这里	不能	干	什么?

여기에서 무엇을 하면 안 됩니까?

Zhèli	bù néng	pāizhào.
这里	不能	拍照。

여기에서 사진을 찍으면 안 됩니다.

02

dìtiě li　　hē yǐnliào
地铁 里　　喝饮料
지하철 안　　음료를 마시다

Dìtiě li	bù kěyǐ	gàn shénme?
地铁 里	不可以	干 什么?

지하철 안에서 무엇을 하면 안 됩니까?

Dìtiě li	bù kěyǐ	hē yǐnliào.
地铁 里	不可以	喝饮料。

지하철 안에서 음료를 마시면 안 됩니다.

실력 UP 연습문제

🎧 5_5_연습문제.mp3

[01-04] 먼저 질문을 눈으로 한 번 확인한 후, 들리는 질문에 큰 소리로 답변해보세요.

01

tā **tiàowǔ**
她 跳舞
그녀 춤 추다

🎧 **Tā zài zuò shénme?**
　　她 在 做 什么?

🎤

02

nán háir **shàngkè**
男孩儿 上课
남자 아이 수업 듣다

🎧 **Nán háir zài kàn diànyǐng ma?**
　　男孩儿 在 看电影 吗?

🎤

03

xiànzài **xiàtiān**
现在 夏天
지금 여름

🎧 **Xiànzài shì dōngtiān ma?**
　　现在 是 冬天 吗?

🎤

04

nán háizi **chī shuǐguǒ**
男孩子 吃水果
남자 아이 과일을 먹다

🎧 **Nán háizi zài gàn shénme?**
　　男孩子 在 干 什么?

🎤

[05-08] 질문을 듣고 큰 소리로 답변해보세요.

05

🎤

nǚ háir　　**yóuyǒng**
女孩儿　　游泳
여자 아이　　수영하다

06

🎤

tāmen　　**dǎ lánqiú**
他们　　打篮球
그들　　농구하다

07

🎤

wàibian　　**guāfēng**
外边　　刮风
밖　　바람이 불다

08

🎤

zhèr　　**wánr shǒujī**
这儿　　玩儿手机
여기　　휴대폰을 가지고 놀다

모범답변 및 해석 p.332

제1부분

제2부분

제3부분

제4부분

제5부분

제6부분

제7부분

해커스 TSC 3급

비교 문제는 두 명 이상의 사람 또는 두 개 이상의 사물의 크기·수량·가격·거리·무게 등을 비교하는 문제예요. 동물의 크기·무게·속도 등을 비교하는 문제도 출제돼요.

• 누가 비교적 작습니까?
• 누가 더 작습니까?

• 어느 과일이 비교적 비쌉니까?
• 어느 과일이 더 쌉니까?

따라서 자주 쓰이는 비교 관련 어휘와 표현 그리고 질문/답변 패턴을 익혀보세요.

빈출 어휘 및 표현 익히기

1 빈출 어휘 익히기 🎧 6_1_빈출 어휘_따라읽기.mp3, 6_2_빈출 어휘_암기하기.mp3

비교 문제에서 자주 출제되는 어휘를 큰 소리로 따라 말하며 익혀보세요.

자주 쓰이는 형용사 익히기

비싸다	guì 贵		싸다	piányi 便宜
무겁다	zhòng 重		가볍다	qīng 轻
키가 크다, 높다	gāo 高		키가 작다, 낮다	ǎi 矮
늙다	lǎo 老		젊다	niánqīng 年轻

나이가 많다	niánjì dà 年纪大	나이가 적다	niánjì xiǎo 年纪小
나이가 많다, 크다	dà 大	나이가 적다, 작다	xiǎo 小
많다	duō 多	적다	shǎo 少
빠르다	kuài 快	느리다	màn 慢
새것이다	xīn 新	낡다	jiù 旧
덥다, 뜨겁다	rè 热	춥다, 차다	lěng 冷
멀다	yuǎn 远	가깝다	jìn 近
길다	cháng 长	짧다	duǎn 短

자주 쓰이는 동물 어휘 익히기

고양이	māo 猫	강아지	gǒu 狗
토끼	tùzi 兔子	닭	jī 鸡
돼지	zhū 猪	소	niú 牛
곰	xióng 熊	호랑이	lǎohǔ 老虎

원숭이	hóuzi 猴子	코끼리	dàxiàng 大象
뱀	shé 蛇	양	yáng 羊
말	mǎ 马	사자	shīzi 狮子

자주 쓰이는 사물 어휘 익히기

자전거	zìxíngchē 自行车	자동차	qìchē 汽车
버스	gōngjiāochē 公交车	택시	chūzūchē 出租车
목도리	wéijīn 围巾	외투	dàyī 大衣
모자	màozi 帽子	연필	qiānbǐ 铅笔
짐, 캐리어	xíngli 行李	선물	lǐwù 礼物
귤	júzi 橘子	사과	píngguǒ 苹果

자주 쓰이는 신체 부위 어휘 익히기

머리	tóu 头	어깨	jiānbǎng 肩膀
눈	yǎnjing 眼睛	코	bízi 鼻子

입	zuǐ 嘴		귀	ěrduo 耳朵
손	shǒu 手		팔	gēbo 胳膊
발	jiǎo 脚		다리	tuǐ 腿

자주 쓰이는 국가·지역 어휘 익히기

중국	Zhōngguó 中国		한국	Hánguó 韩国
미국	Měiguó 美国		일본	Rìběn 日本
베이징	Běijīng 北京		상하이	Shànghǎi 上海
서울	Shǒu'ěr 首尔		부산	Fǔshān 釜山
캐나다	Jiānádà 加拿大		인도	Yìndù 印度
프랑스	Fǎguó 法国		이탈리아	Yìdàlì 意大利
러시아	Éluósī 俄罗斯		독일	Déguó 德国
영국	Yīngguó 英国		그리스	Xīlà 希腊

제1부분
제2부분
제3부분
제4부분
제5부분
제6부분
제7부분
해커스 TSC 3급

2 빈출 표현 익히기 🎧 6_3_빈출 표현.mp3

비교 문제의 답변에서 자주 쓰이는 표현을 익혀보아요. 음원을 들으며 큰 소리로 따라 말해보세요.

'~이 비교적 ~하다'라는 표현 익히기

| 사람 + 比较 ~
사람이 비교적 ~하다 | **Nǚde bǐjiào ǎi.**
女的 比较 矮。
여자가 비교적 키가 작다 | 여자가 비교적 키가 작습니다. |

| 사물 + 比较 ~
사물이 비교적 ~하다 | **Xīguā bǐjiào guì.**
西瓜 比较 贵。
수박이 비교적 비싸다 | 수박이 비교적 비쌉니다. |

| 동물 + 比较 ~
동물이 비교적 ~하다 | **Gǒu bǐjiào zhòng.**
狗 比较 重。
개가 비교적 무겁다 | 개가 비교적 무겁습니다. |

'~이 더 ~하다'라는 표현 익히기

| 사람 + 更 ~
사람이 더 ~하다 | **Nánde gèng gāo.**
男的 更 高。
남자가 더 키가 크다 | 남자가 키가 더 큽니다. |

| 사물 + 更 ~
사물이 더 ~하다 | **Shū gèng duō.**
书 更 多。
책이 더 많다 | 책이 더 많습니다. |

| 동물 + 更 ~
동물이 더 ~하다 | **Tùzi gèng xiǎo.**
兔子 更 小。
토끼가 더 작다 | 토끼가 더 작다. |

'~의 ~이 비교적 ~하다'라는 표현 익히기

사람的 사물 + 比较 ~ 사람의 사물이 비교적 ~하다	**Nánrén** 男人 남자	**de** 的 ~의	**yīfu** 衣服 옷이	**bǐjiào** 比较 비교적	**duō.** 多。 많다	남자의 옷이 비교적 많습니다.

사람的 동물 + 比较 ~ 사람의 동물이 비교적 ~하다	**Nǚ háir** 女孩儿 여자 아이	**de** 的 ~의	**māo** 猫 고양이가	**bǐjiào** 比较 비교적	**xiǎo.** 小。 작다	여자 아이의 고양이가 비교적 작습니다.

'~의 ~이 더 ~하다'라는 표현 익히기

사람的 사물 + 更 ~ 사람의 사물이 더 ~하다	**Nán háir** 男孩儿 남자 아이	**de** 的 ~의	**shū** 书 책이	**gèng** 更 더	**shǎo.** 少。 적다	남자 아이의 책이 더 적습니다.

사람的 동물 + 更 ~ 사람의 동물이 더 ~하다	**Nǚrén** 女人 여자	**de** 的 ~의	**gǒu** 狗 강아지가	**gèng** 更 더	**dà.** 大。 크다	여자의 강아지가 더 큽니다.

질문/답변 패턴 익히기

비교 문제에서 자주 출제되는 질문/답변 패턴을 익혀보세요. 🎧 6_4_질문답변_패턴.mp3

기출 패턴 1 | 누가 더 조건에 부합하는 지를 묻는 질문과 답변 패턴

질문이 '谁比较+형용사?(Shéi bǐjiào~? 누가 비교적 ~합니까?)' 패턴으로 출제되면, 谁(shéi, 누구) 자리에 조건에 더 부합하는 사람 어휘를 넣어 말하면 돼요. 질문에서 比较(bǐjiào, 비교적) 대신 更(gèng, 더)이 쓰일 수 있어요.

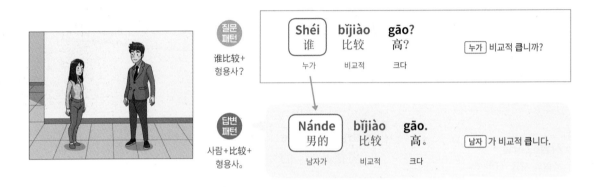

질문 패턴	**Shéi**	bǐjiào	**gāo?**		누가 비교적 큽니까?
谁比较+형용사?	谁	比较	高?		
	누가	비교적	크다		

답변 패턴	**Nánde**	bǐjiào	**gāo.**		남자 가 비교적 큽니다.
사람+比较+형용사.	男的	比较	高。		
	남자가	비교적	크다		

패턴 입에 붙이기!

음원을 들으며 답변을 큰 소리로 세 번씩 따라 말해보세요.

01

🎧
| **Shéi** | **gèng** | **niánqīng?** | 누가 더 젊습니까? |
| 谁 | 更 | 年轻? | |

🎤
| **Nǚde** | **gèng** | **niánqīng.** | 여자가 더 젊습니다. |
| 女的 | 更 | 年轻。 | |

nǚde / niánqīng
女的 / 年轻
여자 / 젊다

02

🎧
| **Shéi** | **bǐjiào** | **kuài?** | 누가 비교적 빠릅니까? |
| 谁 | 比较 | 快? | |

🎤
| **Nǎinai** | **bǐjiào** | **kuài.** | 할머니가 비교적 빠릅니다. |
| 奶奶 | 比较 | 快。 | |

nǎinai / kuài
奶奶 / 快
할머니 / 빠르다

기출 패턴 2 누구의 사물·동물이 조건에 더 부합하는 지를 묻는 질문과 답변 패턴

질문이 '谁的+사물·동물+比较+형용사?(Shéi de~ bǐjiào~? 누구의 사물·동물이 비교적 ~합니까?)' 패턴으로 출제되면, 谁(shéi, 누구) 자리에 조건에 더 부합하는 사람 어휘를 넣어 말하면 돼요. 질문에서 比较(bǐjiào, 비교적) 대신 更(gèng, 더)이 쓰일 수 있어요.

질문 패턴

谁的+
사물·동물+
比较+형용사?

| Shéi
谁
누구 | de
的
~의 | xíngli
行李
짐이 | bǐjiào
比较
비교적 | zhòng?
重?
무겁다 | 누구 의 짐이 비교적
무겁습니까? |

답변 패턴

사람+的+
사물·동물+
比较+형용사.

| Nánde
男的
남자 | de
的
~의 | xíngli
行李
짐이 | bǐjiào
比较
비교적 | zhòng.
重.
무겁다 | 남자 의 짐이 비교적
무겁습니다. |

패턴 입에 붙이기!

음원을 들으며 답변을 큰 소리로 세 번씩 따라 말해보세요.

01

háizi de yīfu   guì
孩子 的 衣服   贵
아이의 옷   비싸다

🎧 **Shéi de yīfu gèng guì?**
谁 的 衣服 更 贵?　　　누구의 옷이 더 비쌉니까?

🎤 **Háizi de yīfu gèng guì.**
孩子 的 衣服 更 贵.　　　아이의 옷이 더 비쌉니다.

02

nánrén de gǒu   duō
男人 的 狗   多
남자의 강아지   많다

🎧 **Shéi de gǒu gèng duō?**
谁 的 狗 更 多?　　　누구의 강아지가 더 많습니까?

🎤 **Nánrén de gǒu gèng duō.**
男人 的 狗 更 多.　　　남자의 강아지가 더 많습니다.

둘 중 어떤 것이 조건에 더 부합하는 지를 묻는 질문과 답변 패턴

질문이 '哪种东西比较+형용사?(Nǎ zhǒng dōngxi bǐjiào ~? 어떤 물건이 비교적 ~합니까?)' 패턴으로 출제되면, 哪种东西(nǎ zhǒng dōngxi, 어떤 물건) 자리에 조건에 더 부합하는 사물 어휘를 넣어 말하면 돼요. 질문에서 比较(bǐjiào, 비교적) 대신 更(gèng, 더)이 쓰일 수 있어요. 또한, 东西(dōngxi, 물건) 대신 水果(shuǐguǒ, 과일), 动物(dòngwù, 동물), 饮料(yǐnliào, 음료) 등으로도 쓰일 수 있어요.

질문 패턴

哪种东西比较
+형용사?

Nǎ zhǒng dōngxi	bǐjiào	cháng?	어떤 물건이 비교적
哪种东西	比较	长?	깁니까?
어떤 물건이	비교적	길다	

답변 패턴

사물+比较
+형용사。

Yuánzhūbǐ	bǐjiào	cháng.	볼펜이 비교적
圆珠笔	比较	长。	깁니다.
볼펜이	비교적	길다	

패턴 입에 붙이기!

음원을 들으며 답변을 큰 소리로 세 번씩 따라 말해보세요.

01

17 元   9 元

júzi	piányi
橘子	便宜
귤	싸다

🎧

Nǎ zhǒng shuǐguǒ	gèng	piányi?	어떤 과일이 더 쌉니까?
哪种水果	更	便宜?	

🎤

Júzi	gèng	piányi.	귤이 더 쌉니다.
橘子	更	便宜。	

02

māo	dà
猫	大
고양이	크다

🎧

Nǎ zhǒng dòngwù	gèng	dà?	어떤 동물이 더 큽니까?
哪种动物	更	大?	

🎤

Māo	gèng	dà.	고양이가 더 큽니다.
猫	更	大。	

기출 패턴 4 두 사물·사람·동물·장소를 비교하는 질문과 답변 패턴

질문이 '**사물·사람·동물·장소+更+형용사+吗?**(~gèng ~ma? ~이 더 ~합니까?)' 패턴으로 출제되면, '**不**(bù, 아니요)'라고 말한 뒤 그림 속 조건에 더 부합하는 사물·사람·동물·장소의 어휘를 更(gèng, 더) 앞에 넣어 말하면 돼요. 이 패턴은 항상 不로 답하는 문제로 출제돼요.

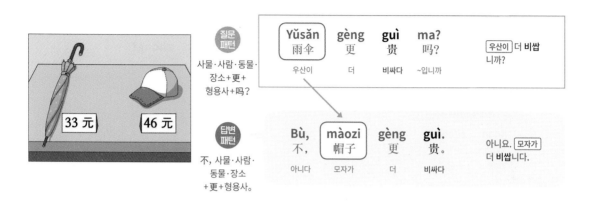

질문 패턴
사물·사람·동물·장소+更+형용사+吗?

Yǔsǎn	gèng	guì	ma?
雨伞	更	贵	吗?
우산이	더	비싸다	~입니까

우산이 더 비쌉니까?

답변 패턴
不, 사물·사람·동물·장소+更+형용사.

Bù,	màozi	gèng	guì.
不,	帽子	更	贵。
아니다	모자가	더	비싸다

아니요. 모자가 더 비쌉니다.

패턴 입에 붙이기!

음원을 들으며 답변을 큰 소리로 세 번씩 따라 말해보세요.

01

nánde   ǎi
男的   矮
남자   키가 작다

Nǚde	gèng	ǎi	ma?
女的	更	矮	吗?

여자가 더 작습니까?

Bù,	nánde	gèng	ǎi.
不,	男的	更	矮。

아니요. 남자가 더 작습니다.

02

māo   màn
猫   慢
고양이   느리다

Gǒu	gèng	màn	ma?
狗	更	慢	吗?

강아지가 더 느립니까?

Bù,	māo	gèng	màn.
不,	猫	更	慢。

아니요. 고양이가 더 느립니다.

실력 UP 연습문제

6_5_연습문제.mp3

[01-04] 먼저 질문을 눈으로 한 번 확인한 후, 들리는 질문에 큰 소리로 답변해보세요.

01

jīdàn   zhòng
鸡蛋   重
달걀   무겁다

Nǎ zhǒng dōngxi   bǐjiào   zhòng?
哪种东西   比较   重?

02

gōngjiāochē   kuài
公交车   快
버스   빠르다

Zìxíngchē   gèng   kuài   ma?
自行车   更   快   吗?

03

píngguǒ   qīng
苹果   轻
사과   가볍다

Nǎ zhǒng dōngxi   bǐjiào   qīng?
哪种东西   比较   轻?

04

nǔrén de wéijīn   cháng
女人 的 围巾   长
여자의 목도리   길다

Shéi   de   wéijīn   gèng   cháng?
谁   的   围巾   更   长?

[05-08] 질문을 듣고 큰 소리로 답변해보세요.

05

nǎinai de màozi   dà
奶奶 的 帽子   大
할머니의 모자   크다

06

niúnǎi   piányi
牛奶   便宜
우유   싸다

07

Hánguó   lěng
韩国   冷
한국   춥다

08

nán háizi   ǎi
男孩子   矮
남자 아이   키가 작다

모범답변 및 해석 p.334

제1부분

제2부분

제3부분

제4부분

제5부분

제6부분

제7부분

해커스TSC 3급

숫자 문제 익히기

숫자 문제는 시간·나이·날짜·가격·온도·키·무게 등 각종 숫자를 구체적으로 묻는 문제예요. 그림 속에 숫자가 쓰여 있거나 시계, 달력이 크게 표시돼요.

 • 모자는 얼마입니까?

 • 그는 키가 얼마나 큽니까?

따라서 자주 쓰이는 숫자 관련 어휘와 표현 그리고 질문/답변 패턴을 익혀보세요.

빈출 어휘 및 표현 익히기

1 빈출 어휘 익히기 🎧 7_1_빈출 어휘_따라읽기.mp3, 7_2_빈출 어휘_암기하기.mp3

숫자 문제에서 자주 출제되는 어휘를 큰 소리로 따라 말하며 익혀보세요.

자주 쓰이는 시간 어휘 익히기

시	diǎn 点	분	fēn 分
15분	yíkè 一刻	반, 30분	bàn 半
오전	shàngwǔ 上午	오후	xiàwǔ 下午
아침	zǎoshang 早上	저녁	wǎnshang 晚上

월	yuè 月	일	hào 号
요일	xīngqī 星期	일요일	xīngqītiān 星期天
지난주	shàng (ge) xīngqī 上(个)星期	다음 주	xià (ge) xīngqī 下(个)星期
주말	zhōumò 周末	이번 달	zhège yuè 这个月
지난달	shàng ge yuè 上个月	다음 달	xià ge yuè 下个月

자주 쓰이는 가격 관련 어휘 익히기

위안	kuài / yuán 块 / 元	마오 (10분의 1위안)	máo / jiǎo 毛 / 角
가격	jiàgé 价格	돈	qián 钱
전부, 모두	yígòng 一共	전부, 합쳐서	zǒnggòng 总共
가장 비싸다	zuì guì 最贵	가장 싸다	zuì piányi 最便宜

자주 쓰이는 온도 관련 어휘 익히기

온도	wēndù 温度	기온	qìwēn 气温
체온	tǐwēn 体温	도(℃)	dù 度

자주 쓰이는 무게 관련 어휘 익히기

무게	zhòngliàng 重量		체중	tǐzhòng 体重
킬로그램(kg)	gōngjīn 公斤		근(500g)	jīn 斤

자주 쓰이는 키·길이·거리 관련 어휘 익히기

키	gèzi 个子		길이	chángduǎn 长短
미터(m)	mǐ 米		센티미터(cm)	límǐ 厘米
킬로미터(km)	gōnglǐ 公里		~로부터	lí 离
~부터	cóng 从		~까지	dào 到

자주 쓰이는 번호·층 수 관련 어휘 익히기

전화번호	diànhuà hàomǎ 电话号码		휴대폰 번호	shǒujī hàomǎ 手机号码
(버스)번호	lù 路		(방)번호	hào 号
층	céng 层		층, 건물	lóu 楼

자주 쓰이는 사물·장소 관련 어휘 익히기

티켓, 입장권	ménpiào 门票	영화 티켓	diànyǐng piào 电影票
상점, 가게	shāngdiàn 商店	식당, 레스토랑	cāntīng 餐厅
교실 안	jiàoshì li 教室里	방 안	fángjiān li 房间里

자주 쓰이는 행사 관련 어휘 익히기

시험	kǎoshì 考试	시합, 경기	bǐsài 比赛
음악회	yīnyuèhuì 音乐会	콘서트	yǎnchànghuì 演唱会
생일	shēngrì 生日	결혼	jiéhūn 结婚

자주 쓰이는 동작 관련 어휘 익히기

문을 열다	kāimén 开门	문을 닫다	guānmén 关门
시작하다	kāishǐ 开始	살다, 거주하다	zhù 住
일어나다, 기상하다	qǐchuáng 起床	운동하다, 몸을 단련하다	duànliàn shēntǐ 锻炼身体
수업이 끝나다	xiàkè 下课	퇴근하다	xiàbān 下班

2 빈출 표현 익히기 🎧 7_3_빈출 표현.mp3

숫자 문제의 답변에서 자주 쓰이는 표현을 익혀보아요. 음원을 들으며 큰 소리로 따라 말해보세요.

시간을 나타내는 표현 익히기

숫자 + 点 + 숫자 + 分 숫자 시 숫자 분	Xiànzài sì diǎn shí fēn. 现在　　四点　　十分。 지금은　　4시　　10분이다	지금은 4시 10분 입니다.

날짜·요일을 나타내는 표현 익히기

숫자 + 月 + 숫자 + 号 숫자 월 숫자 일	Tā de shēngrì shì sān yuè yī hào. 她 的　生日　是　三月　一号。 그녀　~의　생일은　~이다　3월　1일	그녀의 생일은 3월 1일입니다.

星期 + 숫자 무슨(숫자) 요일	Míngtiān xīngqī sì. 明天　　星期四。 내일은　　목요일이다	내일은 목요일 입니다.

가격을 나타내는 표현 익히기

숫자 + 块 숫자 위안	Píngguǒ yì jīn shí'èr kuài qián. 苹果　　一斤　　十二块　　钱。 사과는　한 근에　12위안이다　돈	사과는 한 근에 12위안입니다.

무게를 나타내는 표현 익히기

숫자 + 公斤 숫자 킬로그램	Nǚde yǒu sìshíqī gōngjīn. 女的　有　四十七　公斤。 여자는　~만큼 되다　47　킬로그램	여자는 47킬로그램 만큼 됩니다.

길이·거리를 나타내는 표현 익히기

숫자 + 米
숫자 미터

Cóng yínháng dào gōngyuán yǒu yì bǎi líng liù mǐ.
从 银行 到 公园 有 一百零六 米。
~에서 은행 ~까지 공원 ~만큼 되다 106 미터

은행에서 공원까지는 106미터만큼 됩니다.

숫자 + 厘米
숫자 센티미터

Qiānbǐ shísān límǐ.
铅笔 十三 厘米。
연필은 13 센티미터이다

연필은 13센티미터
입니다.

온도를 나타내는 표현 익히기

숫자 + 度
숫자 도

Jiàoshì li de wēndù shì èrshíliù dù.
教室里 的 温度 是 二十六 度。
교실 안 ~의 온도는 ~이다 26 도

교실 안의 온도는 26도입니다.

방 번호·전화번호를 나타내는 표현 익히기

숫자 + 号
숫자 호

Tāmen zhù zài yāo yāo líng sì hào fángjiān.
他们 住 在 幺幺零四 号 房间。
그들은 묵다 ~에서 1104 호 방

그들은 1104호 방에 묵습니다.

장소 + 的电话号码是 + 숫자
장소의 전화번호는 숫자이다

Jiǔdiàn de diànhuà hàomǎ shì wǔ liù qī yāo èr sān.
酒店 的 电话号码 是 五六七幺二三。
호텔 ~의 전화번호는 ~이다 567-123

호텔의 전화번호는 567-123입니다.

제1부분
제2부분
제3부분
제4부분
제5부분
제6부분
제7부분
해커스 TSC 3급

질문/답변 패턴 익히기

숫자 문제에서 자주 출제되는 질문/답변 패턴을 익혀보세요. 🎧 7_4_질문답변 패턴.mp3

기출 패턴 1 시간·나이·층 수·인원 수를 묻는 질문과 답변 패턴

질문이 '~几~?(~ jǐ ~? ~은 몇~ 입니까?)' 패턴으로 출제되면, 几(jǐ, 몇) 자리에 숫자를 넣어 말하면 돼요.

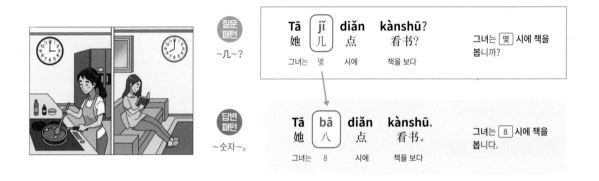

질문 패턴 ~几~?	Tā **jǐ** diǎn kànshū? 她 **几** 点 看书? 그녀는 몇 시에 책을 보다	그녀는 몇 시에 책을 봅니까?
답변 패턴 ~숫자~.	Tā **bā** diǎn kànshū. 她 **八** 点 看书。 그녀는 8 시에 책을 보다	그녀는 8 시에 책을 봅니다.

패턴 입에 붙이기!

음원을 들으며 답변을 큰 소리로 세 번씩 따라 말해보세요.

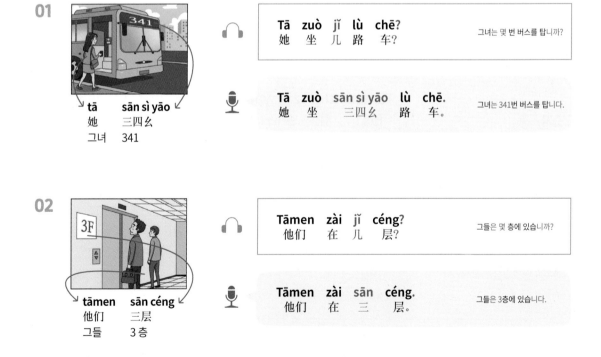

01

🎧 Tā zuò **jǐ** lù chē?
她 坐 几 路 车?   그녀는 몇 번 버스를 탑니까?

tā   sān sì yāo
她   三四幺
그녀   341

🎤 Tā zuò **sān sì yāo** lù chē.
她 坐 三四幺 路 车。   그녀는 341번 버스를 탑니다.

02

🎧 Tāmen zài **jǐ** céng?
他们 在 几 层?   그들은 몇 층에 있습니까?

tāmen   sān céng
他们   三层
그들   3층

🎤 Tāmen zài **sān** céng.
他们 在 三 层。   그들은 3층에 있습니다.

기출 패턴 2 특정 동작 또는 일이 진행되는 시간·날짜를 묻는 질문과 답변 패턴

질문이 '**~什么时候~?**(~shénme shíhou~? ~는 언제 ~입니까?)' 패턴으로 출제되면, **什么时候**(shénme shíhou, 언제) 자리에 구체적인 시간·날짜 표현을 넣어 말하면 돼요.

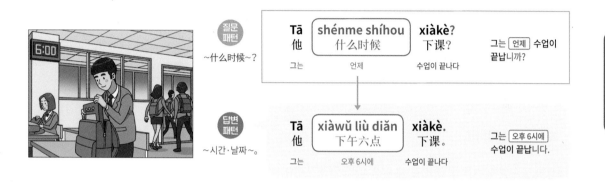

질문 패턴 ~什么时候~?		
Tā 他 그는	**shénme shíhou** 什么时候 언제	**xiàkè?** 下课? 수업이 끝나다	그는 [언제] 수업이 끝납니까?

답변 패턴 ~시간·날짜~。		
Tā 他 그는	**xiàwǔ liù diǎn** 下午六点 오후 6시에	**xiàkè.** 下课。 수업이 끝나다	그는 [오후 6시에] 수업이 끝납니다.

패턴 입에 붙이기!

음원을 들으며 답변을 큰 소리로 세 번씩 따라 말해보세요.

01

cāntīng
餐厅
식당

shí diǎn sìshí fēn
十点四十分
10시 40분

Cāntīng shénme shíhou guānmén?
餐厅　　什么时候　　关门?
식당은 언제 문을 닫습니까?

Cāntīng shí diǎn sìshí fēn guānmén.
餐厅　　十点四十分　　关门。
식당은 10시 40분에 문을 닫습니다.

02

jiéhūn
结婚
결혼

èr yuè jiǔ hào
二月九号
2월 9일

Tāmen shì shénme shíhou jiéhūn de?
他们　是　什么时候　结婚　的?
그들은 언제 결혼했습니까?

Tāmen shì èr yuè jiǔ hào jiéhūn de.
他们　是　二月九号　结婚　的。
그들은 2월 9일에 결혼했습니다.

질문이 '**~多少~?**(~ duōshao ~? ~은 얼마/몇 ~입니까?)' 패턴으로 출제되면, 多少(duōshao, 얼마/몇) 자리에 구체적인 숫자를 넣어 말하면 돼요.

패턴 입에 붙이기!

음원을 들으며 답변을 큰 소리로 세 번씩 따라 말해보세요.

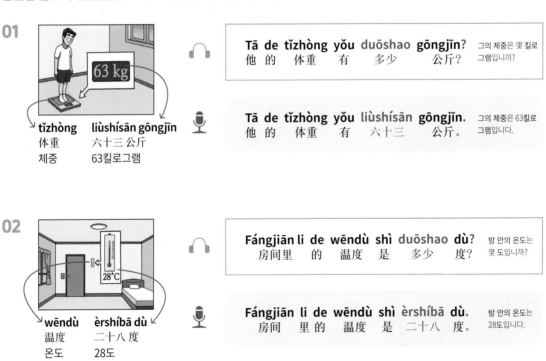

01

Tā de tǐzhòng yǒu duōshao gōngjīn?
他 的 体重 有 多少 公斤?
그의 체중은 몇 킬로그램입니까?

Tā de tǐzhòng yǒu liùshísān gōngjīn.
他 的 体重 有 六十三 公斤。
그의 체중은 63킬로그램입니다.

tǐzhòng liùshísān gōngjīn
体重 六十三 公斤
체중 63킬로그램

02

Fángjiān li de wēndù shì duōshao dù?
房间里 的 温度 是 多少 度?
방 안의 온도는 몇 도입니까?

Fángjiān li de wēndù shì èrshíbā dù.
房间 里的 温度 是 二十八 度。
방 안의 온도는 28도입니다.

wēndù èrshíbā dù
温度 二十八 度
온도 28도

기출 패턴 4 多로 구체적인 숫자를 묻는 질문과 답변 패턴

질문이 '**~多~?**(~ duō ~?, ~은 얼마나/몇 ~입니까?)' 패턴으로 출제되면, **多~**(duō~, 얼마나/몇~) 자리에 숫자와 단위를 넣어 말하면 돼요. 참고로 키를 물을 땐 **多高**(duō gāo, 얼마나 크나요), 나이를 물을 땐 **多大**(duō dà, 얼마나 나이가 많나요) 등 묻는 내용에 따라 多 뒤에 오는 형용사가 다르다는 점을 알아두세요.

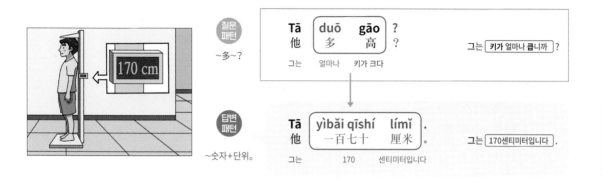

패턴 입에 붙이기!

음원을 들으며 답변을 큰 소리로 세 번씩 따라 말해보세요.

01

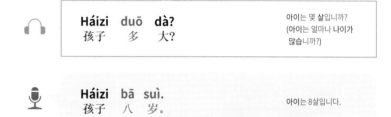

Háizi duō dà?
孩子 多 大?
아이는 몇 살입니까?
(아이는 얼마나 나이가
많습니까?)

Háizi bā suì.
孩子 八 岁。
아이는 8살입니다.

02

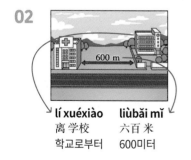

Yīyuàn lí xuéxiào yǒu duō yuǎn?
医院 离 学校 有 多 远?
병원은 학교로부터
얼마나 멉니까?

Yīyuàn lí xuéxiào yǒu liùbǎi mǐ.
医院 离 学校 有 六百 米。
병원은 학교로부터
600미터만큼 됩니다.

제1부분
제2부분
제3부분
제4부분
제5부분
제6부분
제7부분
해커스 TSC 3급

실력 UP 연습문제

🎧 7_5_연습문제.mp3

[01-04] 먼저 질문을 눈으로 한 번 확인한 후, 들리는 질문에 큰 소리로 답변해보세요.

01

🎧
Jiā li yǒu jǐ ge rén?
家里 有 几 个 人?

🎤

↳ **jiā li   sì ge rén** ↘
家里   四个人
집 안   네 명

02

🎧
Miànbāodiàn de diànhuà hàomǎ shì duōshao?
面包店   的   电话号码   是   多少?

🎤

↳ **miànbāodiàn   sān bā wǔ sì**
面包店   **yāo jiǔ**
빵집   三八五四幺九
385-419

03

🎧
Nánde   shénme shíhou   duànliàn shēntǐ?
男的   什么时候   锻炼身体?

🎤

↳ **duànliàn shēntǐ   xiàwǔ qī**
锻炼身体   **diǎn**
몸을 단련하다   下午七点
오후 7시

04

🎧
Gǒu duō zhòng?
狗   多   重?

🎤

↳ **gǒu   shí gōngjīn** ↘
狗   十公斤
개   10킬로그램

[05-08] 질문을 듣고 큰 소리로 답변해보세요.

05

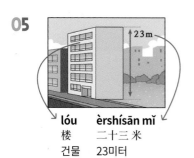

lóu   èrshísān mǐ
楼   二十三 米
건물   23미터

06

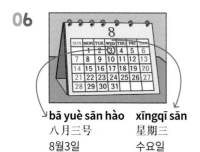

bā yuè sān hào   xīngqī sān
八月三号   星期三
8월3일   수요일

07

tā de tǐwēn   sānshíqī dù
他的体温   三十七 度
그의 체온   37도

08

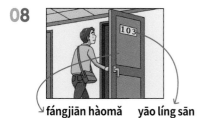

fángjiān hàomǎ   yāo líng sān
房间号码   幺零三
방 번호   103

모범답변 및 해석 p.336

제1부분

제2부분

제3부분

제4부분

제5부분

제6부분

제7부분

해커스 TSC 3급

실전 공략하기

🎧 8_1_실전 공략.mp3

답변 전략 스텝 익히기

제2부분 모든 문제에 적용할 수 있는 답변 전략 스텝을 익혀보세요.

STEP 1 그림 보고 관련 어휘 떠올리기

화면에 그림이 등장하면 그림 속 주요 어휘를 중국어로 빠르게 떠올려보세요.

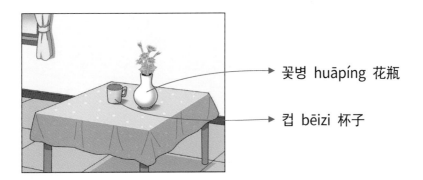

꽃병 huāpíng 花瓶

컵 bēizi 杯子

STEP 2 질문 듣고 답변 미리 떠올리기 (답변 준비 시간: 3초)

음성으로 질문이 들리기 시작하면 질문 속 모든 어휘의 발음과 성조를 집중해서 듣고 기억하면서 질문이 어떤 패턴인지 파악하세요. 이후 답변 준비를 위한 3초 동안 빠르게 답변을 떠올리세요.

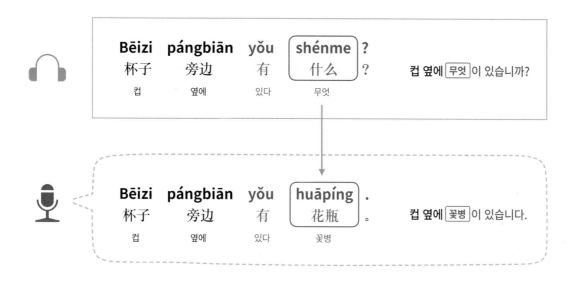

Bēizi pángbiān yǒu shénme ?
杯子 旁边 有 什么 ?
컵 옆에 있다 무엇

컵 옆에 무엇이 있습니까?

Bēizi pángbiān yǒu huāpíng .
杯子 旁边 有 花瓶 。
컵 옆에 있다 꽃병

컵 옆에 꽃병이 있습니다.

STEP 3 발음·성조에 주의하며 답변 말하기 (답변 시간: 6초)

'삐-'하고 제시음이 들리면 미리 준비한 답변을 발음과 성조에 주의하며 끊김 없이 큰 소리로 말하세요. 답변 시간은 6초입니다.

Bēizi pángbiān yǒu huāpíng.
杯子 旁边 有 花瓶。

컵 옆에 꽃병이 있습니다.

실전 감각 익히기

앞에서 배운 답변 전략 스텝에 따라, 아래 질문에 답하며 실전 감각을 익혀보세요.

01

STEP 1 그림 보고 관련 어휘 떠올리기

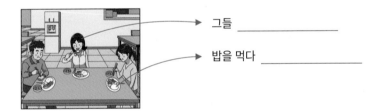

그들 _____

밥을 먹다 _____

STEP 2 질문 듣고 답변 미리 떠올리기 (3초)

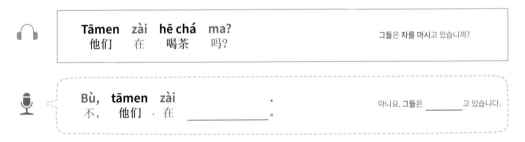

Tāmen	zài	hē chá	ma?
他们	在	喝茶	吗?

그들은 차를 마시고 있습니까?

Bù, tāmen zài _____ .
不, 他们 在 _____ 。

아니요. 그들은 _____ 고 있습니다.

STEP 3 발음 · 성조에 주의하며 답변 말하기 (6초)

STEP 1 그림 보고 관련 어휘 떠올리기

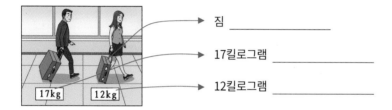

짐 _____

17킬로그램 _____

12킬로그램 _____

STEP 2 질문 듣고 답변 미리 떠올리기(3초)

Shéi	de	xíngli	bǐjiào	qīng?
谁	的	行李	比较	轻?

누구의 짐이 비교적 가볍습니까?

	de	xíngli	bǐjiào	qīng.
_____ 的		行李	比较	轻。

_____의 짐이 비교적 가볍습니다.

STEP 3 발음·성조에 주의하며 답변 말하기(6초)

03

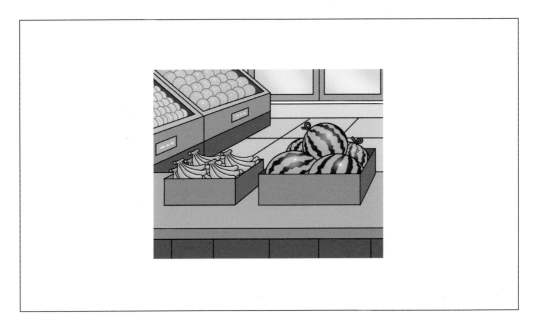

STEP 1 **그림 보고 관련 어휘 떠올리기**

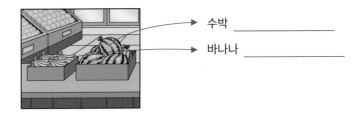

→ 수박 _____

→ 바나나 _____

STEP 2 **질문 듣고 답변 미리 떠올리기**(3초)

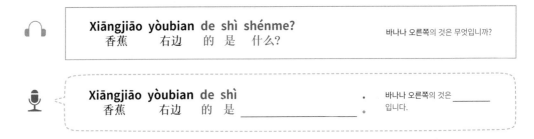

🎧   **Xiāngjiāo yòubian de shì shénme?**
       香蕉   右边   的 是   什么?   바나나 오른쪽의 것은 무엇입니까?

🎤   **Xiāngjiāo yòubian de shì**
       香蕉   右边   的 是 _____ 。   바나나 오른쪽의 것은 _____
                                                         입니다.

STEP 3 **발음·성조에 주의하며 답변 말하기**(6초)

🎤

04

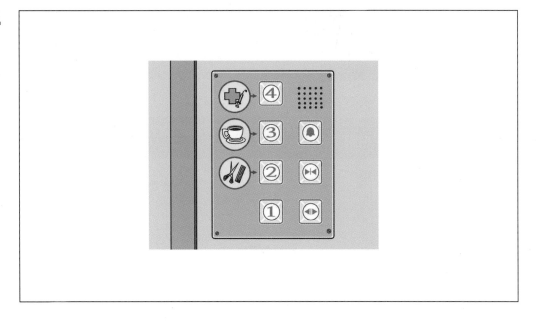

STEP 1 그림 보고 관련 어휘 떠올리기

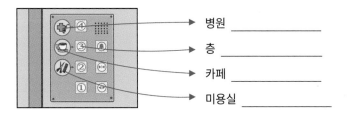

병원 _____

층 _____

카페 _____

미용실 _____

STEP 2 질문 듣고 답변 미리 떠올리기 (3초)

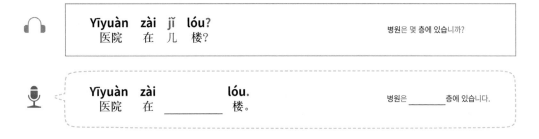

🎧
Yīyuàn   zài   jǐ   lóu?
医院   在   几   楼?

병원은 몇 층에 있습니까?

🎤
Yīyuàn   zài   lóu.
医院   在   _____ 楼。

병원은 _____ 층에 있습니다.

STEP 3 발음·성조에 주의하며 답변 말하기 (6초)

모범답변 및 해석 p.339

제1부분
제2부분
제3부분
제4부분
제5부분
제6부분
제7부분
해커스 TSC 3급

실전TEST(1)

🎧 9_1_실전TEST(1)_풀어보기.mp3, 9_2_실전TEST(1)_모범답변.mp3

TSC 중국어 말하기 시험

第2部分：看图回答 - 第1题

볼 륨

TSC 중국어 말하기 시험

第2部分：看图回答 - 第2题

볼 륨

TSC 중국어 말하기 시험

第2部分：看图回答 – 第3题

볼 륨

TSC 중국어 말하기 시험

第2部分：看图回答 – 第4题

볼 륨

모범답변 및 해석 p.340

실전TEST(2)

🎧 9_3_실전TEST(2)_풀어보기.mp3, 9_4_실전TEST(2)_모범답변.mp3

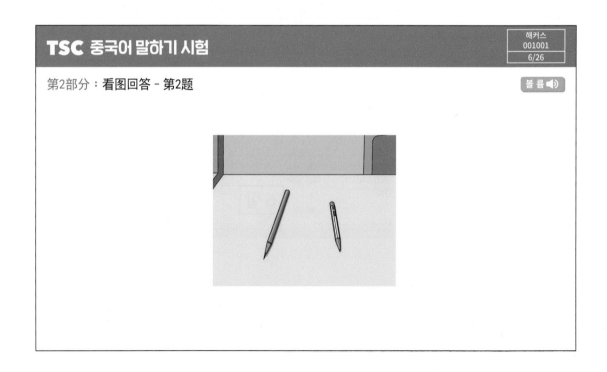

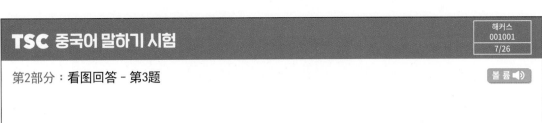

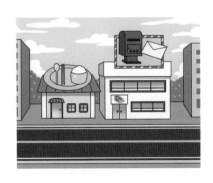

TSC 중국어 말하기 시험

第2部分：看图回答 - 第3题

볼 륨 🔊

TSC 중국어 말하기 시험

第2部分：看图回答 - 第4题

볼 륨 🔊

모범답변 및 해석 p.341

🎧 9_5_실전TEST(3)_풀어보기.mp3, 9_6_실전TEST(3)_모범답변.mp3

TSC 중국어 말하기 시험

해커스
001001
5/26

第2部分：看图回答 – 第1题

볼 륨 🔊

TSC 중국어 말하기 시험

해커스
001001
6/26

第2部分：看图回答 – 第2题

볼 륨 🔊

TSC 중국어 말하기 시험

第2部分：看图回答 - 第3题

TSC 중국어 말하기 시험

第2部分：看图回答 - 第4题

모범답변 및 해석 p.342

제1부분

제2부분

제3부분

제4부분

제5부분

제6부분

제7부분

해커스 TSC 3급

제3부분

대화 완성
快速回答

유형1 | **인터뷰형 및 정보 요구** 문제 익히기

유형2 | **제안·요청** 문제 익히기

유형3 | **의견 전달 및 상황 대응** 문제 익히기

실전 공략하기

제3부분 알아보기

여자가 그림 속 주인공이 되어 남자에게 질문을 하고,
남자 또한 그림 속 인물인 것처럼 자연스럽게 대화를 이어가고 있군요.

제3부분은 이처럼 그림 속 두 주인공이 대화하는 것처럼 질문을 듣고 답변하는 파트랍니다.
자, 그럼 제3부분에 대해 좀 더 자세히 알아볼까요?

출제 형태 – 제3부분은?

제3부분 '대화 완성'은 일상생활 속에서 자주 접할 수 있는 다양한 주제의 질문을 듣고 상황에 맞는 대화를 완성하는 파트입니다. 화면에 제시되는 그림은 질문의 내용과는 크게 상관이 없어요.

문제 번호	9, 10, 11, 12, 13	평가 기준	대화가 자연스럽게 이어지는가
문제 수	5개		문장으로 답변했는가
답변 준비 시간	2초		문법적 오류가 없는가
답변 시간	15초		발음·성조가 정확한가

출제 경향 – 이렇게 출제돼요!

그림 속 주인공이 되어 답변해야 하는 롤플레이형 문제가 출제돼요.

출제 비율

인터뷰형 및 정보 요구	• 너는 생일 잘 보냈어? • 너 무슨 색 신발 살 거야?
제안·요청	나 다음 주에 여행 갈 건데, 같이 갈래?
의견 전달 및 상황 대응	죄송합니다. 원하시는 음료는 다 팔렸습니다.

합격 전략 – 이렇게 답변해야 해요!

1. 질문을 최대한 그대로 활용하여 긴 한 문장으로 답변해야 해요.
너무 짧은 문장으로 답변하면 높은 점수를 받을 수 없어요. 질문을 최대한 그대로 활용하여 답변하면 너무 짧지 않으면서도 완전한 한 문장으로 답변할 수 있어요.

[예]

Nǐ shēngrì guò de zěnmeyàng?
你　生日　过　得　怎么样?　　너는 생일 잘 보냈어?

Wǒ shēngrì guò de hěn hǎo.
我　生日　过　得　很好。　　나는 생일 잘 보냈어.

2. 정확한 발음과 성조로 끊김 없이 답변해야 해요.
완전한 한 문장을 발음과 성조에 유의하며 큰 소리로 끊김 없이 답변하세요. 특히 제3부분에서는 실제로 대화하듯이 자연스럽게 발음하는 것이 좋아요.

학습 방법 – 이렇게 학습하세요!

빈출 어휘·표현 및 질문/답변 패턴 익히기
인터뷰형 및 정보 요구 문제에서는 의견 전달·일상·시간·평가 관련 어휘를, **제안·요청 문제**에서는 제안·요청 관련 어휘를, **의견 전달 및 상황 대응 문제**에서는 느낌·사과·칭찬 관련 어휘를 중점적으로 익혀두세요. 그리고 유형별로 질문/답변 패턴을 익혀두면 조금 더 쉽고 구체적으로 답변할 수 있어요.

실전 공략하기
제3부분의 답변 전략 스텝을 알아두면 인터뷰형 및 정보 요구, 제안·요청, 의견 전달 및 상황 대응 유형의 질문을 쉽게 공략할 수 있어요. 문제를 풀며 실전 감각을 익혀보세요.

시험 화면 및 순서 - 이런 순서로 진행돼요!

TSC 중국어 말하기 시험　　해커스
001001

第3部分：快速回答　　볼륨 🔊

第三部分共有五道题，请完成简单对话。
每个对话都出自生活中常见的情景，在对话开始前，你将看到提示图。
请尽量回答得完整，内容的长短和所用到的词语都会影响考试分数。
请听下面的例句。
问题：老王来了吗？
回答1：还没来。
回答2：他还没来，怎么了？你有什么事吗？
两种回答方式都可以，但"回答2"更具体，你会得到更高的分数。
听到提问和提示音后，请开始回答问题。
每道题有15秒的回答时间。现在开始提问。

1. 디렉션

가장 먼저 아래와 같은 디렉션이 음성과 함께 화면에 제시됩니다.

"제3부분에는 모두 5문제가 있습니다. 간단한 대화를 완성하세요.
모든 대화는 생활 속에서 자주 접하는 상황들로 출제되며, 대화 시작 전에 그림이 보여집니다.
최대한 완전하게 답변하세요. 내용의 길이와 사용한 모든 어휘는 시험 점수에 영향을 줄 수 있습니다.
아래 예시를 들어보세요.

문제: 라오왕은 왔습니까?
답변1: 아직 안왔습니다.
답변2: 그는 아직 안왔습니다. 왜 그러시죠? 무슨 일 있으신가요?

두 가지 답변 방식 모두 가능하지만, '답변2'가 더 구체적이기 때문에, 더 높은 점수를 받을 수 있습니다.
문제와 제시음이 들리고 난 후, 답변을 시작하세요.
문제 당 15초의 답변시간이 제공됩니다. 지금 문제가 시작됩니다."

TSC 중국어 말하기 시험　　해커스
001001
9/26

第3部分：快速回答-第1题　　볼륨 🔊

2. 문제

화면에 그림 한 컷이 등장하고, 약 2초 후 음성으로 문제 번호와 문제를 들려줍니다. 문제는 화면에 보여지지 않고 음성으로 한 번만 들려줍니다.

🎧 "你生日过得怎么样？"
　　 너는 생일 잘 보냈어?

3. 답변 준비

문제를 들려주는 음성이 끝나면 2초의 답변 준비 시간이 주어집니다. 이때, 화면 아래 2초 타이머가 보여지고 카운트가 시작됩니다.

4. 답변

답변 준비 시간이 끝나면 '삐-' 소리와 함께 15초의 답변 시간이 시작됩니다. 이때, 타이머가 15초로 바뀌고 카운트가 시작됩니다.
답변 시간이 완료되면 '结束(jiéshù, 종료)' 소리가 들리고 다음 문제로 넘어갑니다.

인터뷰형 및 정보 요구 문제 익히기

제3부분 유형1 바로듣기

인터뷰형 및 정보 요구 문제는 상대방의 기호·습관·경험·계획이 무엇인지, 생각·느낌이 어떠한지를 묻는 문제예요. 그리고 의문사를 활용하여 수단·시간·기간 등의 정보를 묻기도 해요.

• 너는 자주 영화를 봐?
• 너는 얼마 만에 한 번 방 청소를 해?

• 너 무슨 색 모자 살 거야?

따라서 자주 쓰이는 인터뷰형 및 정보 요구 관련 어휘와 표현 그리고 질문/답변 패턴을 익혀보세요.

빈출 어휘 및 표현 익히기

1 빈출 어휘 익히기 🎧 10_1 빈출 어휘_따라읽기.mp3, 10_2_빈출 어휘_암기하기.mp3

인터뷰형 및 정보 요구 문제에서 자주 출제되는 어휘를 큰 소리로 따라 말하며 익혀보세요.

자주 쓰이는 의견 전달·의견 요청 관련 어휘 익히기

dǎsuan 打算	~할 계획이다, ~할 것이다	yào 要	~할 것이다, ~해야 한다
juéde 觉得	~라고 생각하다	rènwéi 认为	~라고 생각하다
zěnme 怎么	어떻게	hǎo ne 好呢	~하는 것이 좋을까?
zěnme qù 怎么去	어떻게 가?	zěnme huí 怎么回	어떻게 돌아가?

zěnmeyàng 怎么样	어떠한가	de zěnmeyàng 得怎么样	~를 어떻게 하는가

자주 쓰이는 일상·취미·여행 관련 어휘 익히기

jiànmiàn 见面	만나다	shuìjiào 睡觉	잠자다
jiǎnféi 减肥	다이어트하다	duànliàn 锻炼	(몸을) 단련하다
zuò tóufa 做头发	머리를 하다	kāishǐ 开始	시작하다
xiěxìn 写信	편지를 쓰다	sòng lǐwù 送礼物	선물하다
dǎsǎo fángjiān 打扫房间	방을 청소하다	zhěnglǐ zhuōzi 整理桌子	책상을 정리하다
yòng xǐyījī 用洗衣机	세탁기를 쓰다	zài wǎng shang mǎi 在网上买	인터넷에서 사다
kàn zúqiú bǐsài 看足球比赛	축구 경기를 보다	qù huáxuě 去滑雪	스키 타러 가다
qù Zhōngguó 去中国	중국에 가다	qù Ōuzhōu 去欧洲	유럽에 가다
qù lǚxíng 去旅行	여행을 가다	qǐng yì tiān jià 请一天假	하루 휴가를 내다

| huílai 回来 | 돌아오다 | huí Hánguó 回韩国 | 한국으로 돌아오다 |

자주 쓰이는 교통 관련 어휘 익히기

kāichē 开车	운전하다	zuò huǒchē 坐火车	기차를 타다
zuò chūzūchē 坐出租车	택시를 타다	zuò dìtiě 坐地铁	지하철을 타다
zuò gōnggòng qìchē 坐公共汽车	버스를 타다	zuò gōngjiāochē 坐公交车	버스를 타다

자주 쓰이는 학업 관련 어휘 익히기

xué Hànyǔ 学汉语	중국어를 배우다	xué Yīngyǔ 学英语	영어를 배우다
xué yóuyǒng 学游泳	수영을 배우다	xué tàijíquán 学太极拳	태극권을 배우다
xuǎn kè 选课	수강 신청하다	zuò zuòyè 做作业	숙제를 하다
zhǔnbèi kǎoshì 准备考试	시험을 준비하다	liúxué 留学	유학하다, 유학

자주 쓰이는 시간·특정 시점 관련 어휘 익히기

| yí ge xiǎoshí 一个小时 | 1시간 | yì fēnzhōng 一分钟 | 1분 |

yì tiān 一天	하루	**yì zhōu** 一周	일주일
wǎnshang 晚上	저녁	**zhōumò** 周末	주말
yǐqián 以前	이전, 예전	**zuìjìn** 最近	최근
měi tiān 每天	매일	**měi ge yuè** 每个月	매달
xiàzhōu 下周	다음 주	**xià ge yuè** 下个月	다음 달
míngnián 明年	내년	**Jiàoshījié** 教师节	스승의 날
cóng xiǎoshíhou 从小时候	어렸을 때부터	**guò shēngrì shí** 过生日时	생일을 보낼 때
cóng zhège xuéqī 从这个学期	이번 학기부터	**zhè cì fàngjià** 这次放假	이번 방학, 이번 휴가
zhè cì shǔjià 这次暑假	이번 여름 방학	**zhè cì hánjià** 这次寒假	이번 겨울 방학
xiàkè hòu 下课后	수업 끝난 후	**kǎoshì jiéshù hòu** 考试结束后	시험 끝난 후
bìyè yǐhòu 毕业以后	졸업한 후	**huíjiā yǐhòu** 回家以后	집에 돌아간 후
yèyú shíjiān 业余时间	여가 시간	**zhè cì guòjié** 这次过节	이번 명절 때

제1부분

제2부분

제3부분

제4부분

제5부분

제6부분

제7부분

해커스 TSC 3급

wúliáo de shíhou 无聊的时候	심심할 때	yālì dà de shíhou 压力大的时候	스트레스가 심할 때
zǎo diǎnr 早点儿	좀 더 일찍	wǎn diǎnr 晚点儿	좀 더 늦게
cóng míngtiān 从明天	내일부터	cóng xià xīngqī 从下星期	다음 주부터

자주 쓰이는 평가·의견 관련 어휘 익히기

yǒudiǎnr 有点儿	약간, 조금	tài … le 太 … 了	너무 ~하다
yǒu yìsi 有意思	재미있다	méiyǒu yìsi 没有意思	재미없다
lèi 累	힘들다, 피곤하다	hǎokàn 好看	예쁘다
hǎotīng 好听	듣기 좋다	hǎochī 好吃	맛있다
xián 咸	짜다	dàn 淡	싱겁다
là 辣	맵다	tián 甜	달다

자주 쓰이는 인물·사물·장소 관련 어휘 익히기

jiārén 家人	가족	péngyou 朋友	친구

mǐfàn 米饭	쌀밥		miàntiáo 面条	국수
hànbǎo 汉堡	햄버거		yǐnliào 饮料	음료
wèidao 味道	맛		yánsè 颜色	색깔
jiāotōngfèi 交通费	교통비		tōngxùnfèi 通讯费	통신비
qiánbāo 钱包	지갑		měishùguǎn 美术馆	미술관
huǒchēzhàn 火车站	기차역		dìtiězhàn 地铁站	지하철역
biànlìdiàn 便利店	편의점		dàxíng chāoshì 大型超市	대형 슈퍼마켓
sùshè 宿舍	기숙사		zhè fùjìn 这附近	이 근처

자주 쓰이는 양사 익히기

bù 部	편, 부 (영화, 기계 등을 세는 양사)		bēi 杯	컵 (액체를 측량하는 양사)
jiàn 件	벌 (옷을 세는 양사)		shuāng 双	켤레 (신발을 세는 양사)
jiā 家	채 (가게, 기업 등을 세는 양사)		tái 台	대 (기계 등을 세는 양사)

제1부분

제2부분

제3부분

제4부분

제5부분

제6부분

제7부분

해커스 TSC 3급

2 빈출 표현 익히기 🎧 10_3_빈출 표현.mp3

기호·습관·계획·생각·느낌 등을 나타내는 표현을 익히고 앞에서 배운 빈출 어휘들을 활용하여 더 많은 표현을 큰 소리로 말해보세요.

'나는 ~하는 것을 좋아해'라는 표현 익히기

| 我喜欢……
나는 ~하는 것을 좋아해 | Wǒ xǐhuan kàn diànyǐng.
我　喜欢　　看电影。
나는　좋아하다　영화를 보다 | 나는 영화를 보는 것을
좋아해. |

'나는 자주/보통/평소/통상적으로 ~'라는 표현 익히기

| 我经常……
나는 자주 ~ | Wǒ jīngcháng gēn péngyou yìqǐ qù měishùguǎn.
我　　经常　　跟　　朋友　　一起　去　　美术馆。
나는　자주　친구와 함께　가다　미술관에
나는 자주 친구와 함께 미술관에 가. |

| 我一般……
나는 보통 ~ | Wǒ yìbān zài wǎng shang mǎi yīfu.
我　一般　在　　网上　　买衣服。
나는　보통　인터넷에서　옷을 사다
나는 보통 인터넷에서 옷을 사. |

| 我平时……
나는 평소 ~ | Wǒ píngshí zài túshūguǎn zuò zuòyè.
我　平时　在　图书馆　做作业。
나는　평소　도서관에서　숙제를 하다
나는 평소 도서관에서 숙제를 해. |

| 我通常……
나는 통상적으로 ~ | Péngyou guò shēngrì shí, wǒ tōngcháng sòng qiánbāo.
朋友　　过生日时，　我　通常　送　钱包。
친구가　생일을 보낼 때　나는　통상적으로　선물하다　지갑을
친구가 생일을 보낼 때, 나는 통상적으로 지갑을 선물해. |

'나는 ~하고 싶어'라는 표현 익히기

我想……
나는 ~하고 싶어

Wǒ xiǎng mǎi hēisè de màozi.

我　想　买　黑色　的　帽子。

나는 ~하고 싶다　사다　검은색　~의　모자를

나는 검은색 모자를
사고 싶어.

'나는 ~을 할 거야'라는 표현 익히기

我打算……
나는 ~ 할 계획이야

Bìyè hòu, wǒ dǎsuan qù Zhōngguó liúxué.

毕业后，　我　打算　去　中国　留学。

졸업한 후　나는 ~할 계획이다　가다　중국에　유학하다

졸업한 후, 나는 중국으로 유학 갈 계획이야.

我要……
나는 ~ 할 거야

Zhè cì shǔjià wǒ yào jiǎnféi.

这次暑假　我　要　减肥。

이번 여름 방학에　나는 ~할 것이다 다이어트하다

이번 여름 방학에 나는
다이어트할 거야.

'나는 ~라고 생각해'라는 표현 익히기

我觉得……
나는 ~라고 생각해

Wǒ juéde zhè bù shǒujī hěn búcuò.

我　觉得　这部手机　很不错。

나는 ~라고 생각하다　이 휴대폰이　훌륭하다

나는 이 휴대폰이
훌륭하다고 생각해.

'우리 ~하자'라는 표현 익히기

我们……吧
우리 ~하자

Wǒmen zuò gōngjiāochē qù ba.

我们　坐公交车　去 吧。

우리　버스를 타다　가다 ~하자

우리 버스 타고 가자.

제1부분

제2부분

제3부분

제4부분

제5부분

제6부분

제7부분

해커스 TSC 3급

질문/답변 패턴 익히기

인터뷰형 및 정보 요구 문제에서 자주 출제되는 질문/답변 패턴을 익혀보세요. 🎧 10_4_질문답변 패턴.mp3

기출 패턴 1   기호·습관·경험이나 특정 사실을 묻는 질문과 답변 패턴

질문이 '你~吗?(Nǐ ~ ma? 너는 ~이니?)' 패턴으로 출제되면, 你(nǐ, 너)를 我(wǒ, 나)로 바꾼 후, 吗(ma, ~이니?)
앞 부분까지 그대로 반복하여 답변하면 돼요. 주어가 你가 아닌 다른 어휘이면 그대로 써서 답변해요.

질문
패턴

你~吗?

Nǐ	xǐhuan	qù	shūdiàn	mǎi shū	ma?
你	喜欢	去	书店	买书	吗?
너는	좋아하다	가다	서점에	책을 사다	~입니까

너는 서점에 가서 책 사는 거 좋아하니?

답변
패턴

我+吗 앞까지
반복。

Wǒ	xǐhuan	qù	shūdiàn	mǎi shū.
我	喜欢	去	书店	买书。
나는	좋아하다	가다	서점에	책을 사다

나는 서점에 가서 책 사는 거 좋아해.

패턴 입에 붙이기!

음원을 들으며 답변을 큰 소리로 세 번씩 따라 말해보세요.

01

Nǐ	jīngcháng	zuò chūzūchē	ma?
你	经常	坐出租车	吗?

너는 택시 자주 타니?

Wǒ	jīngcháng	zuò chūzūchē.
我	经常	坐出租车。

나는 택시 자주 타.

02

Zhè jiàn yīfu	hǎokàn	ma?
这件衣服	好看	吗?

이 옷 예쁘니?

Zhè jiàn yīfu	hǎokàn.
这件衣服	好看。

이 옷 예뻐.

기출패턴 2 어디에서 하는지를 묻는 질문과 답변 패턴

질문이 '你~在哪儿~?(Nǐ ~ zài nǎr~? 너는 ~어디에서 ~해?)' 또는 '你~去哪儿?(Nǐ ~ qù nǎr? 너는 ~어디에 가?)' 패턴으로 출제되면, 哪儿(nǎr, 어디) 자리에 장소·위치 어휘를 넣어 답변하면 돼요. 만약 문장 앞부분에 특정 시점이 언급되면, 그대로 반복하여 답변하면 돼요.

질문패턴
你~在哪儿~?

Nǐ tōngcháng zài nǎr zuò zuòyè?
你   通常   在   哪儿   做作业?
너는   통상적으로   어디에서   숙제를 하다

너는 **통상적으로** 어디에서 **숙제를 해?**

답변패턴
我~在+
장소·위치~.

Wǒ tōngcháng zài kāfēitīng zuò zuòyè.
我   通常   在   咖啡厅   做作业。
나는   통상적으로   카페에서   숙제를 하다

나는 **통상적으로** 카페에서 **숙제를 해.**

질문패턴
你~去哪儿?

Xià ge yuè, nǐ dǎsuan qù nǎr?
下个月，   你   打算   去   哪儿?
다음 달에   너는 ~할 계획이다 가다 어디에

다음 달에 너는 어디에 갈 **계획이야?**

답변패턴
我~去+
장소·위치.

Xià ge yuè, wǒ dǎsuan qù Ōuzhōu.
下个月，   我   打算   去   欧洲。
다음 달에   나는 ~할 계획이다 가다 유럽에

다음 달에 나는 유럽에 갈 **계획이야.**

패턴 입에 붙이기!

음원을 들으며 답변을 큰 소리로 세 번씩 따라 말해보세요.

01

Nǐ yìbān zài nǎr chī fàn?
你   一般   在 哪儿   吃饭?

너는 보통 어디에서 밥을 먹어?

Wǒ yìbān zài jiā chī fàn.
我   一般   在   家   吃饭。

나는 보통 집에서 밥을 먹어.

질문이 '你~跟谁一起~?(Nǐ ~ gēn shéi yìqǐ ~? 너는 ~누구와 함께 ~해?)' 패턴으로 출제되면, 谁(shéi, 누구) 자리에 사람 어휘를 넣어 답변하면 돼요. 만약 문장 앞부분에 특정 시점이 언급되면, 그대로 반복하여 답변하면 되고, 정확히 못 들었다면 생략해도 돼요.

패턴 입에 붙이기!

음원을 들으며 답변을 큰 소리로 세 번씩 따라 말해보세요.

01

Nǐ píngshí gēn shéi yìqǐ hē jiǔ?
你 平时 跟 谁 一起 喝酒?

너는 평소 누구와 함께 술을 마셔?

Wǒ píngshí gēn péngyou yìqǐ hē jiǔ.
我 平时 跟 朋友 一起 喝酒。

나는 평소 친구와 함께 술을 마셔.

02

Míngtiān de zhǎnlǎnhuì, nǐ yào gēn shéi yìqǐ qù kàn?
明天 的 展览会, 你 要 跟 谁 一起 去 看?

내일 전시회, 너 누구와 함께 보러 갈 거야?

Wǒ yào gēn māma yìqǐ qù kàn.
我 要 跟 妈妈 一起 去 看。

나 엄마와 함께 보러 갈 거야.

기출 패턴 4 ┃ 교통수단을 묻는 질문과 답변 패턴

질문이 '我们(咱们)怎么去~?(Wǒmen(Zánmen) zěnme qù~? 우리 어떻게 ~에 가?)' 패턴으로 출제되면, 坐(zuò, 타다)와 吧(ba, ~하자) 사이에 구체적인 교통수단을 넣어 답변하면 돼요. 참고로 怎么去?(zěnme qù? 어떻게 가?) 이외에 怎么回?(zěnme huí? 어떻게 돌아가?)' 형태로도 출제될 수 있음을 알아두세요.

패턴 입에 붙이기!

음원을 들으며 답변을 큰 소리로 세 번씩 따라 말해보세요.

01

Wǒmen zěnme qù yīyuàn bǐjiào hǎo ne?
我们　怎么　去　医院　比较　好呢?

우리 어떻게 병원에 가는 것이 비교적 좋을까?

Zuò dìtiě ba.
坐地铁　吧。

지하철 타자.

02

Wǒmen zěnme huí xuéxiào ne?
我们　怎么　回　学校　呢?

우리 어떻게 학교에 돌아가?

Zuò gōnggòng qìchē ba.
坐公共汽车　　吧。

버스 타자.

질문이 '**~什么时候~?**(~ shénme shíhou~? 언제~이야?)' 패턴으로 출제되면, **什么时候**(shénme shíhou, 언제) 자리에 날짜나 시간과 같은 특정 시점을 나타내는 어휘를 넣어 답변하면 돼요. 참고로 질문이 **~好呢?**(~hǎo ne? ~좋을까?) 로 끝나면 답변의 마지막에 **~吧。**(~ba, ~해주세요.)를 말하면 돼요.

질문
패턴
~什么时候~?

Zhè shuāng xié shì | **shénme shíhou** | **mǎi de?**
这双鞋　　　 是　　 什么时候　　　 买　的?　　　　 이 신발은 [언제] 산 거야?
이 신발은　 ~이다　 언제　　　 사다 시간 강조

답변
패턴
~특정 시점 ~。

Zhè shuāng xié shì | **zhōumò** | **mǎi de.**
这双鞋　　　 是　　 周末　　 买　的。　　　　 이 신발은 [주말에] 산 거야.
이 신발은　 ~이다　 주말에　　 사다 시간 강조

패턴 입에 붙이기!

음원을 들으며 답변을 큰 소리로 세 번씩 따라 말해보세요.

01

Nǐ shì cóng shénme shíhou kāishǐ xué yóuyǒng de?
你 是 从　 什么时候　 开始 学　 游泳　 的?　　　 너는 언제부터 수영 배우기
　　　　　　　　　　　　　　　　　　　　　　　　 시작한 거야?

Wǒ shì cóng qī suì kāishǐ xué yóuyǒng de.
我 是 从　 七岁　 开始 学　 游泳　 的。　　　 나는 7살부터 수영 배우기
　　　　　　　　　　　　　　　　　　　　　　 시작한 거야.

02

Zhè tái xǐyījī shénme shíhou sòngdào nín jiā hǎo ne?
这台洗衣机　 什么时候　 送到　 您 家 好呢?　　 이 세탁기를 언제 당신의
　　　　　　　　　　　　　　　　　　　　　　 집으로 배송하면 좋을까요?

Zhè tái xǐyījī míngtiān zǎoshang jiǔ diǎn sòngdào wǒ jiā ba.
这台洗衣机　 明天早上九点　　　 送到　 我 家 吧。　 이 세탁기 내일 아침 9시에
　　　　　　　　　　　　　　　　　　　　　　　　 제 집으로 배송해주세요.

질문이 '**~多长时间~一次~?**(~duō cháng shíjiān ~ yí cì ~? ~얼마 만에 ~을 한 번 해?)' 또는 '**~需要多长时间?**(~xūyào duō cháng shíjiān? ~은 얼마나 걸려?)' 패턴으로 출제되면, **多长时间**(duō cháng shíjiān, 얼마 만에/얼마나) 자리에 빈도 또는 소요 시간을 나타내는 어휘를 넣어 답변하면 돼요.

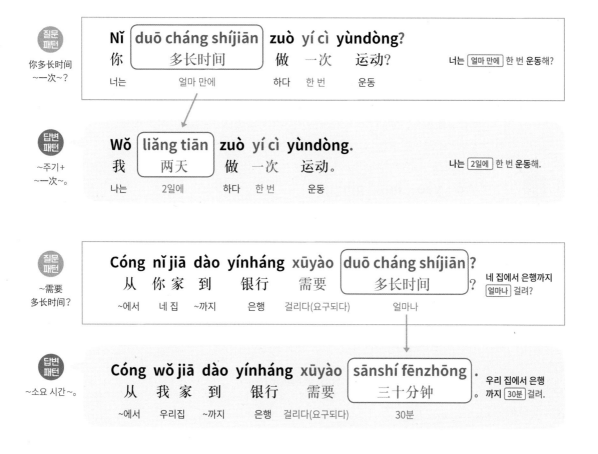

패턴 입에 붙이기!

음원을 들으며 답변을 큰 소리로 세 번씩 따라 말해보세요.

01

Nǐ duō cháng shíjiān zhěnglǐ yí cì zhuōzi?
你 多长时间 整理 一次 桌子?

너는 얼마 만에 한 번 책상 정리해?

Wǒ yì zhōu zhěnglǐ yí cì zhuōzi.
我 一周 整理 一次 桌子。

나는 일주일에 한 번 책상 정리해.

사물·동작·종류를 묻는 질문과 답변 패턴

질문이 '你~什么~?(Nǐ ~shénme~? 너는 ~어떤/무엇 ~이야?)' 패턴으로 출제되면 什么(shénme, 어떤/무엇) 자리에 사물 어휘를 넣어 답변하면 돼요. 참고로 什么는 做什么(zuò shénme, 무엇을 하다)의 형태로 동작을 물을 수도 있고, 什么礼物(shénme lǐwù, 어떤 선물), 什么颜色(shénme yánsè, 어떤 색깔)의 형태로 사물의 종류를 물을 수도 있어요. 그러면 做什么 자리에 동작 어휘를 넣어 답변하거나, 什么礼物와 什么颜色 자리에 사물 어휘를 넣어 답변하면 돼요.

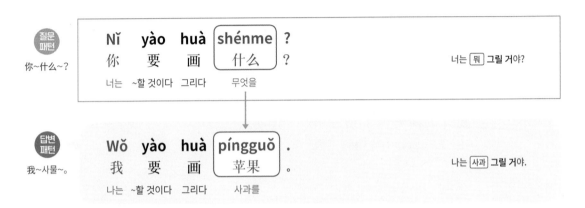

패턴 입에 붙이기!

음원을 들으며 답변을 큰 소리로 세 번씩 따라 말해보세요.

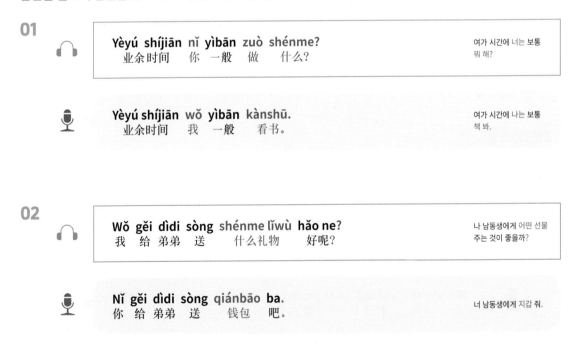

01

Yèyú shíjiān nǐ yìbān zuò shénme?
业余时间 你 一般 做 什么?

여가 시간에 너는 보통
뭐 해?

Yèyú shíjiān wǒ yìbān kànshū.
业余时间 我 一般 看书。

여가 시간에 나는 보통
책 봐.

02

Wǒ gěi dìdi sòng shénme lǐwù hǎo ne?
我 给 弟弟 送 什么礼物 好呢?

나 남동생에게 어떤 선물
주는 것이 좋을까?

Nǐ gěi dìdi sòng qiánbāo ba.
你 给 弟弟 送 钱包 吧。

너 남동생에게 지갑 줘.

질문이 '你~A还是B~?'(Nǐ~A háishi B~? 너는 ~A야 아니면 B야?)' 또는 '你~A不A~?'(Nǐ~A bu A~? 너는 ~A해 안 A해?)' 패턴으로 출제되면, 두 개의 선택지 A와 B 또는 A와 不A 중 하나만 선택하여 답변하면 돼요. A가 有 (yǒu, 있다)면 '有没有~?'(yǒu méiyǒu~?, 있어 없어?) 형태로 출제돼요.

~A还是B~?

Nǐ xiǎng chī mǐfàn háishi miàntiáo?
你 想 吃 米饭 还是 面条?
너는 ~하고 싶다 먹다 밥을 아니면 국수를

너는 밥 먹고 싶어 아니면 국수 먹고 싶어?

我~A(B)~。

Wǒ xiǎng chī mǐfàn.
我 想 吃 米饭。
나는 ~하고 싶다 먹다 밥을

나는 밥 먹고 싶어.

~A不A~?

Nǐ xiànzài lèi bu lèi?
你 现在 累不累?
너는 지금 힘들다 안 힘들다

너는 지금 힘들어 안 힘들어?

我~A(不A)~。

Wǒ xiànzài bú lèi.
我 现在 不累。
나는 지금 안 힘들다

나는 지금 안 힘들어.

패턴 입에 붙이기!

음원을 들으며 답변을 큰 소리로 세 번씩 따라 말해보세요.

01

Nǐ yǒu méiyǒu diànzǐ cídiǎn?
你 有没有 电子词典?

너는 전자사전 있어 없어?

Wǒ méiyǒu diànzǐ cídiǎn.
我 没有 电子词典。

나는 전자사전 없어.

어떠한지를 묻는 질문과 답변 패턴

질문이 '你~得怎么样?(Nǐ ~de zěnmeyàng? 너는 어떻게 ~했어?)' 패턴으로 출제되면, 怎么样(zěnmeyàng, 어때?) 자리에 很好(hěn hǎo, 좋다) 또는 不好(bù hǎo, 좋지 않다)를 넣어 답변하면 돼요.

질문
패턴

你~得
怎么样?

Nǐ zhōumò guò de ｜ zěnmeyàng ｜ ?
你　周末　过　得　　怎么样　　？
너는　주말　보내다 ~하게 ~하다　어때

너는 **주말** 잘 보냈어?
(너는 주말 ｜어떻게｜ 보냈어?)

답변
패턴

我~得很好
(不好).

Wǒ zhōumò guò de ｜ hěn hǎo ｜ .
我　周末　过　得　　很好　　。
나는　주말　보내다 ~하게 ~하다　좋다

나는 **주말** ｜잘｜ 보냈어.

패턴 입에 붙이기!

음원을 들으며 답변을 큰 소리로 세 번씩 따라 말해보세요.

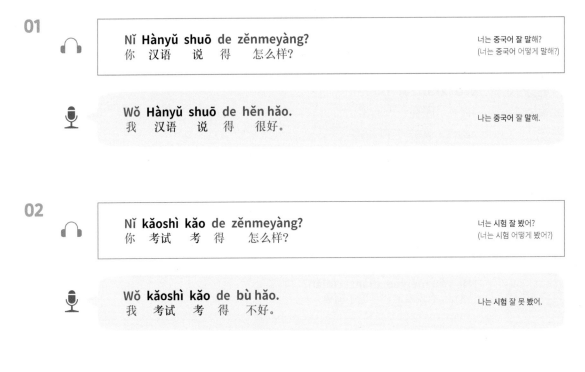

01

Nǐ Hànyǔ shuō de zěnmeyàng?
你 汉语 说 得 怎么样?

너는 **중국어** 잘 말해?
(너는 중국어 어떻게 말해?)

Wǒ Hànyǔ shuō de hěn hǎo.
我 汉语 说 得 很好。

나는 **중국어** 잘 말해.

02

Nǐ kǎoshì kǎo de zěnmeyàng?
你 考试 考 得 怎么样?

너는 **시험** 잘 봤어?
(너는 시험 어떻게 봤어?)

Wǒ kǎoshì kǎo de bù hǎo.
我 考试 考 得 不好。

나는 **시험** 잘 못 봤어.

기출 패턴 10 생각이나 느낌을 답변하는 패턴

질문이 '~怎么样/觉得呢?(~zěnmeyàng/juéde ne? ~어때/~는 어떻게 생각해?)' 패턴으로 출제되면, 我觉得 (Wǒ juéde, 나는 ~라고 생각해)와 很不错 (hěn búcuò, 훌륭하다) 사이에 질문에서 언급된 대상을 그대로 반복하여 답변하면 돼요. 만약 怎么样/觉得呢 앞에 가리키는 대상을 정확히 못 들었다면 '我觉得很不错。(Wǒ juéde hěn búcuò, 나는 훌륭하다고 생각해.)'라고 답변하면 돼요.

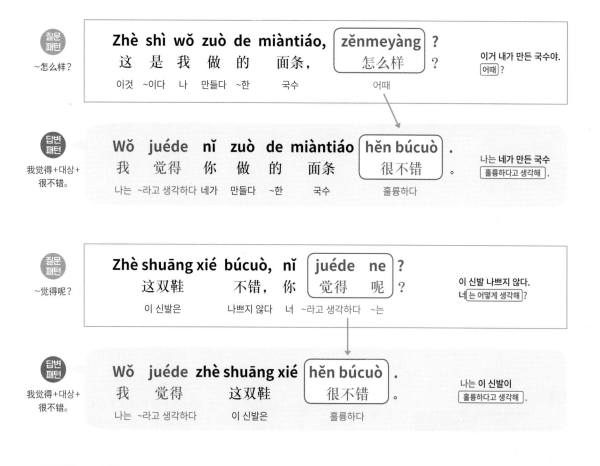

패턴 입에 붙이기!

음원을 들으며 답변을 큰 소리로 세 번씩 따라 말해보세요.

01

> Nǐ juéde zhè bēi kāfēi de wèidao zěnmeyàng?
> 你 觉得 这杯咖啡 的 味道 怎么样?
>
> 너는 이 커피 맛 어떻게 생각해?

> Wǒ juéde zhè bēi kāfēi de wèidao hěn búcuò.
> 我 觉得 这杯咖啡 的 味道 很不错。
>
> 나는 이 커피 맛 훌륭하다고 생각해.

실력 UP 연습문제

🎧 10_5_연습문제.mp3

[01-04] 먼저 질문을 눈으로 한 번 확인한 후, 들리는 질문에 답변을 완성해보세요.

01

🎧 **Nǐ shēngrì guò de zěnmeyàng?**
你 生日 过 得 怎么样?

🎤 _____ **de hěn hǎo.**
　　　　　　　　　 得 很好。

나는 생일 잘 보냈어.

02

🎧 **Nǐ xiǎng zuò dìtiě qù háishi zuò chūzūchē qù?**
你 想 坐地铁 去 还是 坐出租车 去?

🎤 **Wǒ xiǎng** _____.
我 想 _____。

나는 지하철 타고 가고 싶어.

03

🎧 **Wǒ gěi lǎoshī sòng shénme lǐwù hǎo ne?**
我 给 老师 送 什么礼物 好呢?

🎤 _____ **sòng xiézi ba.**
　　　　　　　　　 送 鞋子 吧。

너는 선생님에게 신발을 드려.

04

🎧 **Zhè cì nǐ dǎsuan gēn shéi yìqǐ qù lǚxíng?**
这次 你 打算 跟 谁 一起 去旅行?

🎤 _____ **gēn jiārén yìqǐ** _____.
　　　　　 跟 家人 一起 _____。

이번에 나는 가족과 함께 여행을 갈 계획이야.

[05-08] 질문을 듣고 답변을 완성해보세요.

05

🎤

Wǒ xiǎng
我 想 _____ 。

06

🎤

hěn búcuò.
_____ 很不错。

07

🎤

Wǒ cóng bā suì
我 从 八岁 _____ 。

08

🎤

Wǒ sān tiān
我 三天 _____ 。

모범답변 및 해석 p.344

제안·요청 문제는 상대방의 제안에 수락/동의하거나 상대방의 요청에 호의적으로 답하는 문제예요.

• 이 음식 내가 만든 건데 맛 볼래?

• 다음 주에 우리 같이 스키 타러 가자.
• 우리 같이 놀러 가는 것 어때?

따라서 자주 쓰이는 제안·요청 관련 어휘와 표현 그리고 질문/답변 패턴을 익혀보세요.

빈출 어휘 및 표현 **익히기**

1 **빈출 어휘 익히기** 🎧 11_1_빈출 어휘_따라읽기.mp3, 11_2_빈출 어휘_암기하기.mp3

제안·요청 문제에서 자주 출제되는 어휘를 큰 소리로 따라 말하며 익혀보세요.

자주 쓰이는 제안·요청 관련 어휘 익히기

zěnmeyàng 怎么样	어때?	hǎo bu hǎo 好不好	어때?
yíxià 一下	한 번 ~하다, ~해 보다	cháng (yi) cháng 尝(一)尝	한 번 맛봐봐
bāng 帮	돕다	bāng wǒ mǎi 帮我买	사 주다 (나를 도와 사다)
qǐngwèn 请问	말씀 좀 묻겠습니다	wéi 喂	여보세요

자주 쓰이는 동작 관련 어휘 익히기

shì 试	시도하다	cháng 尝	맛보다
tuījiàn 推荐	추천하다	bānjiā 搬家	이사를 가다
qù yóulèyuán 去游乐园	놀이공원에 가다	kàn zhǎnlǎn(huì) 看展览(会)	전시회를 보다
jièyòng 借用	빌려 쓰다	huán shū 还书	책을 반납하다
sòng gěi wǒ 送给我	나에게 선물해주다	jiè gěi wǒ 借给我	나에게 빌려주다
zuò kāfēi 做咖啡	커피를 타다, 커피를 만들다	chī Zhōngguó cài 吃中国菜	중국 음식을 먹다
xiān chī fàn 先吃饭	먼저 밥을 먹다	xiān xǐzǎo 先洗澡	먼저 샤워하다

자주 쓰이는 시간 관련 어휘 익히기

xiànzài 现在	지금, 현재	zǎoshang 早上	아침
zhōngwǔ 中午	정오	xiàwǔ 下午	오후
wǎnshang 晚上	저녁	zuótiān 昨天	어제

제1부분

제2부분

제3부분

제4부분

제5부분

제6부분

제7부분

해커스 TSC 3급

jīntiān 今天	오늘	míngtiān 明天	내일

자주 쓰이는 상태·특징 관련 어휘 익히기

kùn 困	졸리다	è 饿	배고프다
shìhé 适合	어울리다	piàoliang 漂亮	예쁘다
jiǎndān 简单	간단하다	xīnxiān 新鲜	신선하다
yǒu shíjiān 有时间	시간이 있다	yǒudiǎnr lèi 有点儿累	약간 힘들다
hěn hǎochī 很好吃	매우 맛있다	hěn yǒu yìsi 很有意思	매우 재미있다
tīngshuō 听说	듣자하니	kàn qǐlai 看起来	보아하니
méi dài 没带	챙기지 않다	bú jiàn le 不见了	없어졌다
zhǐyǒu 只有	~밖에 없다	méiyǒu 没有	없다
yǒu liǎng zhāng piào 有两张票	표 2장이 있다	xīn chū 新出	새로 나오다

zhèngzài dǎzhé 正在打折	할인하는 중이다	**zhèngzài yíngyè** 正在营业	영업 중이다

자주 쓰이는 사물 관련 어휘 익히기

dàngāo 蛋糕	케이크	**bāozi** 包子	만두
miànbāo 面包	빵	**qúnzi** 裙子	치마
kùzi 裤子	바지	**chōngdiànqì** 充电器	충전기
xiàngpí 橡皮	지우개	**diànzǐ cídiǎn** 电子词典	전자사전
bǐjìběn diànnǎo 笔记本电脑	노트북	**xǐyījī** 洗衣机	세탁기
tóngshì zuò de 同事做的	동료가 만든 것	**wǒ qīnzì zuò de** 我亲自做的	내가 직접 만든 것
dìyī pái de wèizhi 第一排的位置	첫 번째 줄 자리	**zuìhòu yì pái de zuòwèi** 最后一排的座位	마지막 줄 좌석

2 빈출 표현 익히기 🎧 11_3_빈출 표현.mp3

제안을 수락하거나 요청을 호의적으로 받아주는 표현을 익혀보세요.

'우리 같이 ~하자'라는 표현 익히기

| 我们一起~吧
우리 같이 ~하자 | **Wǒmen yìqǐ qù chāoshì mǎi dōngxi ba.**
我们　一起　去　超市　　买东西　吧。
우리　　같이　가다　슈퍼마켓에　물건을 사다　~하자 | 우리 같이 슈퍼마켓에
가서 물건 사자. |

'좋아, ~하자/할게'라는 표현 익히기

| 好, ~吧
좋아. ~하자 | **Hǎo, yìqǐ kàn diànyǐng ba.**
好，　一起　　看电影　　吧。
좋아　같이　　영화를 보다　~하자 | 좋아. 같이 영화 보자. |

| 好, ~吧
좋아. ~할게 | **Hǎo, wǒ chángchang ba.**
好，　我　　尝尝　　吧。
좋아　내가　맛보다　~할게 | 좋아. 내가 맛볼게. |

'내가 도와줄게/ (너 대신) ~해줄게'라는 표현 익히기

我帮你
내가 너를
도와줄게

Wǒ bāng nǐ.

我　　帮　　你。

내가　　돕다　　너를

내가 너를 도와줄게.

我帮你~
내가 너 ~하는 것
도와줄게

Wǒ bāng nǐ bānjiā.

我　　帮　　你　　搬家。

내가　　돕다　　너　　이사를 가다

내가 너 이사가는 것
도와줄게.

我帮你 ~
내가 (너 대신)
~해줄게

Wǒ bāng nǐ zài wǎng shang mǎi diànyǐng piào.

我　　帮　　你　　在　　网上　　买　　电影票。

내가　　돕다　　너(대신)　~에서　　인터넷　　사다　　영화 티켓

내가 인터넷에서 영화 티켓 사줄게.

'~? 당연히 되지'라는 표현 익히기

~? 当然可以
~? 당연히 되지

Běnzi? Dāngrán kěyǐ.

本子?　　当然可以。

공책　　　　당연히 되다

공책? 당연히 되지.

제1부분

제2부분

제3부분

제4부분

제5부분

제6부분

제7부분

해커스 TSC 3급

질문/답변 패턴 익히기

제안·요청 문제에서 자주 출제되는 질문/답변 패턴을 익혀보세요. 🎧 11_4_질문답변 패턴.mp3

기출 패턴 1 吧로 제안 또는 권유하는 말에 수락하는 답변 패턴

질문이 '~吧。(~ba, ~하자/해봐.)' 패턴으로 출제되면, 好(hǎo, 좋다)로 답한 후, 질문의 제안/권유 동작 표현을 그대로 반복하여 '~吧。(~ba, ~하자/할게.)'라고 답변하면 돼요.

질문 패턴
~吧。

Xià zhōumò zánmen yìqǐ qù huáxuě ba.
下周末   咱们   一起 去 滑雪   吧。
다음 주말에   우리   같이 가다 스키 타다 ~하자

다음 주말에 우리 같이
스키 타러 가자.

답변 패턴
好, 제안/권유
동작 표현+吧。

Hǎo, yìqǐ qù huáxuě ba.
好，   一起 去 滑雪   吧。
좋다   같이 가다 스키 타다 ~하자

좋아. 같이 스키 타러 가자.

패턴 입에 붙이기!

음원을 들으며 답변을 큰 소리로 세 번씩 따라 말해보세요.

01

Zhè jiā chāoshì zhèngzài dǎzhé, yìqǐ qù kànkan ba.
这家超市   正在   打折，   一起 去 看看   吧。

이 슈퍼마켓은 지금 할인하는
중이야, 같이 가서 보자.

Hǎo, yìqǐ qù kànkan ba.
好，   一起 去 看看   吧。

좋아. 같이 가서 보자.

02

Zhège bāozi shì wǒ zuò de, nǐ chángchang ba.
这个包子   是   我   做   的， 你 尝尝   吧。

이 만두는 내가 만든 거야,
맛봐봐.

Hǎo, chángchang ba.
好，   尝尝   吧。

좋아. 맛볼게.

기출 패턴 2 怎么样 / 好不好로 제안하는 말에 수락하는 답변 패턴

질문이 '**~怎么样/好不好?**(~ zěnmeyàng / hǎo bu hǎo? ~어때?)' 패턴으로 출제되면, 好(hǎo, 좋다)로 답한 후, 질문의 제안하는 내용을 그대로 반복하여 '**~吧。**(~ba, ~하자.)'라고 답변하면 돼요.

~怎么样~?

Wǒmen yìqǐ qù yóulèyuán, zěnmeyàng?
我们　　一起　去　　游乐园,　　　怎么样?
우리　　같이　가다　놀이공원에　　어때

우리 같이 놀이공원에 가는 거, 어때?

好, ~吧。

Hǎo, wǒmen yìqǐ qù yóulèyuán ba.
好,　　我们　　一起　去　　游乐园　　吧。
좋다　우리　　같이　가다　놀이공원에　~하자

좋아. 우리 같이 놀이공원에 가자.

~好不好~?

Xiàkè hòu yìqǐ kàn zúqiú bǐsài, hǎo bu hǎo?
下课后　　一起　看　　足球比赛,　　　好不好?
수업이 끝난 후　같이　보다　축구 경기를,　　어때

수업 끝나고 같이 축구 경기 보는 거, 어때?

好, ~吧。

Hǎo, xiàkè hòu yìqǐ kàn zúqiú bǐsài ba.
好,　　下课后　　一起　看　　足球比赛　　吧。
좋아　수업이 끝난 후　같이　보다　축구 경기를　~하자

좋아. 수업 끝나고 같이 축구 경기 보자.

패턴 입에 붙이기!

음원을 들으며 답변을 큰 소리로 세 번씩 따라 말해보세요.

01

Míngtiān zǎoshang qù cāntīng chī fàn, zěnmeyàng?
明天早上　　　去　餐厅　吃饭,　　怎么样?

내일 아침에 식당에 가서 밥 먹는 거, 어때?

Hǎo, míngtiān zǎoshang qù cāntīng chī fàn ba.
好,　　明天早上　　　去　餐厅　吃饭　吧。

좋아. 내일 아침에 식당에 가서 밥 먹자.

제3부분 유형2 제안·요청 문제 익히기 **175**

기출 패턴 3 要不要 / 想不想으로 제안하는 말에 수락하는 답변 패턴

질문이 '～要不要/想不想～?(~ yào bu yào / xiǎng bu xiǎng ~? ~할래 안 할래/하고 싶어 안 하고 싶어?)' 패턴으로 출제되면 我要/想~(Wǒ yào / xiǎng, 나는 ~ 할래/하고 싶어) 다음에 질문 맨 끝의 동작 표현을 그대로 넣어 답변하면 돼요.

~要不要~?

Zhège dàngāo shì wǒ tóngshì zuò de, yào bu yào cháng yi cháng?
这个蛋糕　　是　　我同事做的，　　　要不要　　　尝一尝?
이 케이크는　~이다　내 동료가 만든 것　~할 것이다 안 할 것이다　맛보다

이 케이크는 내 동료가 만든 것인데, 맛볼래? (이 케이크는 내 동료가 만든 것인데, 맛볼래 안볼래?)

我要 + 동작 표현.

Wǒ yào cháng yi cháng.
我　要　　尝一尝。
나　~할 것이다　맛보다

나 맛볼래.

~想不想~?

Wǒ yǒudiǎnr è le, xiǎng bu xiǎng chī là de?
我　有点儿　饿了，　　想不想　　吃 辣的?
나　약간　배고파졌다　~하고 싶다 안 하고 싶다　먹다 매운 것

나 약간 배 고파졌어. 매운 것 먹고 싶어?
(나 약간 배 고파졌어. 매운 것 먹고 싶어 안 먹고 싶어?)

我想 + 동작 표현.

Wǒ xiǎng chī là de.
我　想　吃 辣的。
나　~하고 싶다　먹다 매운 것

나 매운 것 먹고 싶어.

패턴 입에 붙이기!

음원을 들으며 답변을 큰 소리로 세 번씩 따라 말해보세요.

01

Wǒ dǎsuan míngtiān qù páshān, xiǎng bu xiǎng yìqǐ qù?
我　打算　明天　去　爬山，　想不想　一起 去?

나 내일 등산 가려고 하는데, 함께 가고 싶어?
(나 내일 등산 가려고 하는데, 함께 가고 싶어 안 가고 싶어?)

Wǒ xiǎng yìqǐ qù.
我　想　一起 去。

나 함께 가고 싶어.

기출 패턴 4 帮我로 도움을 요청하는 말에 호의적으로 답변하는 패턴

질문이 '你~帮我~?(Nǐ ~bāng wǒ~? 너 ~해줄 수 있어?)' 패턴으로 출제되면, '当然可以, 我帮你~。(Dāngrán kěyǐ, wǒ bāng nǐ~, 당연히 되지, 내가 ~해줄게.)' 다음에 질문의 동작 표현을 그대로 넣어 답변하면 돼요. 만약 帮 我 다음에 요청하는 내용이 없거나 정확히 못 들었다면 '当然可以, 我帮你。'라고 답변하세요.

질문
패턴

你~帮我~?

Qǐngwèn, nǐ néng bāng wǒ tuījiàn ma?
请问, 你 能 帮 我 推荐 吗?
말씀 좀 묻겠습니다 당신 ~할 수 있다 돕다 나를 추천하다 ~이니

말씀 좀 묻겠습니다.
당신은 추천해줄 수 있습니까?

답변
패턴

当然可以,
我帮你+동작
표현。

Dāngrán kěyǐ, wǒ bāng nǐ tuījiàn.
当然可以, 我 帮 你 推荐。
당연히 되죠 제가 돕다 너를 추천하다

당연히 되죠. 제가 추천해
줄게요.

패턴 입에 붙이기!

음원을 들으며 답변을 큰 소리로 세 번씩 따라 말해보세요.

01

Wǒ xiànzài yǒudiǎnr è, nǐ néng bāng wǒ mǎi dàngāo ma?
我 现在 有点儿 饿, 你 能 帮 我 买 蛋糕 吗?

내가 약간 배고픈데,
너 케이크 사다 줄 수 있어?

Dāngrán kěyǐ, wǒ bāng nǐ mǎi dàngāo.
当然可以, 我 帮 你 买 蛋糕。

당연히 되지.
내가 케이크 사다 줄게.

02

Nǐ néng bu néng bāng wǒ mǎi zhǎnlǎnhuì ménpiào?
你 能不能 帮 我 买 展览会 门票?

너 전시회 입장권을 사다 줄 수
있어?
(너 전시회 입장권을 사다 줄 수
있어 없어?)

Dāngrán kěyǐ, wǒ bāng nǐ.
当然可以, 我 帮 你。

당연히 되지. 내가 도와줄게.

可以 / 能으로 허락을 구하는 말에 호의적으로 답변하는 패턴

질문이 '**~可以/能~吗?**(~ kěyǐ/néng~ma? ~해도 되니/할 수 있을까?)' 패턴으로 출제되면, 질문에서 언급되는 사물 표현을 그대로 반복하여 '**~? 当然可以。**(~? Dāngrán kěyǐ, ~? 당연히 되지.)'라고 답변하면 돼요. 참고로 '**可以~吗?**(kěyǐ ~ ma? ~해도 되니?)' 대신 '**~可以吗?**(~kěyǐ ma? ~ 괜찮니?)'로, 또 '**能~吗?**(néng ~ ma? ~할 수 있을까?)' 대신 '**能不能~?**(néng bu néng~? ~할 수 있어?)'으로도 출제될 수 있어요.

~可以~吗?

Wǒ kěyǐ yòng yíxià nǐ de xiàngpí ma?
我 可以 用 一下 你 的 橡皮 吗?
내가 ~해도 좋다 사용하다 한 번~하다 너 ~의 지우개를 ~이니

내가 너의 지우개를 한 번 써도 되니?

사물?
当然可以。

Xiàngpí? Dāngrán kěyǐ.
橡皮? 当然可以。
지우개 당연히 되지

지우개? 당연히 되지.

~能~吗?

Wǒ néng jièyòng yíxià nǐ de xǐyījī ma?
我 能 借用 一下 你 的 洗衣机 吗?
내가 ~할 수 있다 빌려 쓰다 한 번~하다 너 ~의 세탁기를 ~이니

내가 네 세탁기를 좀 빌려 쓸 수 있을까?

사물?
当然可以。

Xǐyījī? Dāngrán kěyǐ.
洗衣机? 当然可以。
세탁기 당연히 되지

세탁기? 당연히 되지.

패턴 입에 붙이기!

음원을 들으며 답변을 큰 소리로 세 번씩 따라 말해보세요.

01

Xiànzài zhǐ yǒu zuìhòu yì pái de zuòwèi, kěyǐ ma?
现在　只有　最后一排的座位，　可以吗?

지금 마지막 줄 좌석밖에 없는데, 괜찮나요?

Zuìhòu yì pái de zuòwèi? Dāngrán kěyǐ.
最后一排的座位?　当然可以。

마지막 줄 좌석이요? 당연히 됩니다.

02

Wǒ néng jièyòng yíxià nǐ de yǔsǎn ma?
我　能　借用　一下　你的　雨伞　吗?

내가 너의 우산을 좀 빌려 쓸 수 있을까?

Yǔsǎn? Dāngrán kěyǐ.
雨伞?　当然可以。

우산? 당연히 되지.

03

Wǒ méi dài chōngdiànqì,
我　没带　充电器，

내가 충전기를 안 챙겼는데,

nǐ néng bu néng jiè gěi wǒ chōngdiànqì?
你　能不能　借给我　充电器?

나에게 충전기를 빌려줄 수 있어?

Chōngdiànqì? Dāngrán kěyǐ.
充电器?　当然可以。

충전기? 당연히 되지.

04

Wǒ méiyǒu diànzǐ cídiǎn, nǐ néng bu néng sòng gěi wǒ diànzǐ cídiǎn?
我　没有　电子词典，你　能不能　送给我　电子词典?

내가 전자사전이 없는데, 나에게 전자사전을 선물해줄 수 있어?

Diànzǐ cídiǎn? Dāngrán kěyǐ.
电子词典?　当然可以。

전자사전? 당연히 되지.

제1부분 제2부분 제3부분 제4부분 제5부분 제6부분 제7부분 해커스 TSC 3급

실력 UP 연습문제

🎧 11_5_연습문제.mp3

[01-04] 먼저 질문을 눈으로 한 번 확인한 후, 들리는 질문에 답변을 완성해보세요.

01

🎧 Wǒmen yìqǐ qù túshūguǎn, zěnmeyàng?
我们 一起 去 图书馆， 怎么样?

🎤 Hǎo, _____ ba.
好, _____ 吧。
좋아. 우리 같이 도서관에 가자.

02

🎧 Wǒ xiànzài tài è le, wǒmen chī diǎnr dōngxi hǎo bu hǎo?
我 现在 太饿了, 我们 吃 点儿 东西 好不好?

🎤 Hǎo, _____ ba.
好, _____ 吧。
좋아. 우리 음식을 좀 먹자.

03

🎧 Wǒ kěyǐ jièyòng yíxià nǐ de qiānbǐ ma?
我 可以 借用 一下 你的 铅笔 吗?

🎤 _____ ? Dāngrán kěyǐ.
_____ ? 当然可以。
연필? 당연히 되지.

04

🎧 Wǒ yào qù duànliàn shēntǐ, yào bu yào yìqǐ qù?
我 要 去 锻炼身体， 要不要 一起 去?

🎤 Wǒ yào _____ .
我 要 _____ 。
나 같이 갈래.

180 본 교재 동영상강의·무료 학습자료 제공 china.Hackers.com

[05-08] 질문을 듣고 답변을 완성해보세요.

05

🎤

Hǎo, _____ **ba.**
好，_____ 吧。

06

🎤

_____ **? Dāngrán kěyǐ.**
_____ ？ 当然可以。

07

🎤

_____ **? Dāngrán kěyǐ.**
_____ ？ 当然可以。

08

🎤

Dāngrán kěyǐ, wǒ bāng nǐ _____ **.**
当然可以，我 帮 你 _____ 。

모범답변 및 해석 p.346

유형 3

의견 전달 및 상황 대응 문제 익히기

의견 전달 및 상황 대응 문제는 상대방의 계획·의지·생각·느낌에 대해 자신의 의견을 전달하거나 사과, 칭찬, 예상치 못한 상황 등에 대응하는 문제예요. 문제가 의문문 형태가 아닌 평서문 형태로 주로 출제된다는 점을 알아두세요.

• 나는 이번 휴가 때 해외에 갈 거야.

• 내 모자가 없어졌어.

따라서 자주 쓰이는 의견 전달 및 상황 대응 관련 어휘와 표현 그리고 질문/답변 패턴을 익혀보세요.

빈출 어휘 및 표현 익히기

1 빈출 어휘 익히기 🎧 12_1_빈출 어휘_따라읽기.mp3, 12_2_빈출 어휘_암기하기.mp3

의견 전달 및 상황 대응 문제에서 자주 출제되는 어휘를 큰 소리로 따라 말하며 익혀보세요.

자주 쓰이는 느낌·평가 관련 어휘 익히기

hǎochī 好吃	맛있다	bù hǎochī 不好吃	맛없다
là 辣	맵다	tián 甜	달다
hǎotīng 好听	듣기 좋다	hǎokàn 好看	예쁘다
yǒu yìsi 有意思	재미있다	méiyǒu yìsi 没有意思	재미없다

shuō de duì 说得对	말이 맞다	**búcuò** 不错	훌륭하다

자주 쓰이는 상황 관련 어휘 익히기

yǐjīng 已经	이미, 벌써	**tūrán** 突然	갑자기
yìzhí 一直	줄곧	**mǎshàng** 马上	곧, 즉시
kěnéng huì 可能会	아마 ~할 것이다	**hái** 还	아직, 아직도

자주 쓰이는 사물 관련 어휘 익히기

sānmíngzhì 三明治	샌드위치	**jīròu** 鸡肉	닭고기
guǒzhī 果汁	주스	**bīngqílín** 冰淇淋	아이스크림
nǐ xuǎn de 你选的	당신이 선택한 것	**kèchéng** 课程	수업, 커리큘럼
kōngfáng 空房	빈 방	**kōng wèizhi** 空位置	빈 자리

자주 쓰이는 동작·상태 관련 어휘 익히기

huíjiā 回家	집에 돌아가다	**chídào** 迟到	지각하다

제1부분

제2부분

제3부분

제4부분

제5부분

제6부분

제7부분

해커스 TSC 3급

dài zǒu 带走	가져가다	**wàng dài zīliào** 忘带资料	자료를 두고 오다
màiwán le 卖完了	다 팔렸다	**màiguāng le** 卖光了	다 팔렸다
bàowán le 报完了	신청이 끝났다	**bàomǎn le** 报满了	신청이 다 찼다
guānmén le 关门了	문을 닫았다	**zǒu le** 走了	떠났다
bú jiàn le 不见了	없어졌다	**méiyǒu le** 没有了	더 이상 없다
bú zài 不在	부재하다, ~에 없다	**bù hǎo** 不好	좋지 않다
qù Ōuzhōu 去欧洲	유럽에 가다	**qǐng yì tiān jià** 请一天假	하루 휴가를 내다

자주 쓰이는 사과·불만 관련 어휘 익히기

duìbuqǐ 对不起	미안합니다	**bù hǎoyìsi** 不好意思	미안합니다
ràng nǐ jiǔ děng 让你久等	당신을 오래 기다리게 하다	**zěnme yòu** 怎么又	어떻게 또 ~?

자주 쓰이는 칭찬 관련 어휘 익히기

shuō de hěn hǎo 说得很好	말하는 게 훌륭하다	huà de fēicháng hǎo 画得非常好	그리는 게 매우 훌륭하다
chàng de zhēn hǎo 唱得真好	노래하는 게 정말 훌륭하다	zuò de zhēn bàng 做得真棒	만드는 게 정말 대단하다
ràng wǒ gǎndòng 让我感动	나를 감동시키다	ràng wǒ nánwàng 让我难忘	잊을 수 없게끔 하다

자주 쓰이는 질병 관련 어휘 익히기

bù shūfu 不舒服	몸이 아프다, 불편하다	fāshāo 发烧	열이 나다
liú bítì 流鼻涕	콧물이 흐르다	késou 咳嗽	기침하다
gǎnmào 感冒	감기에 걸리다, 감기	tóuténg 头疼	머리가 아프다, 두통
sǎngzi téng 嗓子疼	목이 아프다	dùzi téng 肚子疼	배가 아프다, 복통

2 빈출 표현 익히기 🎧 12_3_빈출 표현.mp3

계획·동의·겸손·불만을 나타내는 표현을 익히고 앞에서 배운 빈출 어휘들을 활용하여 더 많은 표현을 큰 소리로 말해보세요.

'나도 ~을 할 거야'라는 표현 익히기

我也打算~ 나도 ~할 계획이야	Wǒ yě dǎsuan qù Ōuzhōu. 我 也 打算 去 欧洲。 나 도 ~할 계획이다 가다 유럽에	나도 유럽에 갈 계획이야.

我也要~ 나도 ~할 거야	Wǒ yě yào qǐng yì tiān jià. 我 也 要 请一天假。 나 도 ~할 것이다 하루 휴가를 내다	나도 하루 휴가를 낼 거야.

'나도 ~라고 생각해'라는 표현 익히기

我也觉得~ 나도 ~라고 생각해	Nǐ shuō de duì, 你 说 得 对, 너 말하다 ~하게 하다 맞다	네 말이 맞아.
	wǒ yě juéde zhè bù diànyǐng méiyǒu yìsi. 我 也 觉得 这部电影 没有意思。 나 도 ~라고 생각하다 이 영화가 재미없다	나도 이 영화가 재미없다고 생각해.

'나는 ~을 잘 못해'라는 표현 익히기

我 + ~ + 得不太好 나는 ~을 잘 못해	**Méiyǒu a, wǒ chàng de bú tài hǎo.** 没有啊, 我 唱 得 不太 好。 아니야. 나 노래하다 그다지 ~하지 않다 좋다	아니야. 나 노래 잘 못해. (아니야, 나 노래 부르는 게 그다지 훌륭하지 않아.)
我 + ~ + ~ + 得不太好 나는 ~을 잘 못 ~해	**Méiyǒu a, wǒ yīfu zuò de bú tài hǎo.** 没有啊, 我 衣服 做 得 不太 好。 아니야 나 옷을 만들다 그다지 ~하지 않다 좋다	아니야. 나 옷을 잘 못 만들어. (아니야, 나 옷 만드는 게 그다지 훌륭하지 않아.)

'어떻게 또 ~야?'라는 표현 익히기

怎么又~? 어떻게 또 ~야?	**Shénme? Zěnme yòu wàng dài zīliào le?** 什么? 怎么 又 忘带资料了? 뭐라고 어떻게 또 자료를 두고 왔다	뭐라고? 어떻게 또 자료를 두고 왔어?

질문/답변 패턴 익히기

의견 전달 및 상황 대응 문제에서 자주 출제되는 질문/답변 패턴을 익혀보세요. 🎧 12_4_질문답변 패턴.mp3

기출 패턴 1 상대방의 계획을 듣고 놀라며 답변하는 패턴

질문이 '~我打算/要~。(~ wǒ dǎsuan/yào ~, ~나 ~할 거야.)' 패턴으로 출제되면, 질문에서 언급된 동작 표현을 그대로 반복하여 '是吗? 我也打算/要~。(Shì ma? Wǒ yě dǎsuan/yào~, 그래? 나도 ~할 건데.)'라고 답변하면 돼요. 질문의 맨 앞에 특정 시점 관련 표현이 자주 사용된다는 점을 알아두세요.

~我打算~。

Xiàzhōu	wǒ	dǎsuan	qù	Zhōngguó	lǚxíng.
下周	我	打算	去	中国	旅行。
다음 주에	나	~할 거다	가다	중국	여행

다음 주에 나 중국 여행 갈 거야.

是吗?
我也打算+
동작 표현。

Shì ma?	Wǒ	yě	dǎsuan	qù	Zhōngguó	lǚxíng.
是吗?	我	也	打算	去	中国	旅行。
그래	나	도	~할 거다	가다	중국	여행

그래? 나도 중국 여행 갈 건데.

~我要~。

Bìyè yǐhòu	wǒ	yào	liúxué.
毕业以后	我	要	留学。
졸업한 후	나	~할 거다	유학하다

졸업 후 나 유학 갈 거야.

是吗?
我也要+
동작 표현。

Shì ma?	Wǒ	yě	yào	liúxué.
是吗?	我	也	要	留学。
그래	나	도	~할 거다	유학하다

그래? 나도 유학 갈 건데.

패턴 입에 붙이기!

음원을 들으며 답변을 큰 소리로 세 번씩 따라 말해보세요.

01

Cóng	míngtiān	kāishǐ	wǒ	yào	duànliàn shēntǐ.
从	明天	开始	我	要	锻炼身体。

내일부터 나 운동할 거야.

Shì ma?	Wǒ	yě	yào	duànliàn shēntǐ.
是吗?	我	也	要	锻炼身体。

그래? 나도 운동할 건데.

제1부분

제2부분

제3부분

제4부분

제5부분

제6부분

제7부분

해커스 TSC 3급

기출 패턴 2 상대방의 생각이나 느낌을 듣고 동의하며 답변하는 패턴

질문이 '**我觉得**~。(Wǒ juéde~, 나는 ~라고 생각해.)' 패턴으로 출제되면, 질문의 觉得(juéde, ~라고 생각하다) 다음에 언급된 내용을 그대로 반복하여 '**你说得对，我也觉得**~。(Nǐ shuō de duì, wǒ yě juéde~, 네 말이 맞아. 나도 ~라고 생각해.)'라고 답변하면 돼요.

질문
패턴

我觉得~。

Wǒ	juéde	zhè miànbāo	hěn	hǎochī.
我	觉得	这面包	很	好吃。
나는	~라고 생각하다	이 빵이	(매우)	맛있다

나는 이 빵이 맛있다고 생각해.

답변
패턴

你说得对，
我也觉得~。

Nǐ	shuō	de	duì,	wǒ	yě	juéde	zhè miànbāo	hěn	hǎochī.
你	说	得	对,	我	也	觉得	这面包	很	好吃。
너	말하다	~하게 하다	맞다,	나	~도	~라고 생각하다	이 빵이	(매우)	맛있다

네 말이 맞아. 나도 이 빵이 맛있다고 생각해.

패턴 입에 붙이기!

음원을 들으며 답변을 큰 소리로 세 번씩 따라 말해보세요.

01

Wǒ	juéde	zhè jiàn yīfu	yǒudiǎnr	cháng.
我	觉得	这件衣服	有点儿	长。

나는 이 옷이 조금 길다고 생각해.

Nǐ	shuō	de	duì,	wǒ	yě	juéde	zhè jiàn yīfu	yǒudiǎnr	cháng.
你	说	得	对,	我	也	觉得	这件衣服	有点儿	长。

네 말이 맞아. 나도 이 옷이 조금 길다고 생각해.

02

Wǒ	juéde	zhè bù diànyǐng	hěn yǒu yìsi.
我	觉得	这部电影	很有意思。

나는 이 영화가 매우 재미있다고 생각해.

Nǐ	shuō	de	duì,	wǒ	yě	juéde	zhè bù diànyǐng	hěn yǒu yìsi.
你	说	得	对,	我	也	觉得	这部电影	很有意思。

네 말이 맞아. 나도 이 영화가 매우 재미있다고 생각해.

상대방의 사과를 듣고 답변하는 패턴

질문이 '**对不起/不好意思, ~**。(Duìbuqǐ/Bù hǎoyìsi, ~, 죄송합니다. ~.)' 패턴으로 출제되면, 질문 맨 끝의 동작 또는 상태 어휘를 그대로 반복하여 '**什么? 怎么又~?**(Shénme? Zěnme yòu ~? 뭐라고요? 어떻게 또 ~예요?)'라 고 답변하면 돼요. 질문을 정확히 못 들었다면 '**没关系**。(Méi guānxi, 괜찮아.)'라고 답변하세요.

질문
패턴

对不起/
不好意思, ~。

Duìbuqǐ,	nín	yào	de	qúnzi	xiànzài	méiyǒu.
对不起,	您	要	的	裙子	现在	没有。
죄송합니다	당신이	원하다	~한	치마는	현재	없다

죄송합니다. 당신이 원하시 는 치마는 현재 없습니다.

답변
패턴

什么? 怎么又
+동작/상태?

Shénme?	Zěnme	yòu	méiyǒu?
什么?	怎么	又	没有?
뭐라고요	어떻게	또	없다

뭐라고요? 어떻게 또 없어요?

패턴 입에 붙이기!

음원을 들으며 답변을 큰 소리로 세 번씩 따라 말해보세요.

01

Bù hǎoyìsi,	wǒ	kěnéng	huì	chídào.
不好意思,	我	可能	会	迟到。

미안해. 나 아마 지각할 것 같아.

Shénme?	Zěnme	yòu	chídào?
什么?	怎么	又	迟到?

뭐라고? 어떻게 또 지각해?

02

Bù hǎoyìsi,	jīntiān	wǒ	bù néng	qù	shàngkè.
不好意思,	今天	我	不能	去	上课。

미안해. 오늘 내가 수업을 들으러 못 가.

Méi guānxi.
没关系。

괜찮아.

기출 패턴 4 상대방의 칭찬을 듣고 겸손하게 답변하는 패턴

질문이 '你~得很好!(Nǐ ~de hěn hǎo!, 너 ~하는 게 훌륭하다!)' 패턴으로 출제되면, 질문에서 언급된 동작 어휘를 그대로 반복하여 '没有啊, 我~得不太好。(Méiyǒu a, wǒ ~ de bú tài hǎo, 아니야. 나 ~하는 게 그다지 훌륭하지 않아.)'라고 답변하면 돼요. 참고로 很好(hěn hǎo, 훌륭하다) 대신에 真好(zhēn hǎo, 정말 훌륭하다), 真棒(zhēn bàng, 매우 대단하다)으로 출제될 수 있음을 알아두세요.

질문 패턴 你~得很好!	**Nǐ chànggē chàng de hěn hǎo!** 你 唱歌 唱 得 很好! 너 노래 부르다 부르다 ~하는 게 ~하다 훌륭하다	너 노래 되게 잘 부른다! (너 노래 부르는 게 훌륭하다!)

답변 패턴 没有啊, 我+동작+ 得不太好。	**Méiyǒu a, wǒ chàng de bú tài hǎo.** 没有啊, 我 唱 得 不太 好。 아니야 나 부르다 ~하는게 ~하다 ~하지 않다 좋다	아니야. 나 잘 못 불러. (아니야. 나 노래 부르는 게 그다지 훌륭하지 않아.)

패턴 입에 붙이기!

음원을 들으며 답변을 큰 소리로 세 번씩 따라 말해보세요.

01

Nǐ zuò cài zuò de zhēn hǎo! 你 做 菜 做 得 真好!	너 요리 정말 잘 한다! (너 요리 하는 게 정말 훌륭하다!)

Méiyǒu a, wǒ zuò de bú tài hǎo. 没有啊, 我 做 得 不太 好。	아니야. 나 잘 못해. (아니야. 나 하는 게 그다지 훌륭하 지 않아.)

02

Nǐ huàhuàr huà de zhēn bàng! 你 画画儿 画 得 真棒!	너 그림 정말 잘 그린다! (너 그림 그리는 게 정말 대단하다!)

Méiyǒu a, wǒ huà de bú tài hǎo. 没有啊, 我 画 得 不太 好。	아니야. 나 잘 못 그려. (아니야. 나 그리는 게 그다지 훌륭 하지 않아.)

질문이 '~了。(~le, ~하게 됐어.)' 패턴으로 출제되면, 질문을 그대로 반복하여 '~?那怎么办?(~? Nà zěnmebàn? ~라고? 그럼 어쩌지?)라고 답변하면 돼요. 질문을 정확히 못 들었다면 '是吗?那怎么办?(Shì ma? Nà zěnmebàn? 그래? 그럼 어쩌지?)'이라고 답변하세요.

질문
패턴

~了。

Zhūròu	yǐjīng	màiwán le.	
猪肉	已经	卖完了。	
돼지고기가	이미, 벌써	다 팔렸다	

돼지고기가 이미 다
팔렸습니다.

답변
패턴

질문 반복?
那怎么办?

Zhūròu	yǐjīng	màiwán le?	Nà	zěnmebàn?
猪肉	已经	卖完了?	那	怎么办?
돼지고기가	이미, 벌써	다 팔렸다	그럼	어쩌지

돼지고기가 이미 다 팔렸다
고요? 그럼 어쩌죠?

질문
패턴

~了。

Xiǎo Lǐ	yǐjīng	huíjiā le.	
小李	已经	回家了。	
샤오리는	이미, 벌써	집에 돌아갔다	

샤오리는 이미 집에
돌아갔다.

답변
패턴

是吗?
那怎么办?

Shì ma?	Nà	zěnmebàn?
是吗?	那	怎么办?
그래	그럼	어쩌지

그래? 그럼 어쩌지?

패턴 입에 붙이기!

음원을 들으며 답변을 큰 소리로 세 번씩 따라 말해보세요.

01

Xiǎo Wáng yǐjīng zǒu le.
小王 已经 走了。

샤오왕은 이미 떠났어.

Xiǎo Wáng yǐjīng zǒu le? Nà zěnmebàn?
小王 已经 走了? 那 怎么办?

샤오왕이 이미 떠났다고?
그럼 어쩌지?

02

Sānmíngzhì yǐjīng màiguāng le.
三明治 已经 卖光了。

샌드위치가 이미 다 팔렸습니다.

Sānmíngzhì yǐjīng màiguāng le? Nà zěnmebàn?
三明治 已经 卖光了? 那 怎么办?

샌드위치가 이미 다 팔렸다고요?
그럼 어쩌죠?

03

Wǒ de bǐjìběn diànnǎo bú jiàn le.
我的 笔记本电脑 不见了。

내 노트북이 없어졌어.

Nǐ de bǐjìběn diànnǎo bú jiàn le? Nà zěnmebàn?
你的 笔记本电脑 不见了? 那 怎么办?

네 노트북이 없어졌다고?
그럼 어쩌지?

04

Nín yào de guǒzhī màiwán le.
您 要的 果汁 卖完了。

당신이 원하는 주스는 다
팔렸습니다.

Shì ma? Nà zěnmebàn?
是吗? 那 怎么办?

그래? 그럼 어쩌죠?

실력 UP 연습문제

🎧 12_5_연습문제.mp3

[01-04] 먼저 질문을 눈으로 한 번 확인한 후, 들리는 질문에 답변을 완성해보세요.

01

> Duìbuqǐ, xiànzài méiyǒu kōng wèizhi.
> 对不起, 现在 没有 空位置。

> Shénme? Zěnme yòu _____?
> 什么? 怎么 又 _____?
> 뭐라고요? 어떻게 또 없어요?

02

> Cóng míngtiān kāishǐ wǒ yào zǎodiǎnr shuìjiào.
> 从 明天 开始 我 要 早点儿 睡觉。

> Shì ma? Wǒ yě yào _____.
> 是吗? 我 也 要 _____。
> 그래? 나도 일찍 잘 건데.

03

> Nǐ xiě zhè bù xiǎoshuō xiě de hěn hǎo!
> 你 写 这部小说 写 得 很好!

> Méiyǒu a, wǒ _____ bú tài hǎo.
> 没有啊, 我 _____ 不太 好。
> 아니야. 나 잘 못 써. (아니야. 나 쓴 게 그다지 훌륭하지 않아)

04

> Wǒ de shǒujī bú jiàn le.
> 我 的 手机 不见了。

> _____? Nà zěnmebàn?
> _____? 那 怎么办?
> 네 휴대폰이 없어졌다고? 그럼 어쩌지?

[05-08] 질문을 듣고 답변을 완성해보세요.

05

Nǐ shuō de duì, wǒ yě juéde   .
你 说 得 对, 我 也 觉得 ＿＿＿＿＿＿＿＿。

06

                          ? Nà zěnmebàn?
＿＿＿＿＿＿＿＿＿? 那 怎么办?

07

Shénme? Zěnme yòu   ?
什么?   怎么 又 ＿＿＿＿＿＿＿＿?

08

Shì ma? Wǒ yě dǎsuan   .
是吗? 我 也 打算 ＿＿＿＿＿＿＿＿。

모범답변 및 해석 p.349

해커스 TSC 3급

실전 공략하기

🎧 13_1_실전 공략.mp3

답변 전략 스텝 익히기

제3부분 모든 문제에 적용할 수 있는 답변 전략 스텝을 익혀보세요.

STEP 1 질문 듣고 패턴 파악하기

음성으로 문제가 들리기 시작하면 발음과 성조에 집중하면서 질문이 어떤 패턴인지 파악하세요.

Nǐ	yào	zài zhèr	chī	háishi	dài zǒu?
你	要	在这儿	吃	还是	带走?
당신은	~할 것이다	여기서	먹다	아니면	가져가다

당신은 여기서 드실 건가요 아니면 가져갈 건가요?

→ 둘 중 하나를 고르는 ~A还是B~? 패턴의 문제란 걸 알 수 있어요.

STEP 2 │ 답변 미리 떠올리기 (답변 준비 시간: 2초)

질문 패턴에 맞는 답변을 빠르게 준비하세요.

Nǐ yào zài zhèr chī háishi dài zǒu?
你   要   在这儿 吃   还是   带走?

당신은 ~할 것이다 여기서 먹다 아니면 가져가다

당신은 여기서 드실 건가요
아니면 가져갈 건가요?

Wǒ yào zài zhèr chī.
我   要   在这儿 吃。

저는 ~할 것이다 여기서 먹다

저는 여기서 먹을 거예요.

STEP 3 │ 발음 · 성조에 주의하며 답변 말하기 (답변 시간: 15초)

'삐-'하고 제시음이 들리면 1초 후 미리 준비한 답변을 발음과 성조에 주의하며 큰 소리로 말하세요. 이때 최대한 머뭇거림 없이 답변하도록 하세요. 답변 시간은 15초입니다.

Wǒ yào zài zhèr chī.
我   要   在这儿 吃。

저는 여기서 먹을 거예요.

★ 만약 질문/답변 패턴이 기억이 나지 않을 경우에는 다음의 비상용 문장으로 답변하세요.

🎤 Duìbuqǐ, wǒ bù zhīdào. 对不起, 我不知道。 죄송합니다. 잘 모르겠습니다.

🎤 Bù hǎoyìsi, wǒ méi tīngdǒng. 不好意思, 我没听懂。 죄송합니다. 못 알아들었습니다.

실전 감각 익히기

앞에서 배운 답변 전략 스텝에 따라, 아래 질문에 답하며 실전 감각을 익혀보세요.

01

STEP 1 질문 듣고 패턴 파악하기

Nǐ	jīngcháng	qù	shūdiàn	ma?	너는 서점에 자주 가니?
你	经常	去	书店	吗?	

STEP 2 답변 미리 떠올리기 (2초)

Nǐ	jīngcháng	qù	shūdiàn	ma?	너는 서점에 자주 가니?
你	经常	去	书店	吗?	

Wǒ _____ .
我 _____ 。   나는 서점에 자주 가.

STEP 3 발음 · 성조에 주의하며 답변 말하기 (15초)

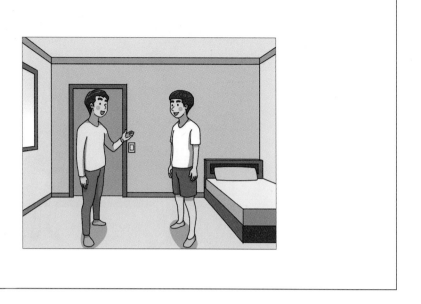

제1부분

제2부분

제3부분

제4부분

제5부분

제6부분

제7부분

해커스 TSC 3급

STEP 1 질문 듣고 패턴 파악하기

> Xiàzhōu   de   kǎoshì,   nǐ   xiǎng   gēn   shéi   yìqǐ   zhǔnbèi?
> 下周   的   考试,   你   想   跟   谁   一起   准备?
>
> 다음 주 시험, 너는 누구와 함께 준비하고 싶어?

STEP 2 답변 미리 떠올리기(2초)

> Xiàzhōu   de   kǎoshì,   nǐ   xiǎng   gēn   shéi   yìqǐ   zhǔnbèi?
> 下周   的   考试,   你   想   跟   谁   一起   准备?
>
> 다음 주 시험, 너는 누구와 함께 준비하고 싶어?

> _____, wǒ _____ gēn _____ yìqǐ _____.
> _____, 我 _____ 跟 _____ 一起 _____。
>
> 다음 주 시험, 나는 형과 함께 준비하고 싶어.

STEP 3 발음 · 성조에 주의하며 답변 말하기(15초)

03

STEP 1 **질문 듣고 패턴 파악하기**

Míngtiān　gēn　tóngshìmen　yìqǐ　qù　páshān　zěnmeyàng?
明天　　　跟　　同事们　　　一起　去　爬山　　怎么样?

내일 동료들과 함께 등산하러 가는 것 어때?

STEP 2 **답변 미리 떠올리기**(2초)

Míngtiān　gēn　tóngshìmen　yìqǐ　qù　páshān　zěnmeyàng?
明天　　　跟　　同事们　　　一起　去　爬山　　怎么样?

내일 동료들과 함께 등산하러 가는 것 어때?

🎤 Hǎo,　　　　　　　　　　　　　ba.
　　好,　_____　吧。　　　　좋아. 같이 등산하러 가자.

STEP 3 **발음 · 성조에 주의하며 답변 말하기**(15초)

04

STEP 1 질문 듣고 패턴 파악하기

🎧　Bǎihuò shāngdiàn　yǐjīng　guānmén le.
　　百货商店　　　　已经　　关门了。　　　　　　백화점은 이미 문 닫았어.

STEP 2 답변 미리 떠올리기(2초)

🎧　Bǎihuò shāngdiàn　yǐjīng　guānmén le.
　　百货商店　　　　已经　　关门了。　　　　　　백화점은 이미 문 닫았어.

🎤　_____ le?　Nà　zěnmebàn?
　　　　　　　　　　　 了?　那　怎么办?　　백화점은 이미 문을 닫았다
　　　　　　　　　　　　　　　　　　　　　고? 그럼 어쩌지?

STEP 3 발음·성조에 주의하며 답변 말하기(15초)

모범답변 및 해석 p.351

실전TEST(1)

🎧 14_1_실전TEST(1)_풀어보기.mp3, 14_2_실전TEST(1)_모범답변.mp3

第3部分：快速回答 – 第1题

볼 륨 🔊

第3部分：快速回答 – 第2题

볼 륨 🔊

TSC 중국어 말하기 시험

第3部分：快速回答 - 第3题

볼륨 🔊

TSC 중국어 말하기 시험

第3部分：快速回答 - 第4题

볼륨 🔊

TSC 중국어 말하기 시험

第3部分：快速回答 - 第5题

볼륨 🔊

모범답변 및 해석 p.352

실전TEST(2)

🎧 14_3_실전TEST(2)_풀어보기.mp3, 14_4_실전TEST(2)_모범답변.mp3

TSC 중국어 말하기 시험

第3部分：快速回答 - 第1题

볼 륨 🔊

TSC 중국어 말하기 시험

第3部分：快速回答 - 第2题

볼 륨 🔊

 TSC 중국어 말하기 시험

第3部分：快速回答 - 第3题

볼 륨

TSC 중국어 말하기 시험

第3部分：快速回答 - 第4题

볼 륨

TSC 중국어 말하기 시험

第3部分：快速回答 - 第5题

볼 륨 ◀))

모범답변 및 해석 p.354

실전TEST(3)

🎧 14_5_실전TEST(3)_풀어보기.mp3, 14_6_실전TEST(3)_모범답변.mp3

TSC 중국어 말하기 시험

第3部分：快速回答 – 第1题

볼 륨 🔊

TSC 중국어 말하기 시험

第3部分：快速回答 – 第2题

볼 륨 🔊

第3部分：快速回答 - 第3题

第3部分：快速回答 - 第4题

第3部分：快速回答 - 第5题

모범답변 및 해석 p.355

제4부분

일상 화제에 대해 설명하기
简短回答

유형1 | **사실 확인 · 선택 · 소개** 문제 익히기

유형2 | **정보 요구** 문제 익히기

실전 공략하기

제4부분 알아보기

여자 면접관이 남자 지원자의 개인적인 성향에 대한 질문을 하고 있군요.
지원자 역시 자신에 대해 솔직하게 답변하네요.

제4부분은 이처럼 '나의 일상'과 관련된 질문에 길게 답변하는 파트랍니다.
자, 그럼 제4부분에 대해 좀 더 자세히 알아볼까요?

출제 형태 – 제4부분은?

제4부분 '일상 화제에 대해 설명하기'는 생활 습관·성격·가치관 등 '나'와 밀접한 주제의 다양한 질문을 듣고
본인의 생각을 길게 답하는 파트입니다.

문제 번호	14, 15, 16, 17, 18	평가 기준	자신의 생각을 최대한 구체적으로 답변했는가
문제 수	5개		문장으로 답변했는가
답변 준비 시간	15초		문법적 오류가 없는가
답변 시간	25초		발음·성조가 정확한가

제1부분

제2부분

제3부분

제4부분

제5부분

제6부분

제7부분

해커스 TSC 3급

출제 경향 – 이렇게 출제돼요!

'나'와 관련된 다양한 유형의 문제가 출제돼요.

사실 확인· 선택·소개	• 당신은 스타를 만난 적이 있습니까? 간단히 말해보세요. • 당신이 가장 존경하는 사람을 소개해주세요.
정보 요구	당신의 성격 중, 가장 큰 장점은 무엇입니까? 간단히 말해 보세요.

출제 비율

정보 요구 **37%**

사실 확인·
선택·소개 **63%**

합격 전략 – 이렇게 답변해야 해요!

1. 답변 시간이 25초로 다소 길기 때문에, 2문장으로 답변해야 해요.

첫 번째 문장은 질문을 활용하여 답변하고, 두 번째 문장 역시 질문을 최대한 활용하거나 관련 어휘를 사용하여 답변하면 어법 실수를 줄이면서 길게 답변할 수 있어요.

[예]

你 见过 明星 吗? 请简单说一说。
Nǐ jiànguo míngxīng ma? Qǐng jiǎndān shuō yi shuō.

당신은 스타를 만난 적이 있습니까?
간단히 말해보세요.

我 见过 明星。你呢? 你 见过 明星 吗?
Wǒ jiànguo míngxīng. Nǐ ne? Nǐ jiànguo míngxīng ma?

저는 스타를 만난 적이 있습니다.
당신은요? 당신은 스타를 만난 적이
있습니까?

2. 정확한 발음과 성조로 끊김 없이 답변해야 해요.

발음과 성조에 유의하며 큰 소리로 끊김 없이 답변하세요. 화면에 제시된 질문을 들려줄 때 발음과 성조를 주의해서 듣고 그대로 따라 답변하면 좀 더 정확히 발음할 수 있어요.

학습 방법 – 이렇게 학습하세요!

빈출 어휘 및 질문/답변 패턴 익히기

사실 확인·선택·소개 문제에서는 건강·학업·직업 관련 어휘를, **정보 요구 문제**에서는 성격·해결 방법 관련 어휘를 중점적으로 익혀두세요. 그리고 유형별로 질문/답변 패턴을 익혀두면 2문장으로 답변할 수 있어요.

실전 공략하기

제4부분의 답변 전략 스텝을 알아두면 사실 확인·선택·소개와 정보 요구의 질문을 쉽게 공략할 수 있어요. 문제를 풀며 실전 감각을 익혀보세요.

시험 화면 및 순서 – 이런 순서로 진행돼요!

TSC 중국어 말하기 시험

해커스
001001

第4部分 : 简短回答　　　볼륨 ◀))

第四部分共有五道题。
请尽量回答得完整，内容的长短和所用到的词语都会影响考试分数。
请听下面的例句。

问题：这个周末你打算做什么？
回答1：爬山。
回答2：这周六早上我要跟家人一起去爬山，还有周日晚上我要去
　　　　电影院看电影。

两种回答方式都可以，但"回答2"更具体，你会得到更高的分数。
听到提问和提示音后，请开始回答问题。
每道题有15秒的思考时间和25秒的回答时间。现在开始提问。

1. 디렉션

가장 먼저 아래와 같은 내용의 디렉션이 음성과 함께 화면에 제시됩니다.

"제4부분에는 모두 5문제가 있습니다.
최대한 완전하게 답변하세요. 내용의 길이와 사용한 모든 어휘는 시험 점수에 영향을 줄 수 있습니다.
아래 예시를 들어보세요.

　문제: 이번 주 주말에 당신은 무엇을 할 계획입니까?
　답변1: 등산이요.
　답변2: 이번 주 토요일 아침에 저는 가족들과 함께
　　　　　등산을 갈 거고, 그리고 일요일 저녁에 저는
　　　　　영화관에 가서 영화를 볼 겁니다.

두 가지 답변 방식 모두 가능하지만, '답변2'가 더 구체적이기 때문에, 더 높은 점수를 받을 수 있습니다.
문제와 제시음이 들리고 난 후, 답변을 시작하세요.
문제 당 15초의 답변 준비시간과 25초의 답변시간이 제공됩니다. 지금 문제가 시작됩니다."

TSC 중국어 말하기 시험

해커스
001001
14/26

第4部分 : 简短回答－第1题　　　볼륨 ◀))

你见过明星吗？请简单说一说。

2. 문제

화면에 문제가 먼저 나타나고, 약 2초 후 음성으로 문제 번호와 문제를 들려줍니다. 문제는 음성으로 한 번만 들려줍니다.

🎧 "你见过明星吗？请简单说一说。"
　　당신은 스타를 만난 적이 있습니까?
　　간단히 말해보세요.

3. 답변 준비

문제를 들려주는 음성이 끝나면 15초의 답변 준비 시간이 주어집니다. 이때, 화면 아래 15초 타이머가 보여지고 카운트가 시작됩니다.

4. 답변

답변 준비 시간이 끝나면 '삐-' 소리와 함께 25초의 답변 시간이 시작됩니다. 이때, 타이머가 25초로 바뀌고 카운트가 시작됩니다.
답변 시간이 완료되면 '结束(jiéshù, 종료)' 소리가 들리고 다음 문제로 넘어갑니다.

사실 확인·선택·소개 문제 익히기

제4부분 유형1 바로듣기

사실 확인·선택·소개 문제는 건강·학업/직업·경제·성격 등과 관련된 개인적인 사실을 묻는 문제, 두 가지 선택지를 주고 하나를 고르는 문제, 그리고 특정 대상을 소개·설명해달라는 문제예요.

• 당신은 바깥에서 밥 먹는 것을 좋아합니까?
• 버스와 지하철 중, 당신은 어느 교통수단을 더 자주 이용합니까?
• 당신을 감동시킨 영화 한 편을 소개해주세요.

따라서 자주 쓰이는 사실 확인·선택·소개에서 어휘와 질문/답변 패턴을 익혀보세요.

빈출 어휘 익히기 🎧 15_1_빈출 어휘_따라읽기.mp3, 15_2_빈출 어휘_임기하기.mp3

사실 확인·선택·소개 문제에서 자주 출제되는 어휘를 큰 소리로 따라 말하며 익혀보세요.

자주 쓰이는 건강 관련 어휘 익히기

bǎochí jiànkāng 保持健康	건강을 유지하다	bǔchōng yíngyǎng 补充营养	영양을 보충하다
jiǎnféi 减肥	다이어트하다	shēngbìng 生病	몸이 아프다
dé gǎnmào 得感冒	감기에 걸리다	yālì dà 压力大	스트레스가 심하다
huǎnjiě yālì 缓解压力	스트레스를 완화하다	zài jiā xiūxi 在家休息	집에서 쉬다
gèrén yùndòng 个人运动	개인 운동	tuántǐ yùndòng 团体运动	단체 운동

자주 쓰이는 학업·직업 관련 어휘 익히기

tīng kè 听课	수업을 듣다	xuǎnzé kēmù 选择科目	과목을 선택하다
chūguó liúxué 出国留学	해외에 나가 유학하다	yí ge rén xuéxí 一个人学习	혼자 공부하다
jiùyè 就业	취업하다	jìn gōngsī 进公司	회사에 들어가다
zuò shēngyi 做生意	장사를 하다	shìyè chénggōng 事业成功	사업에 성공하다

자주 쓰이는 쇼핑·경제 관련 어휘 익히기

guàngjiē 逛街	쇼핑하다	mǎi diànzǐ chǎnpǐn 买电子产品	전자제품을 사다
huāqián 花钱	돈을 쓰다	cúnqián 存钱	저금하다
huā jiāotōngfèi 花交通费	교통비를 쓰다	huā tōngxùnfèi 花通讯费	통신비를 쓰다
zhīfù fāngshì 支付方式	지불 방식	shǒujī zhīfù 手机支付	휴대폰 결제

자주 쓰이는 여행·취미·일상 관련 어휘 익히기

gēntuányóu 跟团游	패키지여행	zìyóuxíng 自由行	자유 여행

제1부분

제2부분

제3부분

제4부분

제5부분

제6부분

제7부분

해커스 TSC 3급

qù lǚyóu 去旅游	여행을 가다	qù chūchāi 去出差	출장 가다
kàn xiǎoshuō 看小说	소설을 보다	tán gāngqín 弹钢琴	피아노를 치다
tīng liúxíng yīnyuè 听流行音乐	유행 음악을 듣다	qù liàngētīng 去练歌厅	노래방을 가다
wánr yóuxì 玩儿游戏	게임을 하다	wánr shǒujī 玩儿手机	휴대폰을 가지고 놀다
qǐchuáng 起床	일어나다, 기상하다	shuìjiào 睡觉	잠자다
zǎo shuì zǎo qǐ 早睡早起	일찍 자고 일찍 일어나다	áoyè 熬夜	밤을 새다
yí ge rén dāizhe 一个人待着	혼자 있다, 혼자 지내다	jùju 聚聚	모이다
zǎochénxíng 早晨型	아침형 인간	yèmāozi 夜猫子	저녁형 인간

자주 쓰이는 주거 관련 어휘 익히기

qù wàiguó shēnghuó 去外国生活	외국에 가서 생활하다	qù biéde guójiā 去别的国家	다른 나라에 가다
jiāotōng 交通	교통	zhōubiān huánjìng 周边环境	주변 환경

chéngshì 城市	도시		nóngcūn 农村	농촌
zài nóngcūn shēnghuó 在农村生活	농촌에서 생활하다		zài chéngshì shēnghuó 在城市生活	도시에서 생활하다

자주 쓰이는 문화 관련 어휘 익히기

guòjié 过节	명절을 지내다		guò shēngrì 过生日	생일을 보내다
chuántǒng jiérì 传统节日	전통 기념일		fēngsú xíguàn 风俗习惯	풍습
Chūnjié 春节	설날		Zhōngqiū jié 中秋节	추석

자주 쓰이는 사람·인물 관련 어휘 익히기

fùmǔ 父母	부모님		qīnqi 亲戚	친척
yìxìng péngyou 异性朋友	이성 친구		zhōuwéi de rén 周围的人	주위 사람
lǎoshī 老师	선생님		biérén 别人	다른 사람
míngxīng 明星	스타, 유명인		gēshǒu 歌手	가수

자주 쓰이는 성격·성향·감정 관련 어휘 익히기

xìnggé 性格	성격	shǔyú 属于	~에 속하다
wàixiàng 外向	외향적이다	nèixiàng 内向	내성적이다, 내향적이다
jíxìngzi 急性子	성격이 급하다	mànxìngzi 慢性子	성격이 느긋하다
chéngshí 诚实	성실하다	cūxīn 粗心	부주의하다, 세심하지 못하다
xǐhuan màoxiǎn 喜欢冒险	모험을 좋아하다	xǐhuan tiǎozhàn 喜欢挑战	도전을 좋아하다
zuòshì rènzhēn 做事认真	성실하게 일하다	zūnjìng 尊敬	존경하다
ānwèi 安慰	위로하다	gǔlì 鼓励	격려하다
gǎndòng 感动	감동하다	zhòngyào 重要	중요하다

자주 쓰이는 장소·사물 관련 어휘 익히기

dìfang 地方	곳, 장소	lù shang 路上	길 위
chuántǒng shìchǎng 传统市场	전통시장	dàxíng chāoshì 大型超市	대형 슈퍼마켓

zìzhù cāntīng 自助餐厅	뷔페	jiànshēnfáng 健身房	헬스장
zǎofàn 早饭	아침밥	wǎnfàn 晚饭	저녁밥
kuàicān 快餐	패스트푸드	hànbǎo 汉堡	햄버거

자주 쓰이는 동작 관련 어휘 익히기

chángyòng 常用	자주 사용하다	yòng shǒujī 用手机	휴대폰을 사용하다
liánxì 联系	연락하다	shàngwǎng 上网	인터넷을 하다
dǎ diànhuà 打电话	전화하다	fā duǎnxìn 发短信	문자를 보내다
tīng yìjiàn 听意见	의견을 듣다	jiàn péngyou 见朋友	친구를 만나다
mǎi cài 买菜	채소를 사다	cānjiā hūnlǐ 参加婚礼	결혼식에 참석하다

제1부분

제2부분

제3부분

제4부분

제5부분

제6부분

제7부분

질문/답변 패턴 익히기

사실 확인·선택·소개 문제에서 자주 출제되는 질문/답변 패턴을 익혀보세요. 🎧 15_3_질문답변 패턴.mp3

기출 패턴 1 吗 의문문으로 사실을 묻는 질문에 답변하는 패턴

질문이 '你~吗?(Nǐ~ma? 당신은 ~입니까?)' 패턴으로 출제되면, 你(nǐ, 당신)를 我(wǒ, 저)로 바꾼 후, 吗(ma, ~입니까?) 앞 부분까지 그대로 반복하여 '我~。'로 답변하면 돼요. 그리고, '你呢?(Nǐ ne? 당신은요?)', 뒤에 질문을 그대로 반복하여 한 문장을 더 추가해주면 돼요.

你~吗?

你	见过	明星	吗?
Nǐ	jiànguo	míngxīng	ma?
당신은	만난 적 있다	스타를	~입니까?

당신은 스타를 만난 적 있습니까?

我~。你呢?
+질문 반복。

Wǒ jiànguo míngxīng.
我　见过　　明星。
저는　만난 적 있다　스타를

저는 스타를 만난 적 있습니다.

Nǐ ne? Nǐ jiànguo míngxīng ma?
你呢?　你　见过　　明星　　吗?
당신은요?　당신은　만난 적 있다　스타를　~입니까?

당신은요? 당신은 스타를 만난 적 있습니까?

패턴 입에 붙이기!

음원을 들으며 답변을 큰 소리로 세 번씩 따라 말해보세요.

01

你	常常	跟	朋友	一起	喝酒	吗?
Nǐ	chángcháng	gēn	péngyou	yìqǐ	hē jiǔ	ma?

당신은 자주 친구들과 함께 술을 마십니까?

Wǒ chángcháng gēn péngyou yìqǐ hē jiǔ.
我　常常　　跟　朋友　一起　喝酒。

저는 자주 친구들과 함께 술을 마십니다.

Nǐ ne? Nǐ chángcháng gēn péngyou yìqǐ hē jiǔ ma?
你呢?　你　常常　　跟　朋友　一起　喝酒　吗?

당신은요? 당신은 자주 친구들과 함께 술을 마십니까?

기출 패턴 2　정반 의문문으로 사실을 확인하는 질문에 답변하는 패턴

질문이 '你~A不A~?(Nǐ ~A bu A~? 당신은 ~A합니까 A하지 않습니까?)' 패턴으로 출제되면, 질문 속 A와 不A(bù A, 안 A하다) 중 하나만 선택하여 답변하면 돼요. 그리고 '你呢?(Nǐ ne? 당신은요?)' 뒤에 질문을 그대로 반복하여 한 문장을 더 추가해주면 돼요. A가 有(yǒu, 있다)면 '有没有~?'(yǒu méiyǒu~? 있어 없어?) 형태로 출제돼요.

질문 패턴

你~A不A~?

每个月	你	花	的	通讯费	多不多?
Měi ge yuè	nǐ	huā	de	tōngxùnfèi	duō bu duō?
매달	당신이	쓰다	~한	통신비	많다 안 많다

매달 당신이 쓰는 통신비는 많습니까?

답변 패턴

我~A(不A)~。
你呢?+질문 반복.

Měi ge yuè	wǒ	huā	de	tōngxùnfèi	duō.
每个月	我	花	的	通讯费	多。
매달	제가	쓰다	~한	통신비	많다

매달 제가 쓰는 통신비는 많습니다.

Nǐ ne?	Měi ge yuè	nǐ	huā	de	tōngxùnfèi	duō bu duō?
你呢?	每个月	你	花	的	通讯费	多不多?
당신은요?	매달	당신이	쓰다	~한	통신비	많다 안 많다

당신은요? 매달 당신이 쓰는 통신비는 많습니까?

패턴 입에 붙이기!

음원을 들으며 답변을 큰 소리로 세 번씩 따라 말해보세요.

01

你	有	没有	想过	减肥?
Nǐ	yǒu	méiyǒu	xiǎngguo	jiǎnféi?

당신은 다이어트를 생각해본 적이 있습니까?

Wǒ	yǒu	xiǎngguo	jiǎnféi.
我	有	想过	减肥。

저는 다이어트를 생각해본 적이 있습니다.

Nǐ ne?	Nǐ	yǒu	méiyǒu	xiǎngguo	jiǎnféi?
你呢?	你	有	没有	想过	减肥?

당신은요? 당신은 다이어트를 생각해본 적이 있습니까?

기출 패턴 3 **A和B中으로 둘 중 하나를 선택하게 하는 질문에 답변하는 패턴**

질문이 'A和B中, 你~?(A hé B zhōng, nǐ ~? A와 B 중에서, 당신은 ~입니까?)' 패턴으로 출제되면, A와 B 중 하나를 의문사 자리에 넣어 답변하면 돼요. 그런 다음 '我几乎每次(每天)都~。(Wǒ jīhū měi cì (měi tiān) dōu ~, 저는 거의 매번(매일) ~합니다.)'로 한 문장을 더 추가해주면 돼요. 질문에서 中(zhōng, ~중에서)은 생략될 수 있어요.

 질문 패턴

A和B(中), 你~?

朋友 和 家人 中, 你 想 跟 谁 一起 过生日？
Péngyou hé jiārén zhōng, nǐ xiǎng gēn shéi yìqǐ guò shēngrì?
친구 와 가족 중 당신은 ~하고 싶다 누구와 함께 생일을 보내다

친구와 가족 중에서, 당신은 누구 와 함께 생일을 보내고 싶습니까?

답변 패턴

我~A(B)。
我几乎每次
(每天)都~。

Wǒ xiǎng gēn péngyou yìqǐ guò shēngrì.
我 想 跟 朋友 一起 过生日。
저는 ~하고 싶다 친구와 함께 생일을 보내다

저는 친구 와 함께 생일을 보내고 싶습니다.

Wǒ jīhū měi cì dōu gēn péngyou yìqǐ guò shēngrì.
我 几乎 每次 都 跟 朋友 一起 过生日。
저는 거의 매번 모두 친구와 함께 생일을 보내다

저는 거의 매번 친구와 함께 생일을 보냅니다.

패턴 입에 붙이기!

음원을 들으며 답변을 큰 소리로 세 번씩 따라 말해보세요.

01

打电话 和 发短信， 你 更 喜欢
Dǎ diànhuà hé fā duǎnxìn, nǐ gèng xǐhuan
哪种 联系方式？
nǎ zhǒng liánxì fāngshì?

전화하는 것과 문자 보내는 것, 당신은 어떤 연락방식을 더 좋아합니까?

Wǒ gèng xǐhuan fā duǎnxìn.
我 更 喜欢 发短信。

저는 문자 보내는 것을 더 좋아합니다.

Wǒ jīhū měi tiān dōu fā duǎnxìn.
我 几乎 每天 都 发短信。

저는 거의 매일 문자를 보냅니다.

A还是B로 둘 중 하나를 선택하게 하는 질문에 답변하는 패턴

질문이 '你~A还是B~?(Nǐ ~A háishi ~B? 당신은 ~A합니까 아니면 ~B합니까?)' 패턴으로 출제되면, A와 B 중 하나를 선택하여 답변하면 돼요. 그런 다음 '我几乎每天(每次)都~。(Wǒ jīhū měi tiān (měi cì) dōu ~, 저는 거의 매일(매번) ~합니다.)'로 한 문장을 더 추가해주면 돼요.

 질문
패턴

你~A
还是B~?

你 喜欢 做 个人运动 还是 喜欢 做 团体运动？
Nǐ xǐhuan zuò gèrén yùndòng háishi xǐhuan zuò tuántǐ yùndòng?
당신은 좋아하다 하다 개인 운동 아니면 좋아하다 하다 단체 운동

당신은 개인 운동 하는 것을 좋아합니까 아니면 단체 운동 하는 것을 좋아합니까?

답변
패턴

我~A(B)。
我几乎每次
(每天)都~。

Wǒ xǐhuan zuò gèrén yùndòng.
我 喜欢 做 个人运动。
저는 좋아하다 하다 개인 운동

저는 개인 운동 하는 것을 좋아합니다.

Wǒ jīhū měi tiān dōu zuò gèrén yùndòng.
我 几乎 每天 都 做 个人运动。
저는 거의 매일 모두 하다 개인 운동

저는 거의 매일 개인 운동을 합니다.

패턴 입에 붙이기!

음원을 들으며 답변을 큰 소리로 세 번씩 따라 말해보세요.

01

你 买菜 的 时候， 在网上 买 还是
Nǐ mǎi cài de shíhou, zài wǎng shang mǎi háishi
去 传统市场 买?
qù chuántǒng shìchǎng mǎi?

당신은 채소를 살 때, 인터넷에서 삽니까 아니면 전통시장에 가서 삽니까?

Wǒ mǎi cài de shíhou, zài wǎng shang mǎi.
我 买菜 的 时候， 在网上 买。

저는 채소를 살 때, 인터넷에서 삽니다.

Wǒ jīhū měi cì dōu zài wǎng shang mǎi.
我 几乎 每次 都 在网上 买。

저는 거의 매번 인터넷에서 삽니다.

제1부분
제2부분
제3부분
제4부분
제5부분
제6부분
제7부분
해커스 TSC 3급

기출 패턴 5 **특정 대상을 소개·설명해달라는 질문에 답변하는 패턴**

질문이 '请介绍(一下)~。(Qǐng jièshào(yíxià)~, ~을 소개해주세요.)' 패턴으로 출제되면, 소개해달라는 대상을 그대로 반복하여 '~就是~。(~jiù shì~, ~은 바로 ~이에요.)'로 답변하면 돼요. 그리고 '我很喜欢~。(Wǒ hěn xǐhuan ~, 저는 ~을 매우 좋아합니다.)'으로 한 문장을 더 추가해주면 돼요. 참고로 请介绍 대신 请说(qǐng shuō, 말해주세요), 谈谈(tántan, 이야기해보세요)으로도 출제될 수 있어요.

질문
패턴

请介绍
(一下)~。

请介绍一下	你	跟	朋友	常去	的	地方。	
Qǐng jièshào yíxià	nǐ	gēn	péngyou	cháng qù	de	dìfang.	당신이 친구와 자주 가는 곳을 소개해주세요.
~을 소개해주세요	당신이	~와	친구	자주 가다	~한	곳	

답변
패턴

소개 요청 대상
+就是~。

Wǒ gēn péngyou cháng qù de dìfang jiù shì kāfēitīng.
我　　跟　　朋友　　常去　　的　　地方　　就是　　咖啡厅。
제가　~와　친구　자주 가다　~한　곳　바로~이다　카페
제가 친구와 자주 가는 곳은 바로 카페입니다.

Wǒ　hěn xǐhuan　kāfēitīng.
我　　很喜欢　　咖啡厅。
저는　매우 좋아하다　카페를
저는 카페를 매우 좋아합니다.

질문
패턴

请说(一下)~。

请说一下	让	你	感动	的	小说。	
Qǐng shuō yíxià	ràng	nǐ	gǎndòng	de	xiǎoshuō.	당신을 감동시킨 소설을 말해주세요.
~을 말해주세요	당신을	감동하다	~한	소설을		

답변
패턴

소개 요청 대상
+就是~。

Ràng wǒ gǎndòng de xiǎoshuō jiù shì Harry Potter.
让　我　　感动　的　　小说　　就是　《Harry Potter》。
시키다　저를　감동하다　~한　소설은　바로~이다　<해리포터>
저를 감동시킨 소설은 바로 <해리포터>입니다.

Wǒ hěn xǐhuan Harry Potter.
我　　很喜欢　《Harry Potter》。
저는　매우 좋아하다　<해리포터>를
저는 <해리포터>를 매우 좋아합니다.

음원을 들으며 답변을 큰 소리로 세 번씩 따라 말해보세요.

01

请介绍一下 你 最近 常去 的 餐厅。
Qǐng jièshào yíxià nǐ zuìjìn cháng qù de cāntīng.

당신이 최근 자주 가는 식당을
소개해주세요.

Wǒ zuìjìn cháng qù de cāntīng jiù shì zìzhù cāntīng.
我 最近 常去 的 餐厅 就是 自助餐厅。

제가 최근에 자주 가는 식당은
바로 뷔페입니다.

Wǒ hěn xǐhuan zìzhù cāntīng.
我 很喜欢 自助餐厅。

저는 뷔페를 매우 좋아합니다.

02

请说一下 你 现在 所 住 的 地方。
Qǐng shuō yíxià nǐ xiànzài suǒ zhù de dìfang.

당신이 지금 사는 곳을
말해주세요.

Wǒ xiànzài suǒ zhù de dìfang jiù shì Shǒu'ěr.
我 现在 所 住 的 地方 就是 首尔。

제가 지금 사는 곳은
바로 서울입니다.

Wǒ hěn xǐhuan Shǒu'ěr.
我 很喜欢 首尔。

저는 서울을 매우 좋아합니다.

03

谈谈 你 最 喜欢 的 明星。
Tántan nǐ zuì xǐhuan de míngxīng.

당신이 가장 좋아하는 스타를
이야기해보세요.

Wǒ zuì xǐhuan de míngxīng jiù shì BTS.
我 最 喜欢 的 明星 就是 BTS。

제가 가장 좋아하는 스타는
바로 BTS입니다.

Wǒ hěn xǐhuan BTS.
我 很喜欢 BTS。

저는 BTS를 매우 좋아합니다.

실력 UP 연습문제

🎧 15_4_연습문제.mp3

[01-03] 질문을 들으며 답변을 완성해보세요.

01 🎧
你 一般 一个人学习 还是 跟　朋友们　一起 学习?
Nǐ　yìbān　yí ge rén xuéxí háishi gēn péngyoumen　yìqǐ　xuéxí?

🎤
yìbān　yí ge rén xuéxí.　　　　　　　**yí ge rén xuéxí.**
_____ 一般　一个人学习。_____ 一个人学习。
저는 보통 혼자 공부합니다. 저는 거의 매일 혼자 공부합니다.

02 🎧
你 参加过 别人 的 婚礼 吗?
Nǐ cānjiāguo biérén de　hūnlǐ ma?

🎤
cānjiāguo biérén de hūnlǐ.　　　　　　**?**
_____ 参加过　别人 的 婚礼。_____ ?
저는 다른 사람의 결혼식에 참석한 적이 있습니다. 당신은요?

Nǐ cānjiāguo biérén de hūnlǐ ma?
你 参加过　别人 的 婚礼 吗?
당신은 다른 사람의 결혼식에 참석한 적이 있습니까?

03 🎧
请介绍一下 对 你 最 重要 的 人。
Qǐng jièshào yíxià　duì　nǐ　zuì zhòngyào de rén.

🎤
Duì wǒ zuì zhòngyào de rén　　　　　**wǒ māma.**
对 我 最　重要　的 人 _____ 我　妈妈。
저에게 가장 중요한 사람은 바로 엄마입니다.

wǒ māma.
_____ 我　妈妈。
저는 엄마를 매우 좋아합니다.

제1부분
제2부분
제3부분
제4부분
제5부분
제6부분
제7부분
해커스 TSC 3급

[04-06] 질문을 들으며 괄호 안의 어휘를 사용하여 큰 소리로 답변해보세요.

04

压力大的时候， 你　愿意　一个人待着　还是　愿意　跟
Yālì dà de shíhou, nǐ yuànyì yí ge rén dāizhe háishi yuànyì gēn

朋友　聚聚？
péngyou jùju?

　　　　　　　　, Wǒ 　　　　**. Wǒ jīhū měi tiān dōu** 　　　　**.**
_____, 我 _____。 我 几乎 每天 都 _____。
스트레스가 심할 때, 저는 혼자 있기를 원합니다. 저는 거의 매일 혼자 있습니다.

(一个人待着 yí ge rén dāizhe 혼자 있다)

05

自由行　和　跟团游，你　会　选择　哪种　旅游　方式？
Zìyóuxíng hé gēntuányóu, nǐ huì xuǎnzé nǎ zhǒng lǚyóu fāngshì?

Wǒ 　　　　**. Wǒ jīhū měi cì dōu** 　　　　**.**
我 _____。 我 几乎 每次 都 _____。
저는 자유 여행을 선택할 겁니다. 저는 거의 매번 자유 여행을 선택합니다.

(自由行 zìyóuxíng 자유 여행)

06

每周 你 花 的 交通费　多不多？
Měi zhōu nǐ huā de jiāotōngfèi duō bu duō?

　　　　　　　　. Nǐ ne? 　　　　　**?**
_____。 你呢？ _____？
매주 제가 쓰는 교통비는 많습니다. 당신은요? 매주 당신이 쓰는 교통비는 많습니까?

(我花的交通费 wǒ huā de jiāotōngfèi 제가 쓰는 교통비)

모범답변 및 해석 p.358

제4부분 유형 1 사실 확인·선택·소개 문제 익히기　**227**

유형 2 정보 요구 문제 익히기

정보 요구 문제는 성격·감정·환경·해결 방법 등 다양한 주제에 대해 **구체적인 정보를 요구하**는 문제예요.

- 무슨 상황에서 당신은 가장 큰 즐거움을 느낍니까?
- 당신은 휴대폰을 잃어버렸을 때, 어떻게 합니까?
- 목표를 달성하기 위해서 당신은 보통 어떤 노력들을 합니까?

따라서 자주 쓰이는 정보 요구 관련 어휘 그리고 질문/답변 패턴을 익혀보세요.

빈출 어휘 익히기 🎧 16_1_빈출 어휘_따라읽기.mp3, 16_2_빈출 어휘_암기하기.mp3

정보 요구 문제에서 자주 출제되는 어휘를 큰 소리로 따라 말하며 익혀보세요.

자주 쓰이는 성격·감정·느낌 관련 어휘 익히기

yōudiǎn 优点	장점	hǎochù 好处	장점
quēdiǎn 缺点	단점	yōuquēdiǎn 优缺点	장단점
lèguān 乐观	낙천적이다	kāixīn 开心	즐겁다, 유쾌하다
xìngfú 幸福	행복하다	gǎizhèng quēdiǎn 改正缺点	결점을 고치다
jǐnzhāng 紧张	긴장하다	nánguò 难过	괴롭다

nánwàng 难忘	잊을 수 없다	yìnxiàng shēnkè 印象深刻	인상이 매우 깊다
xīnqíng bù hǎo 心情不好	기분이 좋지 않다	bùkě quē shǎo 不可缺少	없어서는 안 된다
yuànyì 愿意	원하다	tèbié 特别	특별하다
fāngbiàn 方便	편리하다	ānjìng 安静	조용하다

자주 쓰이는 환경 관련 어휘 익히기

zìrán huánjìng 自然环境	자연 환경	dàzìrán 大自然	대자연
yícìxìng yòngpǐn 一次性用品	일회용품	sùliàodài 塑料袋	비닐봉지
bǎohù 保护	보호하다	jiǎn lājī 捡垃圾	쓰레기를 줍다
jiéyuē zīyuán 节约资源	자원을 절약하다	jiéyuē yòng shuǐ 节约用水	물을 아껴 쓰다
shǎo yòng 少用	적게 쓰다	làngfèi 浪费	낭비하다

자주 쓰이는 문제 및 해결 방법 관련 어휘 익히기

yùdào wèntí 遇到问题	문제를 맞닥뜨리다	jiějué wèntí 解决问题	문제를 해결하다

diūshī hùzhào 丢失护照	여권을 잃어버리다	**diūshī shēnfènzhèng** 丢失身份证	신분증을 잃어버리다
mílù 迷路	길을 잃다	**tíng diàn** 停电	정전되다
xúnzhǎo fāngfǎ 寻找方法	방법을 찾다	**kǎolǜ** 考虑	고려하다
qǐngqiú bāngzhù 请求帮助	도움을 요청하다	**zuò nǔlì** 做努力	노력을 하다
qù pàichūsuǒ 去派出所	파출소에 가다	**bàojǐng** 报警	경찰에 신고하다

자주 쓰이는 특정 때를 나타내는 어휘 익히기

shàng dàxué shí 上大学时	대학교에 다닐 때	**xuéshēng shídài** 学生时代	학창 시절
xuéshēng shíqī 学生时期	학창 시절	**xiūjià qījiān** 休假期间	휴가 기간
kǎoshì qián yì tiān 考试前一天	시험 하루 전	**miànshì dāngtiān** 面试当天	면접 당일
shàngxué de shíhou 上学的时候	학교 다닐 때	**shàngbān de shíhou** 上班的时候	출근할 때
jǐnzhāng de shíhou 紧张的时候	긴장할 때	**nánguò de shíhou** 难过的时候	괴로울 때
guò shēngrì de shíhou 过生日的时候	생일을 보낼 때	**yǒu kòng de shíhou** 有空的时候	시간이 있을 때

자주 쓰이는 추상 명사 어휘 익히기

àihào 爱好	취미
àiqíng 爱情	사랑
jiàgé 价格	가격
hézuò 合作	협력
rénshēng 人生	인생
fāngmiàn 方面	방면

jīngyàn 经验	경험
jīnqián 金钱	금전, 돈
wùjià 物价	물가
jìngzhēng 竞争	경쟁
jīhuì 机会	기회
yīnsù 因素	요소

자주 쓰이는 동작 관련 어휘 익히기

dǎ yǔmáoqiú 打羽毛球	배드민턴 치다
guàngjiē 逛街	쇼핑하다
huàn shǒujī 换手机	휴대폰을 바꾸다
qù hǎiwài lǚxíng 去海外旅行	해외 여행을 가다

dǎ wǎngqiú 打网球	테니스 치다
zhǔnbèi lǐwù 准备礼物	선물을 준비하다
rēngdiào jiù yīfu 扔掉旧衣服	낡은 옷을 버리다
shǐyòng zhìnéng shǒujī 使用智能手机	스마트폰을 사용하다

질문/답변 패턴 익히기

정보 요구 문제에서 주로 출제되는 질문/답변 패턴을 익혀보세요. 🎧 16_3_질문답변 패턴.mp3

기출 패턴 1 의문사로 구체적인 정보를 묻는 질문에 답변하는 패턴

질문이 '哪儿/哪里/几/谁/什么/什么时候/多长时间~?' 패턴으로 출제되면, 의문사 자리에 장소·숫자·인물·사물·시간 등의 어휘를 넣어 답변하면 돼요. 그리고 '我觉得~很~。(Wǒ juéde ~ hěn ~, 저는 ~이 매우 ~하다고 생각합니다.)'로 한 문장을 더 추가해주면 돼요.

질문
패턴

~哪儿~?

你　一般　在　哪儿　学习　汉语？
Nǐ　yìbān　zài　nǎr　xuéxí　Hànyǔ?
당신은　보통　~에서　어디　공부하다　중국어를

당신은 보통 어디에서 중국어를 공부합니까?

답변
패턴

~장소~。
我觉得~很~。

Wǒ yìbān zài kāfēidiàn xuéxí Hànyǔ.
我　一般　在　咖啡店　学习　汉语。
저는　보통　~에서　카페　공부하다　중국어를

저는 보통 카페에서 중국어를 공부합니다.

Wǒ juéde kāfēidiàn hěn ānjìng.
我　觉得　咖啡店　很　安静。
저는 ~라고 생각하다　카페가　매우　조용하다

저는 카페가 매우 조용하다고 생각합니다.

질문
패턴

~谁?

你　小时候　最　尊敬　的　人　是　谁？
Nǐ　xiǎoshíhou　zuì　zūnjìng　de　rén　shì　shéi?
당신이　어릴 때　가장　존경하다　~한　사람　~이다　누구

당신이 어릴 때 가장 존경한 사람은 누구입니까?

답변
패턴

~인물。
我觉得~很~。

Wǒ xiǎoshíhou zuì zūnjìng de rén shì bàba.
我　小时候　最　尊敬　的　人　是　爸爸。
제가　어릴 때　가장　존경하다　~한　사람　~이다　아버지

제가 어릴 때 가장 존경한 사람은 아버지입니다.

Wǒ juéde bàba hěn chéngshí.
我　觉得　爸爸　很　诚实。
저는 ~라고 생각하다　아버지가　매우　성실하다

저는 아버지가 매우 성실하다고 생각합니다.

음원을 들으며 답변을 큰 소리로 세 번씩 따라 말해보세요.

01

你 是 从 几 岁 开始 使用 电脑 的?
Nǐ shì cóng jǐ suì kāishǐ shǐyòng diànnǎo de?

당신은 몇 살부터 컴퓨터를 사용하기 시작했습니까?

Wǒ shì cóng shí suì kāishǐ shǐyòng diànnǎo de.
我 是 从 十 岁 开始 使用 电脑 的。

저는 10살부터 컴퓨터를 사용하기 시작했습니다.

Wǒ juéde diànnǎo hěn fāngbiàn.
我 觉得 电脑 很 方便。

저는 컴퓨터가 매우 편리하다고 생각합니다.

02

如果 你 有 时间, 想 学 什么 运动?
Rúguǒ nǐ yǒu shíjiān, xiǎng xué shénme yùndòng?

만약 당신에게 시간이 있다면, 어떤 운동을 배우고 싶습니까?

Rúguǒ wǒ yǒu shíjiān, xiǎng xué zúqiú.
如果 我 有 时间, 想 学 足球。

만약 저에게 시간이 있다면, 축구를 배우고 싶습니다.

Wǒ juéde zúqiú hěn yǒu yìsi.
我 觉得 足球 很 有意思。

저는 축구가 매우 재미있다고 생각합니다.

03

你 第一 次 去 海外旅行 是 什么时候?
Nǐ dìyī cì qù hǎiwài lǚxíng shì shénme shíhou?

당신이 처음으로 해외여행을 간 것은 언제였습니까?

Wǒ dìyī cì qù hǎiwài lǚxíng shì bā suì de shíhou.
我 第一 次 去 海外旅行 是 八 岁 的 时候。

제가 처음으로 해외여행을 간 것은 8살 때였습니다.

Wǒ juéde hǎiwài lǚxíng hěn yǒu yìsi.
我 觉得 海外旅行 很 有意思。

저는 해외여행이 매우 재미있다고 생각합니다.

기출패턴 2 **哪个로 특정 정보에 대한 생각을 묻는 질문에 답변하는 패턴**

질문이 '哪个/哪个时刻/哪个地方~?(nǎge/ nǎge shíkè/ nǎge dìfang ~? 어느 것/어느 때/어느 곳에 ~입니까?)'
패턴으로 출제되면, 哪个 또는 哪个时刻, 哪个地方 자리에 구체적인 사물·시점·장소 어휘를 넣어 답변하면
돼요. 만약 질문이 'A和B, ~哪个~?(A hé B,~nǎge~? A와 B 중, 어느 것이 ~입니까?)'라면 A와 B 중 하나를 넣
어 답변하면 돼요. 그런 다음 '我很重视~。(Wǒ hěn zhòngshì ~, 저는 ~을 매우 중시합니다.)'로 한 문장을 더 추
가해주면 돼요.

질문
패턴

A和B, ~
哪个~?

爱情	和	钱，	你	觉得	哪个	更重要?	사랑과 돈 중에서, 당신은
Àiqíng	hé	qián,	nǐ	juéde	nǎge	gèng zhòngyào?	어느 것이 더 중요하다고 생각
사랑	~과	돈,	당신은	~라고 생각하다	어느 것이	더 중요하다	합니까?

답변
패턴

~A(B)~。
我很重视~。

Wǒ	juéde	àiqíng	gèng zhòngyào.	저는 사랑이 더 중요하다고
我	觉得	爱情	更重要。	생각합니다.
저는	~라고 생각하다	사랑이	더 중요하다	

Wǒ	hěn zhòngshì	àiqíng.	저는 사랑을 매우 중시합니다.
我	很重视	爱情。	
저는	매우 중시하다	사랑을	

패턴 입에 붙이기!

음원을 들으며 답변을 큰 소리로 세 번씩 따라 말해보세요.

01

如果 有机会 去 外国 生活，
Rúguǒ yǒu jīhuì qù wàiguó shēnghuó,

你 想 去 哪个地方?
nǐ xiǎng qù nǎge dìfang?

만약 외국에 가서 생활할
기회가 있다면, 당신은 어느
곳에 가고 싶습니까?

Rúguǒ yǒu jīhuì qù wàiguó shēnghuó,
如果 有机会 去 外国 生活，

Wǒ xiǎng qù Zhōngguó.
我 想 去 中国。

Wǒ hěn zhòngshì xué Hànyǔ.
我 很重视 学汉语。

만약 외국에 가서 생활할 기회
가 있다면, 저는 중국에 가고 싶
습니다. 저는 중국어를 배우는
것을 매우 중시합니다.

기출 패턴 3 어떤 상황이면 특정 상태가 되는지 묻는 질문에 답변하는 패턴

질문이 '**在什么情况下，~?**(Zài shénme qíngkuàng xià, ~? 무슨 상황에서, ~합니까?)' 패턴으로 출제되면, '동작/상태+**的时候，~**。(~de shíhou, ~, ~ 할 때, ~ 합니다.)'라고 말하면 돼요. 그런 다음 '**我最近常常~**。(Wǒ zuìjìn chángcháng ~, 저는 최근 자주 ~합니다.)'으로 한 문장을 더 추가해주면 돼요.

질문 패턴

在什么情况下, ~?

在什么情况下,	你	会	很	紧张?
Zài shénme qíngkuàng xià,	nǐ	huì	hěn	jǐnzhāng?
무슨 상황에서	당신은	~할 것이다	매우	긴장하다

무슨 상황에서, 당신은 매우 긴장하게 됩니까?

답변 패턴

동작/상태+ 的时候, ~。 我最近常常~。

Zhǔnbèi kǎoshì de shíhou,
准备考试的时候,
시험을 준비할 때

wǒ	huì	hěn	jǐnzhāng.
我	会	很	紧张。
저는	~할 것이다	매우	긴장하다

시험을 준비할 때, 저는 매우 긴장하게 됩니다.

Wǒ	zuìjìn	chángcháng	huì	hěn	jǐnzhāng.
我	最近	常常	会	很	紧张。
저는	최근	자주	~할 것이다	매우	긴장하다

저는 최근 자주 긴장하게 됩니다.

패턴 입에 붙이기!

음원을 들으며 답변을 큰 소리로 세 번씩 따라 말해보세요.

01

在什么情况下,	你	觉得	自己	很	粗心?
Zài shénme qíngkuàng xià,	nǐ	juéde	zìjǐ	hěn	cūxīn?

무슨 상황에서, 당신은 스스로가 부주의하다고 느낍니까?

Diūshī dōngxi de shíhou, wǒ juéde zìjǐ hěn cūxīn.
丢失东西的时候, 我 觉得 自己 很 粗心。

물건을 잃어버릴 때, 저는 스스로가 부주의하다고 느낍니다.

Wǒ zuìjìn chángcháng juéde zìjǐ hěn cūxīn.
我 最近 常常 觉得 自己 很 粗心。

저는 최근 자주 스스로가 부주의하다고 느낍니다.

질문이 '哪些~?(nǎxiē ~? 어떤 ~들을 ~?)' 패턴으로 출제되면, 哪些 자리에 '很多(hěn duō, 매우 많다)'를 넣어 '~很多~。(~hěn duō~, ~많은 ~들을 합니다.)'라고 답변하면 돼요. 그런 다음 구체적인 사물/동작 어휘를 2개 이상 덧붙여 '比如说~等等。(bǐrú shuō ~ děngděng, 예를 들어 말하자면 ~ 등등입니다.)'으로 한 문장을 더 추가해 주면 돼요.

질문 패턴 ~哪些~?	买手机时, 你 一般 会 考虑 哪些 方面? Mǎi shǒujī shí, nǐ yìbān huì kǎolǜ nǎxiē fāngmiàn? 휴대폰을 살 때 당신은 보통 ~할 것이다 고려하다 어느 방면들	휴대폰을 살 때, 당신은 보통 어떤 방면들을 고려하게 됩니까?

답변 패턴 ~很多~。 比如说사물/ 동작+等等。	**Mǎi shǒujī shí,** 买手机时, 휴대폰을 살 때	휴대폰을 살 때,
	wǒ yìbān huì kǎolǜ hěn duō fāngmiàn. 我 一般 会 考虑 很多 方面。 저는 보통 ~할 것이다 고려하다 많은 방면들	저는 보통 많은 방면 들을 고려하게 됩니다.
	Bǐrú shuō jiàgé、yánsè děngděng. 比如说 价格、颜色 等等。 예를 들어 말하자면 ~이다 가격 색깔 등등	예를 들어 말하자면 가격, 색깔 등등입니다.

패턴 입에 붙이기!

음원을 들으며 답변을 큰 소리로 세 번씩 따라 말해보세요.

01

为了 学 好 汉语, 你 做过 哪些 努力? Wèile xué hǎo Hànyǔ, nǐ zuòguo nǎxiē nǔlì?	중국어를 잘 배우기 위해, 당신은 어떤 노력들을 해 봤습니까?

Wèile xué hǎo Hànyǔ, 为了 学 好 汉语,	중국어를 잘 배우기 위해,
wǒ zuòguo hěn duō nǔlì. 我 做过 很多 努力。	저는 많은 노력들을 해 봤습니다.
Bǐrú shuō duō tīng、duō kàn děngděng. 比如说 多听、 多看 等等。	예를 들어 말하자면 많이 듣기, 많이 보기 등등입니다.

기출 패턴 5 怎么로 어떻게 문제를 해결하는지 묻는 질문에 답변하는 패턴

질문이 '怎么做/怎么解决/怎么处理 ~?(zěnme zuò/ zěnme jiějué/zěnme chǔlǐ ~? 어떻게 합니까/어떻게 해결합니까/어떻게 처리합니까~?)' 패턴으로 출제되면, 怎么做, 怎么解决, 怎么处理 자리에 해결 방법을 넣어 답변하면 돼요. 그런 다음 '~可以~。(~ kěyǐ ~, ~은 ~할 수 있다/해도 된다)'로 한 문장을 더 추가해주면 돼요.

질문 패턴

~怎么做~?

在路上，	如果	突然	下起大雨，	你	会	怎么做 ?
Zài lù shang,	rúguǒ	tūrán	xià qǐ dà yǔ,	nǐ	huì	zěnme zuò ?
길에서	만약	갑자기	큰 비가 내리기 시작하다	당신은	~할 것이다	어떻게 하다

길에서, 만약 갑자기 큰 비가 내린다면, 당신은 어떻게 하겠습니까 ?

답변 패턴

~해결 방법.
~可以~。

Zài lù shang, rúguǒ tūrán xià qǐ dà yǔ,
在路上， 如果 突然 下起大雨，
길에서 만약 갑자기 큰 비가 내리기 시작하다

길에서, 만약 갑자기 큰 비가 내린다면,

wǒ huì gěi fùmǔ dǎ diànhuà .
我 会 给 父母 打电话 。
저는 ~할 것이다 ~에게 부모님 전화하다

저는 부모님께 전화를 할 것입니다.

Fùmǔ kěyǐ bāngzhù wǒ.
父母 可以 帮助 我。
부모님은 ~할 수 있다 돕다 저를

부모님은 저를 도와주실 수 있습니다.

패턴 입에 붙이기!

음원을 들으며 답변을 큰 소리로 세 번씩 따라 말해보세요.

01

你 通常 会 怎么处理 家里 的 旧 衣服?
Nǐ tōngcháng huì zěnme chǔlǐ jiā li de jiù yīfu?

당신은 통상적으로 집 안의 낡은 옷을 어떻게 처리합니까?

Wǒ tōngcháng huì rēngdiào jiā li de jiù yīfu.
我 通常 会 扔掉 家里 的 旧 衣服。

저는 통상적으로 집 안의 낡은 옷을 버립니다.

Jiù yīfu kěyǐ rēngdiào.
旧 衣服 可以 扔掉。

낡은 옷은 버려도 됩니다.

제4부분 유형 2 정보 요구 문제 익히기 **237**

실력 UP 연습문제

🎧 16_4_연습문제.mp3

[01-03] 질문을 들으며 답변 패턴을 넣어 답변을 완성해보세요.

01 🎧
为了 节约资源，你 做过 哪些 努力?
Wèile jiéyuē zīyuán, nǐ zuòguo nǎxiē nǔlì?

🎤
Wèile jiéyuē zīyuán, wǒ zuòguo　　　　　　　　　　 nǔlì.
为了 节约资源， 我 做过 ＿＿＿＿＿＿＿努力。
자원을 절약하기 위해, 저는 많은 노력들을 해 봤습니다.

jiéyuē yòng shuǐ, shǎo yòng yícìxìng yòngpǐn　　　.
＿＿＿＿ 节约用水、 少用 一次性用品 ＿＿＿＿。
예를 들어 말하자면 물을 아껴쓰기, 일회용품을 적게 쓰기 등등입니다.

02 🎧
如果 你 在路上 看到 垃圾，你 会 怎么做?
Rúguǒ nǐ zài lù shang kàndao lājī, nǐ huì zěnme zuò?

🎤
Rúguǒ wǒ zài lù shang kàndao lājī, wǒ huì　　　　 .
如果 我 在路上 看到 垃圾，我 会 ＿＿＿＿＿。
만약 제가 길에서 쓰레기를 본다면, 저는 쓰레기를 줍겠습니다.

Jiǎn lājī　　　　　　 bǎohù huánjìng.
捡垃圾 ＿＿＿＿＿ 保护 环境。
쓰레기를 줍는 것은 환경을 보호할 수 있습니다.

03 🎧
你 在什么情况下 感到 难过?
Nǐ zài shénme qíngkuàng xià gǎndào nánguò?

🎤
Wǒ zài gǎnmào　　　　 gǎndào nánguò.　　　　 gǎndào nánguò.
我 在 感冒 ＿＿＿＿ 感到 难过。＿＿＿＿ 感到 难过。
저는 감기에 걸렸을 때 괴로움을 느낍니다. 저는 최근 자주 괴로움을 느낍니다.

[04-06] 질문을 들으며 괄호 안의 어휘를 사용하여 큰 소리로 답변해보세요.

04

你　在什么时候　感觉　最　幸福?
Nǐ　zài shénme shíhou gǎnjué　zuì　xìngfú?

　　　　　　de shíhou　　　　　. Wǒ juéde　　　　hěn　　　　　.
_____的　时候_____。我　觉得_____很_____。
저는 가족들과 함께 밥을 먹을 때 가장 행복하다고 느낍니다. 저는 가족이 매우 중요하다고 생각합니다.

(跟家人一起吃饭 gēn jiārén yìqǐ chī fàn 가족들과 함께 밥을 먹다)

05

你　性格　中　的　优点　是　什么?
Nǐ　xìnggé zhōng de　yōudiǎn shì　shénme?

　　　　yōudiǎn　shì　　　　. Wǒ juéde　　　hěn　　　　.
_____优点　是_____。我　觉得_____很_____。
제 성격 중 장점은 낙관적이라는 것입니다. 저는 제 성격이 매우 좋다고 생각합니다.

(乐观 lèguān 낙관적이다)

06

你　住过　的　地方　中，哪个地方　的　交通　最　方便?
Nǐ　zhùguo　de　dìfang zhōng, nǎge dìfang　de　jiāotōng zuì　fāngbiàn?

　　　　　　　，　　　　　zuì fāngbiàn.
_____，_____最　方便。
제가 살았던 곳 중에서, 서울의 교통이 가장 편리했습니다.

Wǒ hěn zhònghì　　　　　.
我　很重视_____。
저는 교통을 매우 중시합니다.

(首尔 Shǒu'ěr 서울)

모범답변 및 해석 p.360

🎧 17_1_실전 공략.mp3

답변 전략 스텝 익히기

제4부분 모든 문제에 적용할 수 있는 답변 전략 스텝을 익혀보세요.

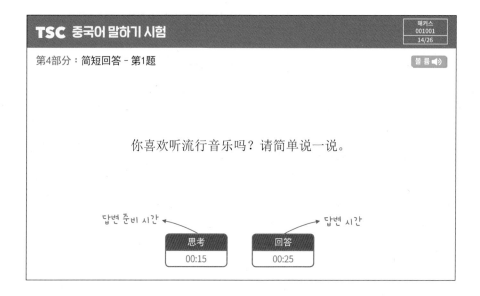

STEP 1 질문을 따라 읽으며 모르는 어휘의 발음·성조 기억해 두기

음성으로 문제가 들리기 시작하면 화면의 请简单说一说(qǐng jiǎndān shuō yi shuō, 간단히 말해보세요) 전까지 따라 읽으며 모르는 어휘의 발음과 성조를 기억해 두세요. 참고로 说一说(shuō yi shuō, 말해보세요)는 说说(shuōshuo, 말해보세요), 谈谈(tántan, 이야기해보세요.)으로 출제되기도 해요.

你　喜欢　听流行音乐　吗?
Nǐ　xǐhuan　tīng liúxíng yīnyuè　ma?
당신은 좋아하다　유행 음악을 듣다　~입니까?

당신은 유행 음악 듣는 것을
좋아합니까?

→ 헷갈리기 쉬운 어휘 流行(liúxíng, 유행)의 발음과 성조를 기억해 두세요.

STEP 2 질문/답변 패턴 파악하고 답변 준비하기 (답변 준비 시간: 15초)

화면의 문제를 보고 질문 패턴을 파악한 뒤 질문 패턴에 맞는 답변 패턴을 떠올리세요. 그리고 화면 속 질문과 답변 패턴을 사용하여 답변을 미리 준비하세요.

你　喜欢　听流行音乐　吗?
Nǐ　xǐhuan　tīng liúxíng yīnyuè　ma?
당신은　좋아하다　유행 음악을 듣다　~입니까?

당신은 유행 음악 듣는 것을 좋아합니까?

Wǒ　xǐhuan　tīng liúxíng yīnyuè.
我　喜欢　听流行音乐。
저는　좋아하다　유행 음악을 듣다

저는 유행 음악 듣는 것을 좋아합니다.

Nǐ ne?　Nǐ xǐhuan　tīng liúxíng yīnyuè　ma?
你呢?　你　喜欢　听流行音乐　吗?
당신은요?　당신은　좋아하다　유행 음악을 듣다　~입니까?

당신은요? 당신은 유행 음악 듣는 것을 좋아합니까?

STEP 3 발음 · 성조에 주의하며 답변 말하기 (답변 시간: 25초)

'삐-'하고 제시음이 들리면 1초 후 미리 준비한 답변을 발음과 성조에 주의하며 큰 소리로 말하세요. 답변 시간은 25초입니다.

Wǒ　xǐhuan　tīng liúxíng yīnyuè。
我　喜欢　听流行音乐。

저는 유행 음악 듣는 것을 좋아합니다.

Nǐ ne?　Nǐ xǐhuan　tīng liúxíng yīnyuè　ma?
你呢?　你　喜欢　听流行音乐　吗?

당신은요? 당신은 유행 음악 듣는 것을 좋아합니까?

★ 만약 질문/답변 패턴이 기억이 나지 않을 경우에는 다음의 비상용 문장으로 답변하세요.

🎤 Duìbuqǐ, wǒ bú tài míngbai. 对不起，我不太明白。죄송합니다. 이해가 잘 안 됩니다.

앞에서 배운 답변 전략 스텝에 따라, 아래 질문에 답하며 실전 감각을 익혀보세요.

01

你觉得你们国家的物价高吗？请简单说一说。

STEP 1 질문을 따라 읽으며 모르는 어휘의 발음·성조 기억해 두기

你	觉得	你们国家	的	物价	高	吗?
Nǐ	juéde	nǐmen guójiā	de	wùjià	gāo	ma?

당신은 당신의 나라의 물가가 높다고 생각합니까?

STEP 2 질문/답변 패턴 파악하고 답변 준비하기 (15초)

你	觉得	你们国家	的	物价	高	吗?
Nǐ	juéde	nǐmen guójiā	de	wùjià	gāo	ma?

당신은 당신의 나라의 물가가 높다고 생각합니까?

Wǒ	. Nǐ ne? Nǐ	ma?
我 _____ 。	你呢? 你 _____	吗?

저는 우리 나라의 물가가 높다고 생각합니다. 당신은요? 당신은 당신의 나라의 물가가 높다고 생각합니까?

STEP 3 발음·성조에 주의하며 답변 말하기 (25초)

02

请介绍一下你最尊敬的人。

STEP 1 질문을 따라 읽으며 모르는 어휘의 발음·성조 기억해 두기

请介绍一下　你　最　尊敬　的　人。
Qǐng jièshào yíxià　nǐ　zuì　zūnjìng　de　rén.

당신이 가장 존경하는 사람을
소개해주세요.

STEP 2 질문/답변 패턴 파악하고 답변 준비하기 (15초)

请介绍一下　你　最　尊敬　的　人。
Qǐng jièshào yíxià　nǐ　zuì　zūnjìng　de　rén.

당신이 가장 존경하는 사람을
소개해주세요.

jiùshì 　　　 . Wǒ hěn xǐhuan
＿＿＿＿＿就是＿＿＿＿＿。我　很　喜欢＿＿＿＿＿。

제가 가장 존경하는 사람은 바로
중국어 선생님입니다. 저는 중국
어 선생님을 매우 좋아합니다.

STEP 3 발음·성조에 주의하며 답변 말하기 (25초)

03

你最特别的爱好是什么？请简单谈谈。

STEP 1 질문을 따라 읽으며 모르는 어휘의 발음·성조 기억해 두기

你　最　特别　的　爱好　是　什么?
Nǐ　zuì　tèbié　de　àihào shì shénme?

당신의 가장 특별한 취미는
무엇입니까?

STEP 2 질문/답변 패턴 파악하고 답변 준비하기 (15초)

你　最　特别　的　爱好　是　什么?
Nǐ　zuì　tèbié　de　àihào shì shénme?

당신의 가장 특별한 취미는
무엇입니까?

. Wǒ juéde　　　　hěn
_____。我　觉得 _____ 很 _____

저의 가장 특별한 취미는 사진 찍
기입니다. 저는 사진 찍기가 매우
재미있다고 생각합니다.

STEP 3 발음·성조에 주의하며 답변 말하기 (25초)

你在什么情况下会感觉到压力?

STEP 1 질문을 따라 읽으며 모르는 어휘의 발음·성조 기억해 두기

你　　在什么情况下　　会　感觉到 压力?
Nǐ zài shénme qíngkuàng xià huì gǎnjué dào yālì?

당신은 어떤 상황에서 스트레스를 느낍니까?

STEP 2 질문/답변 패턴 파악하고 답변 준비하기 (15초)

你　　在什么情况下　　会　感觉到 压力?
Nǐ zài shénme qíngkuàng xià huì gǎnjué dào yālì?

당신은 어떤 상황에서 스트레스를 느낍니까?

de shíhou, wǒ　　　　. Wǒ zuìjìn chángcháng　　　　.
_____ 的时候，我 _____ 。我 最近 常常 _____ 。

시험 하루 전에, 저는 스트레스를 느낍니다. 저는 최근 자주 스트레스를 느낍니다.

STEP 3 발음·성조에 주의하며 답변 말하기 (25초)

모범답변 및 해석 p.362

제1부분
제2부분
제3부분
제4부분
제5부분
제6부분
제7부분

해커스 TSC 3급

실전TEST(1)

🎧 18_1_실전TEST(1)_풀어보기.mp3, 18_2_실전TEST(1)_모범답변.mp3

TSC 중국어 말하기 시험

해커스
001001
14/26

第4部分：简短回答 - 第1题

볼 륨 🔊

如果你家里突然停电了，你会怎么做？

TSC 중국어 말하기 시험

해커스
001001
15/26

第4部分：简短回答 - 第2题

볼 륨 🔊

休假期间，你打算做什么？请简单说说。

TSC 중국어 말하기 시험

해커스
001001
16/26

第4部分：简短回答 - 第3题

볼륨

你每个月花的餐费多吗？请简单谈一谈。

TSC 중국어 말하기 시험

해커스
001001
17/26

第4部分：简短回答 - 第4题

볼륨

合作和竞争中，你觉得哪个更有效？请简单谈一谈。

TSC 중국어 말하기 시험

해커스
001001
18/26

第4部分：简短回答 - 第5题

볼륨

你是个喜欢挑战的人吗？请简单说一说。

모범답변 및 해석 p.363

🎧 18_3_실전TEST(2)_풀어보기.mp3, 18_4_실전TEST(2)_모범답변.mp3

TSC 중국어 말하기 시험

第4部分：简短回答 - 第1题

볼 륨 🔊

你滑过雪吗？请简单说说。

TSC 중국어 말하기 시험

第4部分：简短回答 - 第2题

볼 륨 🔊

请介绍一下你们国家的传统节日。

第4部分：简短回答 - 第3题

볼 륨 🔊

你周围学汉语的人多不多？请简单说说。

第4部分：简短回答 - 第4题

볼 륨 🔊

你的性格属于外向吗？请简单说说。

第4部分：简短回答 - 第5题

볼 륨 🔊

你是从什么时候开始使用智能手机的？请简单说说。

모범답변 및 해석 p.365

🎧 18_5_실전TEST(3)_풀어보기.mp3, 18_6_실전TEST(3)_모범답변.mp3

TSC 중국어 말하기 시험

| 해커스 |
| 001001 |
| 14/26 |

第4部分：简短回答 - 第1题　　　　　　　　　　　볼륨 🔊

你心情不好的时候，一般会见朋友还是一个人在家休息？请简单谈谈。

TSC 중국어 말하기 시험

| 해커스 |
| 001001 |
| 15/26 |

第4部分：简短回答 - 第2题　　　　　　　　　　　볼륨 🔊

你平时吃早饭吗？请简单谈谈。

第4部分：简短回答 - 第3题

볼 륨 🔊

在你的人生中，哪个时刻让你最难忘？

第4部分：简短回答 - 第4题

볼 륨 🔊

你的电脑几年换一次？ 请简单说说。

第4部分：简短回答 - 第5题

볼 륨 🔊

在学生时期，你想过出国留学吗？请简单谈谈。

모범답변 및 해석 p.367

제1부분
제2부분
제3부분
제4부분
제5부분
제6부분
제7부분

해커스 TSC 3급

본 교재 동영상강의·무료 학습자료 제공
china.Hackers.com

제5부분

의견 제시

拓展回答

실전 공략하기

제5부분 알아보기

남자가 여자에게 대학 전공이 직업을 구하는 데에 영향을 미친다고 생각하는지를 묻자
여자가 영향을 미친다고 얘기하며 논리적인 근거를 제시하고 있군요.

제5부분은 이처럼 의견 제시를 요구하는 질문에 논리적으로 답변하는 파트랍니다.
자, 그럼 제5부분에 대해 좀 더 자세히 알아볼까요?

출제 형태 – 제5부분은?

제5부분 '의견 제시'는 사회 이슈, 환경 보호, 건강, 교육·직업 등에 대한 자신의 견해와 생각을 논리적으로 답하는 파트입니다.

문제 번호	19, 20, 21, 22	평가 기준	논리적으로 답변했는가
문제 수	4개		타당한 근거/이유를 덧붙여 길게 답변했는가
답변 준비 시간	30초		문법적 오류가 없는가
답변 시간	50초		발음·성조가 정확한가

출제 경향 – 이렇게 출제돼요!

개인 문제 혹은 사회 문제와 관련된 다양한 유형의 문제가 출제돼요.

출제 비율

(원형 차트)
사실 확인 29%
이유·원인 12%
찬성·동의 12%
소개·선택 15%
견해·의견 15%
장단점 17%

대표 유형1 [찬성·동의 관련]	많은 사람들이 인터넷 실명제를 도입해야 한다고 말하는데, 당신은 이 의견에 찬성합니까?
대표 유형2 [견해·의견 관련]	어떤 사람이 말하길, 사람의 성격은 바뀌기 쉽지 않다고 합니다. 이것에 대해 어떤 견해를 가지고 있습니까?
대표 유형3 [장단점 관련]	당신은 재택근무가 장점이 많다고 생각합니까?
대표 유형4 [이유·원인 관련]	최근 음악 오디션 관련 TV 프로그램이 인기가 있는데, 이유가 무엇이라고 생각합니까?

합격 전략 – 이렇게 답변해야 해요!

1. 질문 유형에 따라 만능답변으로 답변하세요.

제5부분은 문제의 난이도가 높기 때문에 질문의 유형을 파악하여 만능답변으로 답변하세요.

[예]

你认为居家办公好处多吗?
Nǐ rènwéi jūjiā bàngōng hǎochù duō ma?

당신은 재택근무가 장점이
많다고 생각합니까?

Wǒ juéde hǎochù duō.
我 觉得 好处 多。

저는 장점이 많다고 생각합니다.

2. 만능답변을 정확한 발음과 성조로 끊김 없이 답변해야 해요.

발음과 성조에 유의하며 만능답변을 큰 소리로 끊김 없이 답변하세요. 특히 제5부분 만능답변은 비교적 짧은 문장이므로 최대한 실수 없이 정확한 발음으로 답변해야 해요.

학습 방법 – 이렇게 학습하세요!

실전 공략하기

문제를 풀며 화면에 제시되는 문제가 찬성/동의/지지·견해·장단점·원인에 대해 말하기 중 어떤 패턴에 해당하는지를 파악하는 연습을 하세요. 그리고 각 질문 패턴에 따른 만능답변을 익혀두세요. 그러면 대부분의 문제에 쉽게 답변할 수 있어요.

제1부분
제2부분
제3부분
제4부분
제5부분
제6부분
제7부분
해커스 TSC 3급

시험 화면 및 순서 – 이런 순서로 진행돼요!

TSC 중국어 말하기 시험 해커스 001001 볼 륨 🔊

第5部分：拓展回答

第五部分共有四道题。请说出你的观点。
请尽量回答得完整，内容的长短和所用到的词语都会影响考试分数。
请听下面的例句。

问题：最近不少人做整容，你对此怎么看？
回答1：我觉得整容不好。
回答2：我认为整容是一件好的事。第一是因为，整容后外貌变得更
好看的话，会对自己充满自信。第二是因为，可以给对方留
下更好的印象。所以，我认为整容是一件好的事。

两种回答方式都可以，但"回答2"更具体，你会得到更高的分数。
听到提问和提示音后，请开始回答问题。
每道题有30秒的思考时间和50秒的回答时间。现在开始提问。

1. 디렉션

가장 먼저 아래와 같은 디렉션이 음성과 함께 화면에 제시됩니다.

"제5부분에는 모두 4문제가 있습니다. 당신의 관점을 말해주세요.
최대한 완전하게 답변하세요. 내용의 길이와 사용한 모든 어휘는 시험 점수에 영향을 줄 수 있습니다.
아래 예시를 들어보세요.

문제: 최근 적지 않은 사람들이 성형을 합니다. 당신은 이에 대해 어떻게 생각합니까?
답변1: 저는 성형은 안 좋다고 생각합니다.
답변2: 저는 성형은 좋은 것이라고 생각합니다. 첫 번째 이유는, 성형 후 외모가 더 보기 좋아진다면, 자신에게 자신감이 생길 수 있습니다. 두 번째 이유는, 상대방에게 더 좋은 인상을 남길 수 있습니다. 그래서 저는 성형은 좋은 것이라고 생각합니다.

두 가지 답변 방식 모두 가능하지만, '답변2'가 더 구체적이기 때문에, 더 높은 점수를 받을 수 있습니다.
문제와 제시음이 들리고 난 후, 답변을 시작하세요.
문제 당 30초의 답변 준비시간과 50초의 답변시간이 제공됩니다. 지금 문제가 시작됩니다."

TSC 중국어 말하기 시험 해커스 001001 19/26 볼 륨 🔊

第5部分：拓展回答 - 第1题

你认为居家办公好处多吗？

2. 문제

화면에 문제가 먼저 나타나고, 약 2초 후 음성으로 문제 번호와 문제를 들려줍니다. 문제는 음성으로 한 번만 들려줍니다.

🎧 "你认为居家办公好处多吗？"
당신은 재택근무가 장점이 많다고 생각합니까?

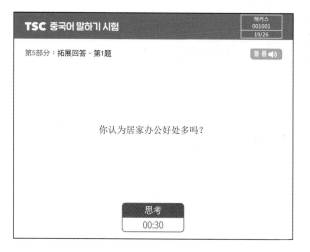

3. 답변 준비

문제를 들려주는 음성이 끝나면 30초의 답변 준비 시간이 주어집니다. 이때, 화면 아래 30초 타이머가 보여지고 카운트가 시작됩니다.

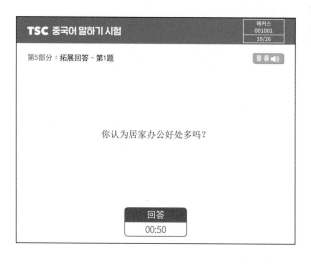

4. 답변

답변 준비 시간이 끝나면 '삐-' 소리와 함께 50초의 답변 시간이 시작됩니다. 이때, 타이머가 50초로 바뀌고 카운트가 시작됩니다.
답변 시간이 완료되면 '结束(jiéshù, 종료)' 소리가 들리고 다음 문제로 넘어갑니다.

실전 공략하기

🎧 19_1_실전 공략.mp3

질문/답변 패턴 익히기

기출 패턴 1 "저는 이 일에 매우 찬성합니다."로 답변하는 패턴

질문에 '你赞成吗?(Nǐ zànchéng ma? 당신은 찬성합니까?)'가 있으면, '我非常赞成这个事情。(Wǒ fēicháng zànchéng zhège shìqing, 저는 이 일에 매우 찬성합니다.)'이라고 답변하세요.

질문
패턴

你赞成吗?

最近韩国要提高最低工资，你赞成吗？
Zuìjìn Hánguó yào tígāo zuì dī gōngzī, nǐ zànchéng ma?
최근 한국에서는 최저 임금을 올리려고 하는데, 당신은 찬성합니까?

만능
답변

Wǒ fēicháng zànchéng zhège shìqing.
我　非常　赞成　这个　事情。

저는 이 일에 매우 찬성합니다.

패턴 입에 붙이기!

음원을 듣고 '삐—' 소리 후 큰 소리로 직접 답변해보세요. 그 다음 만능답변을 세 번씩 따라 말해보세요.

有些人说在手术室内要装监控器，你赞成吗？
Yǒuxiē rén shuō zài shǒushùshì nèi yào zhuāng jiānkòngqì, nǐ zànchéng ma?
어떤 사람들은 수술실에 CCTV를 설치해야 한다고 말하는데, 당신은 찬성합니까?

기출 패턴 2 "저는 이와 같은 의견에 매우 동의합니다."로 답변하는 패턴

질문에 '你同意~吗?(Nǐ tóngyì~ma? 당신은 ~ 동의합니까?)'가 있으면, '我非常同意这种意见。(Wǒ fēicháng tóngyì zhè zhǒng yìjiàn, 저는 이와 같은 의견에 매우 동의합니다.)'이라고 답변하세요.

질문 패턴
你同意~吗?

有些人说结婚不是必需的，你同意这种意见吗？

Yǒuxiē rén shuō jiéhūn búshì bìxū de, nǐ tóngyì zhè zhǒng yìjiàn ma?

결혼은 필수가 아니라고 말하는 사람들이 있는데, 당신은 이와 같은 의견에 동의합니까?

만능 답변

Wǒ fēicháng tóngyì zhè zhǒng yìjiàn.
我　　非常　　同意　这　种　意见。

저는 이와 같은 의견에 매우 동의합니다.

패턴 입에 붙이기!

음원을 듣고 '삐—' 소리 후 큰 소리로 직접 답변해보세요. 그 다음 만능답변을 세 번씩 따라 말해보세요.

有人认为学习外语要从小开始，你同意这种看法吗？

Yǒu rén rènwéi xuéxí wàiyǔ yào cóngxiǎo kāishǐ, nǐ tóngyì zhè zhǒng kànfǎ ma?

어떤 사람은 외국어를 공부하는 것은 어릴 때부터 시작해야 한다고 생각하는데, 당신은 이와 같은 의견에 동의합니까?

질문에 '你会支持吗?(Nǐ huì zhīchí ma? 당신은 지지할 것입니까?)' 또는 '你会支持还是反对?(Nǐ huì zhīchí háishi fǎnduì? 당신은 지지할 것입니까 아니면 반대할 것입니까?)'가 있으면, '我会支持。(Wǒ huì zhīchí, 저는 지지할 것입니다.)'이라고 답변하세요.

你会
支持吗?

如果你家人想做个体经营, 你会支持吗?

Rúguǒ nǐ jiārén xiǎng zuò gètǐ jīngyíng, nǐ huì zhīchí ma?

만약 당신의 가족이 개인 사업을 하고 싶어 한다면, 당신은 지지할 것입니까?

Wǒ huì zhīchí.

我　会　支持。

저는 지지할 것입니다.

패턴 입에 붙이기!

음원을 듣고 '삐—' 소리 후 큰 소리로 직접 답변해보세요. 그 다음 만능답변을 세 번씩 따라 말해보세요.

大多数学校将放宽对发型的要求, 你会支持还是反对?

Dàduōshù xuéxiào jiāng fàngkuān duì fàxíng de yāoqiú, nǐ huì zhīchí háishi fǎnduì?

대다수의 학교가 두발에 대한 규정을 완화하려 하는데, 당신은 지지할 것입니까 아니면 반대할 것입니까?

기출 패턴 4 "저는 문제가 있다고 생각합니다."로 답변하는 패턴

질문에 '对此有什么看法?(duì cǐ yǒu shénme kànfǎ? 이것에 대해 어떤 견해를 가지고 있습니까?)' 또는 '对此怎么看?(duì cǐ zěnme kàn? 이것에 대해 어떻게 생각합니까?)'이 있으면, '我觉得有问题。(Wǒ juéde yǒu wèntí, 저는 문제가 있다고 생각합니다.)'라고 답변하세요.

质문
패턴

对此有
什么看法?

最近选择做丁克族的家庭不断增加，对此你有什么看法?

Zuìjìn xuǎnzé zuò Dīngkèzú de jiātíng búduàn zēngjiā, duì cǐ nǐ yǒu shénme kànfǎ?

최근 딩크족을 선택하는 가정이 끊임없이 증가하고 있는데, 이것에 대해 당신은 어떤 견해를 가지고 있습니까?

만능
답변

Wǒ juéde yǒu wèntí.
我　觉得　有　　问题。

저는 문제가 있다고 생각합니다.

패턴 입에 붙이기!

음원을 듣고 '삐—' 소리 후 큰 소리로 직접 답변해보세요. 그 다음 만능답변을 세 번씩 따라 말해보세요.

高龄化现象越发严重，感到代沟的人也在增加，你对此怎么看?

Gāolínghuà xiànxiàng yuèfā yánzhòng, gǎndào dàigōu de rén yě zài zēngjiā,
nǐ duì cǐ zěnme kàn?

고령화 현상이 더욱 심각해져, 세대차이를 느끼는 사람도 늘어나고 있는데, 당신은 이것에 대해 어떻게 생각합니까?

제1부분

제2부분

제3부분

제4부분

제5부분

제6부분

제7부분

해커스 TSC 3급

기출 패턴 5 **"저는 장점이 많다고 생각합니다."로 답변하는 패턴**

질문에 '好处多吗?(hǎochù duō ma? 장점이 많습니까?)' 또는 '好处多还是坏处多?(hǎochù duō háishi huàichù duō? 장점이 많습니까 아니면 단점이 많습니까?)'가 있으면, '我觉得好处多。(Wǒ juéde hǎochù duō., 저는 장점이 많다고 생각합니다.)'라고 답변하세요.

질문 패턴

好处多吗?

你认为居家办公好处多吗?

Nǐ rènwéi jūjiā bàngōng hǎochù duō ma?

당신은 재택근무는 장점이 많다고 생각합니까?

만능 답변

Wǒ juéde hǎochù duō.

我 觉得 好处 多。

저는 장점이 많다고 생각합니다.

패턴 입에 붙이기!

음원을 듣고 '삐—' 소리 후 큰 소리로 직접 답변해보세요. 그 다음 만능답변을 세 번씩 따라 말해보세요.

你觉得玩儿社交网络好处多还是坏处多?

Nǐ juéde wánr shèjiāo wǎngluò hǎochù duō háishi huàichù duō?

당신은 SNS를 하며 노는 것은 장점이 많다고 생각합니까 아니면 단점이 많다고 생각합니까?

기출 패턴 6 "저는 세 가지 장점이 있다고 생각합니다."로 답변하는 패턴

질문에 '有哪些好处?(yǒu nǎxiē hǎochù? 어떤 장점들이 있습니까?)' 또는 '有哪些好处和坏处?(yǒu nǎxiē hǎochù hé huàichù? 어떤 장점과 단점들이 있습니까?)'가 있으면, '我觉得有三个好处。(wǒ juéde yǒu sān ge hǎochù, 저는 세 가지 장점이 있다고 생각합니다.)'라고 답변하세요.

질문
패턴

有哪些
好处?

> ### 你觉得课外辅导有哪些好处?
> Nǐ juéde kèwài fǔdǎo yǒu nǎxiē hǎochù?
> 당신은 과외가 어떤 장점들이 있다고 생각합니까?

만능
답변

> ## Wǒ juéde yǒu sān ge hǎochù.
> 我 觉得 有 三个 好处。
> 저는 세 가지 장점이 있다고 생각합니다.

패턴 입에 붙이기!

음원을 듣고 '삐ㅡ' 소리 후 큰 소리로 직접 답변해보세요. 그 다음 만능답변을 세 번씩 따라 말해보세요.

> ### 你认为氢能汽车有哪些好处和坏处?
> Nǐ rènwéi qīngnéng qìchē yǒu nǎxiē hǎochù hé huàichù?
> 당신은 수소 자동차가 어떤 장점과 단점들이 있다고 생각합니까?

제1부분

제2부분

제3부분

제4부분

제6부분

제7부분

해커스 TSC 3급

기출 패턴 7 **"저는 관계가 있다고 생각합니다."로 답변하는 패턴**

질문에 '有关系吗?(yǒu guānxi ma? 관계가 있습니까?)'가 있으면, '我觉得有关系。(Wǒ juéde yǒu guānxi, 저는 관계가 있다고 생각합니다.)'라고 답변하세요.

 질문패턴

有关系吗?

你认为减肥和控制饮食有关系吗?

Nǐ rènwéi jiǎnféi hé kòngzhì yǐnshí yǒu guānxi ma?

당신은 다이어트와 식단 조절이 관계가 있다고 생각합니까?

만능 답변

Wǒ juéde yǒu guānxi.
我 觉得 有 关系。

저는 관계가 있다고 생각합니다.

패턴 입에 붙이기!

음원을 듣고 '삐—' 소리 후 큰 소리로 직접 답변해보세요. 그 다음 만능답변을 세 번씩 따라 말해보세요.

你觉得情绪跟天气有关系吗?

Nǐ juéde qíngxù gēn tiānqì yǒu guānxi ma?

당신은 기분과 날씨가 관계가 있다고 생각합니까?

"저는 많은 원인이 있다고 생각합니다."로 답변하는 패턴

질문에 '原因是什么?(yuányīn shì shénme? 원인이 무엇입니까?)' 또는 '理由是什么?(lǐyóu shì shénme? 이유가 무엇입니까?)'가 있으면, '我觉得有很多原因。(Wǒ juéde yǒu hěn duō yuányīn, 저는 많은 원인이 있다고 생각합니다.)'라고 답변하세요.

질문
패턴

原因是
什么?

最近越来越多的人选择长期租车而不是买车，你觉得原因是什么?

Zuìjìn yuè lái yuè duō de rén xuǎnzé chángqī zū chē ér búshì mǎi chē, nǐ juéde yuányīn shì shénme?

최근에 차를 사지 않고 장기 렌트를 선택하는 사람들이 점점 많아지고 있는데, 원인이 무엇입니까?

만능
답변

Wǒ juéde yǒu hěn duō yuányīn.
我 觉得 有 很多 原因。

저는 많은 원인이 있다고
생각합니다.

패턴 입에 붙이기!

음원을 듣고 '삐—' 소리 후 큰 소리로 직접 답변해보세요. 그 다음 만능답변을 세 번씩 따라 말해보세요.

最近不少人在网上购买东西，你觉得理由是什么?

Zuìjìn bù shǎo rén zài wǎng shang gòumǎi dōngxi, nǐ juéde lǐyóu shì shénme?

최근 적지 않은 사람들이 인터넷에서 물건을 사는데, 당신은 이유가 무엇이라고 생각합니까?

모범답변 및 해석 p.369

답변 전략 스텝 익히기

제5부분 모든 문제에 적용할 수 있는 답변 전략 스텝을 익혀보세요.

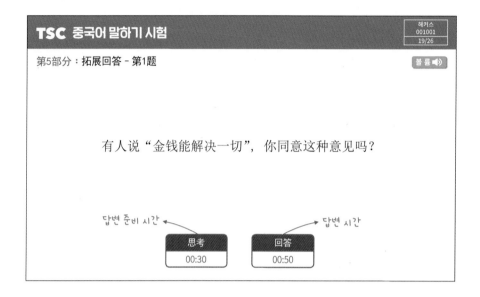

STEP 1 질문 보고 패턴 파악하기

화면에 문제가 나타나면 문제 후반부를 보며 질문이 어떤 패턴인지 파악하세요.

有人说 "金钱能解决一切",
你同意这种意见吗?
Yǒu rén shuō 'jīnqián néng jiějué yíqiè', nǐ tóngyì zhè
zhǒng yìjiàn ma?

어떤 사람은 '돈은 모든 것을 해결할 수 있다'라고 말하는데,
당신은 이와 같은 의견에 동의합니까?

→ 의견에 동의하는지 묻는 你同意~吗? 패턴의 문제란 걸 알 수 있어요.

STEP 2 **만능답변 떠올리기** (답변 준비 시간: 30초)

질문 패턴에 맞는 만능답변을 완벽하게 준비하세요. 그리고 남은 답변 준비 시간 동안 만능답변을 작은 목소리로 한 번 말해보세요.

有人说 "金钱能解决一切",
你同意这种意见吗?

Yǒu rén shuō 'jīnqián néng jiějué yíqiè', nǐ tóngyì zhè zhǒng yìjiàn ma?

어떤 사람은 '돈은 모든 것
을 해결할 수 있다'라고 말
하는데,
당신은 이와 같은 의견에
동의합니까?

Wǒ	fēicháng	tóngyì	zhè	zhǒng	yìjiàn.
我	非常	同意	这	种	意见。

저는 이와 같은 의견에
매우 동의합니다.

STEP 3 **발음·성조에 주의하며 만능답변 말하기** (답변 시간: 50초)

'삐-'하고 제시음이 들리면 1초 후 미리 준비한 만능답변을 발음과 성조에 주의하며 큰 소리로 말하세요. 답변 시간은 50초입니다.

Wǒ	fēicháng	tóngyì	zhè	zhǒng	yìjiàn.
我	非常	同意	这	种	意见。

저는 이와 같은 의견에
매우 동의합니다.

★ 만약 질문/답변 패턴이 기억이 나지 않거나 모르는 질문 패턴의 문제가 나오면 다음의 비상용 문장으로 답변하세요.

🎤 Bù hǎoyìsi, wǒ méi xiǎngguo. 不好意思,我没想过。 죄송합니다. 생각해 본 적이 없습니다.

제1부분

제2부분

제3부분

제4부분

제5부분

제6부분

제7부분

해커스 TSC 3급

실전 감각 익히기

앞에서 배운 답변 전략 스텝에 따라, 아래 질문에 답하며 실전 감각을 익혀보세요.

01

> 有人说为了防止性暴力事件反复发生，
> 要公开犯罪者的个人信息，你赞成吗?

STEP 1 질문 보고 패턴 파악하기

有人说为了防止性暴力事件反复发生，要公开犯罪者的个人信息，你赞成吗?

Yǒu rén shuō wèile fángzhǐ xìng bàolì shìjiàn fǎnfù fāshēng, yào gōngkāi fànzuì zhě de gèrén xìnxī, nǐ zànchéng ma?

어떤 사람은 성폭력 사건이 반복적으로 발생하는 것을 막기 위해서, 범죄자의 신상을 공개해야 한다고 말하는데, 당신은 찬성합니까?

STEP 2 만능답변 떠올리기 (30초)

有人说为了防止性暴力事件反复发生，息，你赞成吗?

Yǒu rén shuō wèile fángzhǐ xìng bàolì shìjiàn fǎnfù fāshēng, yào gōngkāi fànzuìzhě de gèrén xìnxī, nǐ zànchéng ma?

어떤 사람은 성폭력 사건이 반복적으로 발생하는 것을 막기 위해서, 범죄자의 신상을 공개해야 한다고 말하는데, 당신은 찬성합니까?

Wǒ

我 _____。

저는 이 일에 매우 찬성합니다.

STEP 3 발음·성조에 주의하며 만능답변 말하기 (50초)

02

你认为公司实施弹性工作制好处多吗?

STEP 1 질문 보고 패턴 파악하기

你认为公司实施弹性工作制好处多吗?
Nǐ rènwéi gōngsī shíshī tánxìng gōngzuò zhì hǎochù duō ma?

당신이 생각하기에 회사가 탄력
근무제를 실시하는 것은 장점이
많다고 생각합니까?

STEP 2 만능답변 떠올리기 (30초)

你认为公司实施弹性工作制好处多吗?
Nǐ rènwéi gōngsī shíshī tánxìng gōngzuò zhì hǎochù duō ma?

당신이 생각하기에 회사가 탄력
근무제를 실시하는 것은 장점이
많다고 생각합니까?

Wǒ
我 _____ 。

저는 장점이 많다고 생각합니다.

STEP 3 발음 · 성조에 주의하며 만능답변 말하기 (50초)

모범답변 및 해석 p.372

🎧 19_2_실전TEST_풀어보기.mp3, 19_3_실전TEST_모범답변.mp3

TSC 중국어 말하기 시험

| 해커스 |
| 001001 |
| 19/26 |

第5部分：拓展回答 - 第1题

볼륨 🔊

在家养宠物有哪些好处和坏处？

TSC 중국어 말하기 시험

| 해커스 |
| 001001 |
| 20/26 |

第5部分：拓展回答 - 第2题

볼륨 🔊

想当超级明星的青少年越来越多，你认为原因是什么？

TSC 중국어 말하기 시험

第5部分：拓展回答 - 第3题

볼 륨 🔊

如果你的朋友要环游世界，你会支持吗？

TSC 중국어 말하기 시험

第5部分：拓展回答 - 第4题

볼 륨 🔊

最近患抑郁症的人数不断增加，对此你有什么看法？

모범답변 및 해석 p.372

제6부분

상황 대응

情景应对

실전 공략하기

제6부분 알아보기

남자가 여자에게 전시회를 같이 보러 가자고 했는데,
여자가 자신의 상황을 설명하여 남자의 초대를 정중히 거절하고 있군요.

제6부분은 주어지는 상황과 미션에 따라
실제처럼 상대방에게 말을 하여 미션을 수행하는 파트랍니다.
자, 그럼 제6부분에 대해 좀 더 자세히 알아볼까요?

출제 형태 – 제6부분은?

제6부분 '상황 대응'은 화면에 제시된 상황과 미션을 보며 실제 그 상황에 있는 것처럼 상대방에게 말을 하는 파트입니다.

문제 번호	23, 24, 25	평가 기준	미션을 정확히 수행했는가
문제 수	3개		자연스럽게 대응했는가
답변 준비 시간	30초		문법적 오류가 없는가
답변 시간	40초		발음·성조가 정확한가

출제 경향 – 이렇게 출제돼요!

주어진 상황은 달라도 문제가 요구하는 미션은 정해져 있어요.

대표 미션1 [거절하기]	친구가 당신에게 같이 저녁을 먹자고 초청했는데, 하지만 당신은 저녁에 처리해야 할 많은 일이 있어요. 그녀를 완곡하게 거절하세요.
대표 미션2 [약속 시간 변경하기]	오늘 저녁 친구와 함께 영화를 보러 가기로 했는데, 당신은 갑작스럽게 동생의 입원 소식을 듣게 되었습니다. 친구에게 상황을 설명하고 약속 시간을 변경하세요.
대표 미션3 [문제 해결하기]	당신이 인터넷으로 구매한 옷이 배송 예정 날짜보다 한참이 지나도 도착하지 않고 있습니다. 판매원에게 전화를 걸어 상황을 설명하고 문제를 해결하세요.

출제 비율

- 상황설명·문제해결 26%
- 초대 8%
- 감정 표현 10%
- 거절·양해 10%
- 부탁·요청 13%
- 건의·설득 15%
- 약속·변경 18%

합격 전략 – 이렇게 답변해야 해요!

1. 질문 유형에 따라 만능답변으로 답변하세요.

제6부분은 문제의 난이도가 높기 때문에 주어진 상황을 모두 읽고 이해하려 하면 답변이 복잡해지고 실수가 생겨서 점수를 받을 수 없어요. 따라서 질문 유형을 파악하여 만능답변으로 답변하세요.

[예]

……。请**委婉地拒绝她**。
……. Qǐng **wěiwǎn de jùjué tā**.

……. 그녀를 완곡하게 거절하세요.

Xiǎo Wáng, nǐ hǎo. Bù hǎoyìsi, wǒ bù kěyǐ.
小王，　你好。　不好意思，我 不 可以。

샤오왕, 안녕. 미안해. 나 안 돼.

2. 만능답변을 정확한 발음과 성조로 끊김 없이 답변해야 해요.

발음과 성조에 유의하며 만능답변을 큰 소리로 끊김 없이 답변하세요. 특히 제6부분에서는 실제로 대화하듯이 자연스럽게 발음하는 것이 좋아요.

학습 방법 – 이렇게 학습하세요!

실전 공략하기

문제를 풀며 화면에 제시되는 문제가 거절하기, 약속 시간을 변경하기, 발생한 문제를 해결하기, 초청하기, 격려·문의하기 중 어떤 패턴에 해당하는지를 파악하는 연습을 하세요. 그리고 각 질문 패턴에 따른 만능답변을 익혀두면 최소 1문제 정도는 쉽게 대응하여 답변할 수 있어요.

시험 화면 및 순서 – 이런 순서로 진행돼요!

TSC 중국어 말하기 시험

해커스 001001

第6部分：情景应对

볼륨 🔊

第六部分共有三道题，每道题各有一张提示图，

而且也有讲述提示图的中文内容。

如果你处于这种情况，你会怎么应对？

请尽量回答得完整，内容的长短和所用到的词语都会影响考试分数。

听到提问和提示音后，请开始回答。

每道题有30秒的思考时间和40秒的回答时间。现在开始提问。

1. 디렉션

가장 먼저 아래와 같은 디렉션이 음성과 함께 화면에 제시됩니다.

"제6부분은 모두 3문제가 있고, 문제마다 1장의 그림이 출제됩니다.

그리고 그림을 설명하는 중국어도 함께 제공됩니다.

만약 당신이 그러한 상황에 처해있다면, 어떻게 대응할 것입니까?

최대한 완전하게 답변하세요. 내용의 길이와 사용한 모든 어휘는 시험 점수에 영향을 줄 수 있습니다.

문제와 제시음이 들리고 난 후, 답변을 시작하세요.

문제 당 30초의 답변 준비시간과 40초의 답변시간이 제공됩니다. 지금 문제가 시작됩니다."

TSC 중국어 말하기 시험

해커스 001001 23/26

第6部分：情景应对 - 第1题

볼륨 🔊

朋友邀你今天一起吃晚饭，但你晚上有很多事情要处理。
请委婉地拒绝她。

2. 문제

화면에 그림 한 컷과 문제가 먼저 나타나고, 약 2초 후 음성으로 문제 번호와 문제를 들려줍니다. 문제는 음성으로 한 번만 들려줍니다.

🎧 "朋友邀你今天一起吃晚饭，但你晚上有很多事情要处理。请委婉地拒绝她。"

친구가 당신에게 같이 저녁을 먹자고 초청했는데, 하지만 당신은 저녁에 처리해야 할 많은 일이 있어요. 그녀를 완곡하게 거절하세요.

3. 답변 준비

문제를 들려주는 음성이 끝나면 30초의 답변 준비 시간이 주어집니다. 이때, 화면 아래 30초 타이머가 보여지고 카운트가 시작됩니다.

4. 답변

답변 준비 시간이 끝나면 '삐-' 소리와 함께 40초의 답변 시간이 시작됩니다. 이때, 타이머가 40초로 바뀌고 카운트가 시작됩니다.
답변 시간이 완료되면 '结束(jiéshù, 종료)' 소리가 들리고 다음 문제로 넘어갑니다.

제1부분

제2부분

제3부분

제4부분

제5부분

제6부분

제7부분

해커스 TSC 3급

🎧 20_1_실전 공략.mp3

질문/답변 패턴 익히기

기출 패턴 1 **"미안해, 나 안 돼."로 답변하는 패턴**

문제 후반에서 请~拒绝~。(qǐng~jùjué, 거절하세요.)라는 미션이 제시되면 '小王, 你好。不好意思, 我不可以。(Xiǎo Wáng, nǐ hǎo. Bù hǎoyìsi, wǒ bù kěyǐ, 샤오왕, 안녕. 미안해. 나 안 돼.)'로 답변하면 돼요.

질문 패턴

请~拒绝~。

> 朋友邀你今天一起吃晚饭，但你晚上有很多事情要处理。
> 请委婉地拒绝他。
>
> Péngyou yāo nǐ jīntiān yìqǐ chī wǎnfàn, dàn nǐ wǎnshang yǒu hěn duō shìqing yào chǔlǐ. Qǐng wěiwǎn de jùjué tā.
>
> 친구가 당신에게 같이 저녁을 먹자고 초청했는데, 하지만 당신은 저녁에 처리해야 할 많은 일이 있어요.
> 그를 완곡하게 거절하세요.

만능 답변

> **Xiǎo Wáng, nǐ hǎo. Bù hǎoyìsi, wǒ bù kěyǐ.**
> 小王，   你好。 不好意思， 我 不 可以。   샤오왕, 안녕. 미안해. 나 안 돼.

패턴 입에 붙이기!

음원을 듣고 '삐—' 소리 후 큰 소리로 직접 답변해 보세요. 그 다음 만능답변을 세 번씩 따라 말해보세요.

> 朋友邀你去美术馆，但你这几天一直都忙于工作，实在抽不出时间。
> 请委婉地拒绝她。
>
> Péngyou yāo nǐ qù měishùguǎn, dàn nǐ zhè jǐ tiān yìzhí dōu mángyú gōngzuò, shízài chōu bu chū shíjiān. Qǐng wěiwǎn de jùjué tā.
>
> 친구가 당신에게 미술관에 가자고 초청했는데, 하지만 당신은 요 며칠 계속 바쁘게 일하느라 도저히 시간을 낼 수가 없어요.
> 그녀를 완곡하게 거절하세요.

기출 패턴 2 "우리 다음 번에 다시 약속 잡자."로 답변하는 패턴

문제 후반에서 **请~更改时间。**(qǐng~gēnggǎi shíjiān, 시간을 변경하세요.) 또는 **请~改约时间**(qǐng~gǎi yuē shíjiān, 시간을 바꾸세요.)라는 미션이 제시되면 '小王，你好。我们下次再约吧。(Xiǎo Wáng, nǐ hǎo. Wǒmen xià cì zài yuē ba, 샤오왕, 안녕. 우리 다음 번에 다시 약속 잡자.)'로 답변하면 돼요.

질문
패턴

请~更改时间
(改约时间)。

> ## 你打算明天跟朋友一起去游乐园，可是你发现明天游乐园不开门。请更改时间。
>
> Nǐ dǎsuan míngtiān gēn péngyou yìqǐ qù yóulèyuán, kěshì nǐ fāxiàn míngtiān yóulèyuán bù kāimén. Qǐng gēnggǎi shíjiān.
>
> 당신은 내일 친구와 함께 놀이공원에 갈 계획이었는데, 하지만 당신은 내일 놀이공원이 문을 열지 않는다는 것을 발견했어요. 시간을 변경하세요.

만능
답변

Xiǎo Wáng, nǐ hǎo. Wǒmen xià cì zài yuē ba.
小王，   你好。   我们   下次   再   约   吧。

샤오왕, 안녕. 우리 다음 번에 다시 약속 잡자.

패턴 입에 붙이기!

음원을 듣고 '삐一' 소리 후 큰 소리로 직접 답변해 보세요. 그 다음 만능답변을 세 번씩 따라 말해보세요.

> ## 你打算这周末跟朋友一起去看电影，可是你突然感冒了，咳嗽很严重。请向朋友说明情况，并改约时间。
>
> Nǐ dǎsuan zhè zhōumò gēn péngyou yìqǐ qù kàn diànyǐng, kěshì nǐ tūrán gǎnmào le, késou hěn yánzhòng. Qǐng xiàng péngyou shuōmíng qíngkuàng, bìng gǎi yuē shíjiān.
>
> 당신은 이번 주 주말에 친구와 함께 영화를 보러 갈 계획이었는데, 하지만 당신은 갑자기 감기에 걸렸고, 기침이 매우 심해요. 친구에게 상황을 설명하고, 시간을 바꾸세요.

문제 후반에서 **请~要求解决问题**。(qǐng~yāoqiú jiějué wèntí, 문제 해결을 요구하세요.)라는 미션이 제시되면 '**小王, 你好。请尽快解决。**(Xiǎo Wáng, nǐ hǎo. Qǐng jǐnkuài jiějué, 샤오왕, 안녕하세요. 최대한 빨리 해결해주세요.)' 로 답변하면 돼요.

질문
패턴

请~要求解决
问题。

你发现昨天新买的洗衣机坏了。请给修理店打电话说明情况，并要求解决问题。

Nǐ fāxiàn zuótiān xīn mǎi de xǐyījī huài le. Qǐng gěi xiūlǐdiàn dǎ diànhuà shuōmíng qíngkuàng, bìng yāoqiú jiějué wèntí.

당신은 어제 새로 산 세탁기가 고장난 것을 발견했습니다. 수리점에 전화를 걸어 상황을 설명하세요. 그리고 문제 해결을 요구하세요.

만능
답변

Xiǎo Wáng, nǐ hǎo. Qǐng jǐnkuài jiějué.
小王, 你好。请 尽快 解决。

샤오왕, 안녕하세요.
최대한 빨리 해결해주세요.

패턴 입에 붙이기!

음원을 듣고 '삐一' 소리 후 큰 소리로 직접 답변해 보세요. 그 다음 만능답변을 세 번씩 따라 말해보세요.

你发现新买的笔记本电脑突然打不开。请给客服中心打电话说明情况，并要求解决问题。

Nǐ fāxiàn xīn mǎi de bǐjìběn diànnǎo tūrán dǎ bu kāi. Qǐng gěi kèfú zhōngxīn dǎ diànhuà shuōmíng qíngkuàng, bìng yāoqiú jiějué wèntí.

당신은 새로 산 노트북이 갑자기 켜지지 않는 것을 발견했습니다. 서비스 센터에 전화를 걸어 상황을 설명하세요. 그리고 문제 해결을 요구하세요.

문제 후반에서 **请~邀请~。**(qǐng~yāoqǐng~, ~초청하세요.)라는 미션이 제시되면 '**小王，你好。我想邀请你。**(Xiǎo Wáng, nǐ hǎo. Wǒ xiǎng yāoqǐng nǐ, 샤오왕, 안녕. 내가 너를 초청하고 싶어.)'로 답변하면 돼요.

질문
패턴

> **这次暑假你想去旅行，请你给喜欢旅行的朋友打电话说明情况，并邀请他一起去。**
>
> zhè cì shǔjià nǐ xiǎng qù lǚxíng, qǐng nǐ gěi xǐhuan lǚxíng de péngyou dǎ diànhuà shuōmíng qíngkuàng, bìng yāoqǐng tā yìqǐ qù.
>
> 이번 여름 방학에 당신은 여행을 가고 싶습니다. 여행을 좋아하는 친구에게 전화로 상황을 설명하고, 함께 가자고 그를 초청하세요.

请~邀请~。

만능
답변

Xiǎo Wáng, nǐ hǎo. Wǒ xiǎng yāoqǐng nǐ.
小王， 你好。 我 想 邀请 你。

샤오왕, 안녕. 내가 너를
초청하고 싶어.

패턴 입에 붙이기!

음원을 듣고 '삐一' 소리 후 큰 소리로 직접 답변해 보세요. 그 다음 만능답변을 세 번씩 따라 말해보세요.

> **你想加入网球社团，正好你的朋友也对网球很感兴趣。**
> **请你邀请她一起加入社团。**
>
> Nǐ xiǎng jiārù wǎngqiú shètuán, zhènghǎo nǐ de péngyou yě duì wǎngqiú hěn gǎn xìngqù. Qǐng nǐ yāoqǐng tā yìqǐ jiārù shètuán.
>
> 당신은 테니스 동아리에 가입하고 싶은데, 마침 당신의 친구도 테니스에 흥미를 가지고 있습니다. 함께 동아리에 가입하자고 그녀를 초청하세요.

기출 패턴 5 "힘내! 수고했어."로 답변하는 패턴

문제 후반에서 请~鼓励。(qǐng~gǔlì, 격려하세요.)라는 미션이 제시되면 '小王, 你好。加油! 辛苦了。(Xiǎo Wáng, nǐ hǎo. Jiāyóu! Xīnkǔ le, 샤오왕, 안녕. 힘내! 수고했어.)으로 답변하면 돼요.

질문
패턴

请~鼓励。

在班里只有你的朋友没通过考试, 他心里感到难受。
请安慰和鼓励他。

Zài bān li zhǐyǒu nǐ de péngyou méi tōngguò kǎoshì, tā xīnli gǎndào nánshòu.
Qǐng ānwèi hé gǔlì tā.

반에서 당신의 친구만 시험에 통과하지 못했어요, 그는 심적으로 매우 힘들어하고 있어요. 그를 위로하고 격려하세요.

만능
답변

Xiǎo Wáng, nǐ hǎo. Jiāyóu! Xīnkǔ le.
小王，　　你好。　加油！　辛苦了。

샤오왕, 안녕. 힘내!
수고했어.

패턴 입에 붙이기!

음원을 듣고 '삐一' 소리 후 큰 소리로 직접 답변해 보세요. 그 다음 만능답변을 세 번씩 따라 말해보세요.

因为你的妹妹在练习中受伤了，所以她不能参加准备了大概一年的比赛。
她整整一个星期不吃不睡，看起来非常痛苦。请鼓励她。

Yīnwèi nǐ de mèimei zài liànxí zhōng shòushāng le, suǒyǐ tā bù néng cānjiā zhǔnbèi
le dàgài yì nián de bǐsài. Tā zhěngzhěng yí ge xīngqī bù chī bú shuì, kàn qǐlai fēicháng
tòngkǔ. Qǐng gǔlì tā.

당신의 여동생이 연습하던 중에 부상을 당했어요, 그래서 그녀는 대략 1년 정도 동안 준비한 시합에 참가할 수 없어요.
그녀는 꼬박 일주일 동안 아무것도 먹지 않고 잠도 안 자고 있어요. 그녀는 매우 고통스러워 보여요, 그녀를 격려하세요.

문제 후반에서 请~询问~。(qǐng~xúnwèn~, ~문의하세요.) 또는 请~咨询。(qǐng~zīxún~, ~물어보세요.)라는 미션이 제시되면 '小王, 你好。我有个事情想问你。(Xiǎo Wáng, nǐ hǎo. Wǒ yǒu ge shìqing xiǎng wèn nǐ, 샤오왕, 안녕. 물어보고 싶은 게 있어.)로 답변하면 돼요. 그리고 이 질문 패턴 외에도 어떻게 답변할지 모르는 경우에는 이 답변과 동일하게 답변하면 돼요.

질문 패턴

请~
询问(咨询)~。

你看到了你的同事通过海外直购网站买了名牌包，
看起来品质非常良好。因此你也想买一个，但你不知道网址。
请向同事询问海外直购网站等相关事宜。

Nǐ kàndaole nǐ de tóngshì tōngguò hǎiwài zhí gòu wǎngzhàn mǎile míngpái bāo,
kàn qǐlai pǐnzhì fēicháng liánghǎo. Yīncǐ nǐ yě xiǎng mǎi yí ge, dàn nǐ bù zhīdào
wǎngzhǐ. Qǐng xiàng tóngshì xúnwèn hǎiwài zhí gòu wǎngzhàn děng xiāngguān shìyí.

당신은 당신의 동료가 해외 직구를 통해 명품 백을 산걸 봤어요. 보아하니 품질이 굉장히 양호해요.
그래서 당신도 하나 사고 싶은데, 사이트 주소를 몰라요. 동료에게 해외 직구 사이트 등 관련된 내용을 문의하세요.

만능 답변

Xiǎo Wáng,　nǐ hǎo.
小王，　　你好。

Wǒ　yǒu　ge　shìqing　xiǎng　wèn　nǐ.
我　有　个　事情　想　问　你。

샤오왕, 안녕.
물어보고 싶은 게 있어.

패턴 입에 붙이기!

음원을 듣고 '삐一' 소리 후 큰 소리로 직접 답변해 보세요. 그 다음 만능답변을 세 번씩 따라 말해보세요.

你在网上买了一件连衣裙，可衣服有点儿小，你要换大一号的。
请给商家打电话说明情况，并咨询能否更换尺码。

Nǐ zài wǎng shang mǎile yí jiàn liányīqún, kě yīfu yǒudiǎnr xiǎo, nǐ yào huàn dà yí
hào de. Qǐng gěi shāngjiā dǎ diànhuà shuōmíng qíngkuàng, bìng zīxún néng fǒu
gēnghuàn chǐmǎ.

당신이 인터넷에서 원피스를 한 벌 샀는데, 옷이 약간 작아서 큰 사이즈로 바꾸고 싶어요. 업체에 전화해서 상황을 설명하고,
사이즈 교환이 가능한지 물어보세요.

모범답변 및 해석 p.374

답변 전략 스텝 익히기

제6부분 모든 문제에 적용할 수 있는 답변 전략 스텝을 익혀보세요.

STEP 1 질문 보고 패턴 파악하기

화면에 문제가 나타나면 请(qǐng, ~해주세요) 뒤를 자세히 보며 문제 후반부에 나오는 질문이 어떤 패턴인지 파악하세요.

你发现刚配送到的沙发不是你选的颜色，
而且破了一个洞。请你给售货员打电话说
明情况，并要求解决问题。

Nǐ fāxiàn gāng pèisòng dào de shāfā búshì nǐ xuǎn de
yánsè, érqiě pòle yí ge dòng. Qǐng nǐ gěi shòuhuòyuán dǎ
diànhuà shuōmíng qíngkuàng, bìng yāoqiú jiějué wèntí.

당신은 방금 배송된 소파가
당신이 고른 색상이 아닐뿐
더러 구멍이 난 걸 발견했어
요. 판매자에게 전화를 걸어
상황을 설명하고 문제 해결
을 요구하세요.

→ 문제 해결을 요구하는 请~要求解决问题 패턴의 문제란 걸 알 수 있어요.

STEP 2 **만능답변 떠올리기**(답변 준비 시간: 30초)

질문 패턴에 맞는 만능답변을 완벽하게 준비하세요. 그리고 남은 답변 준비 시간 동안 만능답변을 작은 목소리로 한 번 말해보세요.

……。 请你给售货员打电话说明情况，
并要求解决问题。

……. 판매자에게 전화를
걸어 상황을 설명하고
문제 해결을 요구하세요.

……. Qǐng nǐ gěi shòuhuòyuán dǎ diànhuà shuōmíng
qíngkuàng, bìng yāoqiú jiějué wèntí.

Xiǎo Wáng,　nǐ hǎo.　Qǐng　jǐnkuài　jiějué.
小王，　　 你好。　 请　　 尽快　　 解决。

샤오왕, 안녕하세요. 최대
한 빨리 해결해주세요.

STEP 3 **발음·성조에 주의하며 만능답변 말하기**(답변 시간: 40초)

'삐-'하고 제시음이 들리면 1초 후 미리 준비한 만능답변을 발음과 성조에 주의하며 큰 소리로 말하세요.
답변 시간은 40초입니다.

Xiǎo Wáng,　nǐ hǎo.　Qǐng　jǐnkuài　jiějué.
小王，　　 你好。　 请　　 尽快　　 解决。

샤오왕, 안녕하세요. 최대
한 빨리 해결해주세요.

★ 만약 질문/답변 패턴이 기억이 나지 않거나 모르는 질문 패턴의 문제가 나오면 다음의 비상용 문장으로 답변하세요.

🎤 Xiǎo Wáng, nǐ hǎo. Duìbuqǐ, yíhuìr zài shuō ba.　小王，你好。对不起，一会儿再说吧。 샤오왕, 안녕하세요.죄송합니다. 조금 이따가 다시 이야기할게요.

제1부론

제2부론

제3부론

제4부론

제5부론

제7부론

해커스 TSC 3급

실전 감각 익히기

앞에서 배운 답변 전략 스텝에 따라, 아래 질문에 답하며 실전 감각을 익혀보세요.

01

你跟朋友是同一天生日，为了祝贺生日，你想跟她一起开生日派对。请你给朋友们打电话说明情况，并邀请他们。

STEP 1 질문 보고 패턴 파악하기

你跟朋友是同一天生日，为了祝贺生日，你想跟她一起开生日派对。请你给朋友们打电话说明情况，并邀请他们。
Nǐ gēn péngyou shì tóng yì tiān shēngrì, wèile zhùhè shēngrì, nǐ xiǎng gēn tā yìqǐ kāi shēngrì pàiduì. Qǐng nǐ gěi péngyoumen dǎ diànhuà shuōmíng qíngkuàng, bìng yāoqǐng tāmen.

당신과 친구의 생일이 같은 날인데, 생일을 축하하기 위해 당신은 그녀와 함께 생일 파티를 열고 싶어요. 친구들에게 전화로 상황을 설명하고, 그들을 초청하세요.

STEP 2 만능답변 떠올리기 (30초)

……。请你给朋友们打电话说明情况，并邀请他们。
……. Qǐng nǐ gěi péngyoumen dǎ diànhuà shuōmíng qíngkuàng, bìng yāoqǐng tāmen.

……. 친구들에게 전화로 상황을 설명하고, 그들을 초청하세요.

Xiǎo Wáng, nǐ hǎo. _____ .
小王， 你好。 _____ 。

샤오왕, 안녕. 내가 너를 초청하고 싶어.

STEP 3 발음·성조에 주의하며 만능답변 말하기 (40초)

你在考虑要不要选择中文系。请你给中文系毕业的朋友说明你的想法，并向他询问学习内容、就业前景等相关事项。

STEP 1 **질문 보고 패턴 파악하기**

你在考虑要不要选择中文系。请你给中文系毕业的朋友说明你的想法，并向他询问学习内容、就业前景等相关事项。

Nǐ zài kǎolǜ yào bu yào xuǎnzé zhōngwén xì. Qǐng nǐ gěi zhōngwén xì bìyè de péngyou shuōmíng nǐ de xiǎngfǎ, bìng xiàng tā xúnwèn xuéxí nèiróng, jiùyè qiánjǐng děng xiāngguān shìxiàng.

당신은 중문과를 선택할지 말지 고려하고 있어요. 중문과를 졸업한 친구에게 당신의 생각을 설명하고, 그에게 배우는 내용, 취업전망 등 관련 사항들을 문의하세요.

STEP 2 **만능답변 떠올리기** (30초)

……。请你给中文系毕业的朋友说明你的想法，并向他询问学习内容、就业前景等相关事项。

……. Qǐng nǐ gěi zhōngwén xì bìyè de péngyou shuōmíng nǐ de xiǎngfǎ, bìng xiàng tā xúnwèn xuéxí nèiróng, jiùyè qiánjǐng děng xiāngguān shìxiàng.

……. 중문과를 졸업한 친구에게 당신의 생각을 설명하고, 그에게 배우는 내용, 취업전망 등 관련 사항들을 문의하세요.

Xiǎo Wáng, nǐ hǎo. _____。
小王， 你好。

샤오왕, 안녕. 물어보고 싶은 게 있어.

STEP 3 **발음·성조에 주의하며 만능답변 말하기** (40초)

모범답변 및 해석 p.376

20_2_실전TEST_풀어보기.mp3, 20_3_실전TEST_모범답변.mp3

TSC 중국어 말하기 시험

	해커스
	001001
	23/26

第6部分：情景应对 – 第1题

볼 륨 🔊

这个周末朋友邀你一起去看棒球比赛，但你最近工作太忙，
周末想在家休息。请委婉地拒绝她。

TSC 중국어 말하기 시험

	해커스
	001001
	24/26

第6部分：情景应对 – 第2题

볼 륨 🔊

你的朋友在作文大赛犯了错误，所以没有获奖。
这个结果让他对自己非常失望。请你安慰并鼓励他。

TSC 중국어 말하기 시험

第6部分：情景应对 - 第3题

볼륨 🔊

你打算今天晚上在公司附近的咖啡厅见朋友，可是公司突然发生急事，你得加班，不知道什么时候能下班。请你向朋友说明情况，并改约时间。

모범답변 및 해석 p.377

제7부분

스토리 구성

看图说话

제7부분 알아보기

수진이는 내일 중요한 시험이 있다는 것이 생각났어요. 그래서 밤 늦게까지 커피를 마시며 공부를 해요. 커피 때문인지 수진이는 잠이 오지 않아 괴로워해요. 다음 날 늦잠을 잔 수진이가 헐레벌떡 집을 나서고 있어요.

여자가 그림만 있는 4컷 만화를 보며,
스토리를 스스로 만들어 말하고 있군요.

제7부분은 이처럼 4컷 만화를 보고 스토리를 만드는 파트랍니다.
자, 그럼 제7부분에 대해 좀 더 자세히 알아볼까요?

출제 형태 – 제7부분은?

제7부분 '스토리 구성'은 만화 속 인물, 시간, 장소, 행동, 감정 등을 묘사하며 스토리를 꾸며 말하는 파트입니다.

문제 번호	26	평가 기준	스토리가 자연스러우며 이해하기 쉬운가
문제 수	1개		그림 속 정보와 일치하게 말했는가
답변 준비 시간	30초		문법적 오류가 없는가
답변 시간	90초		발음·성조가 정확한가

출제 경향 – 이렇게 출제돼요!

주인공이 있고 상황이 전개되는 4컷 만화가 출제되고, 마지막 그림에서 당황·놀람, 슬픔·실망, 감동·기쁨 등의 감정이 강조돼요.

[예]

출제 비율

합격 전략 – 이렇게 답변해야 해요!

1. 각 그림을 무조건 한 문장으로 묘사하세요.

제7부분은 그림 1개 당 한 문장을 정확히 말하는 것이 중요해요. 때문에 각 그림별로 묘사할 내용을 정해두고 그동안 익힌 어휘와 문장을 활용하여 묘사할 수 있는 내용을 정한 다음, 가능한 실수 없이 문장을 말하세요.

[예]

① 장소 묘사
Yǒu yì tiān, Xiǎo Wáng zài jiā.
有一天， 小王 在 家。
어느 날, 샤오왕은 집에 있어요.

② 동작 또는 상태 묘사
Xiǎo Wáng de érzi xuéxí.
小王 的 儿子 学习。
샤오왕의 아들은 공부를 해요.

③ 동작 또는 상태 묘사
Xiǎo Wáng de érzi wánr diànnǎo.
小王 的 儿子 玩儿 电脑。
샤오왕의 아들은 컴퓨터를 해요.

④ 감정 묘사
Xiǎo Wáng hěn shāngxīn.
小王 很 伤心。
샤오왕은 매우 슬퍼해요.

2. 정확한 발음과 성조로 끊김 없이 답변해야 해요.

한 문장으로 그림을 묘사할 때 발음과 성조에 유의하며 큰 소리로 끊김 없이 말하세요. 특히 제7부분에서는 실제로 이야기를 들려주듯이 자연스럽게 발음하는 것이 좋아요.

학습 방법 – 이렇게 학습하세요!

실전 공략하기

마지막 네 번째 그림의 내용에 따라 당황·놀람, 슬픔·실망, 감동·기쁨 등의 감정으로 끝나는 답변 패턴을 익혀두면 쉽게 말할 수 있어요.

시험 화면 및 순서 – 이런 순서로 진행돼요!

TSC 중국어 말하기 시험　　　　　해커스 001001

第7部分：**看图说话**　　　　　　　볼륨 ◀》

第七部分有四幅连续的漫画。
请你仔细看漫画并叙述漫画的内容。
现在请看四幅漫画。(30秒)

1. 디렉션

가장 먼저 아래와 같은 디렉션이 음성과 함께
화면에 제시됩니다.

"제7부분은 4컷의 연속된 만화가 나옵니다.
만화를 자세히 보고 만화의 내용을 서술하세요.
지금 4컷 만화를 봐주세요. (30초)"

TSC 중국어 말하기 시험　　　　　해커스 001001
　　　　　　　　　　　　　　　　　　26/26

第7部分：**看图说话** – 第1题　　　　　볼륨 ◀》

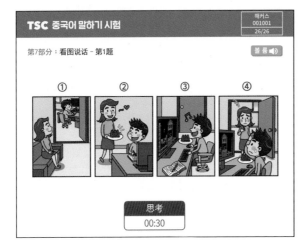

① ② ③ ④

思考
00:30

2. 문제 및 답변 준비

화면에 4컷 만화가 등장하고, 30초간 아무런
음성이 들리지 않습니다. 이때, 그림의 내용을
파악하고 답변을 준비하면 됩니다.

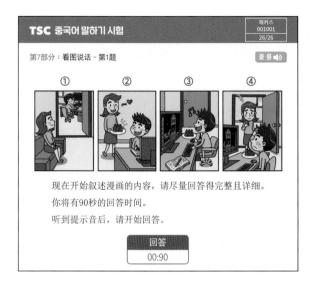

3. 디렉션 및 답변

답변 준비 시간이 끝나면 화면 아래 음성과 함께 디렉션이 제시됩니다.

"지금부터 만화의 내용을 서술하세요. 최대한 완전하고 상세히 답변하세요.
90초의 답변시간이 주어집니다.
제시음이 들리고 난 후, 답변을 시작하세요."

디렉션을 들려주는 음성이 끝나면 2초의 타이머와 함께 마지막 준비 시간이 주어지고, 2초가 지나면 '삐-' 소리와 함께 90초의 답변 시간이 시작됩니다. 이때, 타이머가 90초로 바뀌고 카운트가 시작됩니다.
답변 시간이 완료되면 '结束(jiéshù, 종료)' 소리가 들리고 '자유 발언' 페이지로 넘어갑니다.

실전 공략하기

🎧 21_1_실전 공략.mp3

질문/답변 패턴 익히기

기출 패턴 1 당황·놀람으로 끝나는 패턴

마지막 그림에서 당황하거나 놀라는 사람을 주인공으로 설정하여 각 그림과 관련된 문장을 말하세요. 주인공
이름을 小王(Xiǎo Wáng, 샤오왕)으로 고정해서 사용하면 문장 만들기가 훨씬 수월해요.

①   ②   ③   ④

① 장소 묘사	**Yǒu yì tiān, Xiǎo Wáng zài jiā.** 有一天, 小王 在 家。 어느 날, 샤오왕은 집에 있어요.
② 동작 또는 상태 묘사	**Xiǎo Wáng de érzi kàn hùzhào.** 小王 的 儿子 看 护照。 샤오왕의 아들은 여권을 봐요.
③ 동작 또는 상태 묘사	**Xiǎo Wáng de jiārén názhe hùzhào.** 小王 的 家人 拿着 护照。 샤오왕의 가족은 여권을 들고 있어요.
④ 감정 묘사	**Xiǎo Wáng hěn jīnghuāng.** 小王 很 惊慌。 샤오왕은 매우 당황해요.

패턴 입에 붙이기!

그림을 보고 답변을 스스로 만들어 말해보세요. 그 다음 모범답변을 세 번씩 큰 소리로 따라 말해보세요.

① 장소 묘사	**Yǒu yì tiān,** 有一天, _____。 어느 날,	
② 동작 또는 상태 묘사	_____。	
③ 동작 또는 상태 묘사	_____。	
④ 감정 묘사	**Xiǎo Wáng hěn** 小王很_____。 샤오왕은 매우	

[활용어휘] 당황, 놀람

당황하다	jīnghuāng	惊慌	놀라다	jīngyà	惊讶
난처하다	gāngà	尴尬	긴장하다	jǐnzhāng	紧张

마지막 그림에서 슬퍼하거나 실망하는 사람을 주인공으로 설정하여 각 그림과 관련된 문장을 말하세요.
주인공 이름을 小王(Xiǎo Wáng, 샤오왕)으로 고정해서 사용하면 문장 만들기가 훨씬 수월해요.

①   ②   ③   ④

① 장소 묘사

Yǒu yì tiān, Xiǎo Wáng zài jiā.
有一天，　小王　在家。
어느 날, 샤오왕은 집에 있어요.

② 동작 또는 상태 묘사

Xiǎo Wáng de érzi xuéxí.
小王　的儿子 学习。
샤오왕의 아들은 공부를 해요.

③ 동작 또는 상태 묘사

Xiǎo Wáng de érzi wánr diànnǎo.
小王　的儿子 玩儿 电脑。
샤오왕의 아들은 컴퓨터를 해요.

④ 감정 묘사

Xiǎo Wáng hěn shāngxīn.
小王　很　伤心。
샤오왕은 매우 슬퍼해요.

패턴 입에 붙이기!

그림을 보고 답변을 스스로 만들어 말해보세요. 그 다음 모범답변을 세 번씩 큰 소리로 따라 말해보세요.

① ② ③ ④

① 장소 묘사	**Yǒu yì tiān,** 有一天, _____。 어느 날,
② 동작 또는 상태 묘사	_____。
③ 동작 또는 상태 묘사	_____。
④ 감정 묘사	**Xiǎo Wáng hěn** 小王很_____。 샤오왕은 매우

[활용어휘] 슬픔, 실망, 후회

슬퍼하다	shāngxīn	伤心	후회하다	hòuhuǐ	后悔
실망하다	shīwàng	失望	괴롭다	nánguò	难过
괴롭다	tòngkǔ	痛苦	괴롭다	nánshòu	难受

마지막 그림에서 기뻐하거나 감동하는 사람을 주인공으로 설정하여 각 그림과 관련된 문장을 말하세요.
주인공 이름을 小王(Xiǎo Wáng, 샤오왕)으로 고정해서 사용하면 문장 만들기가 훨씬 수월해요.

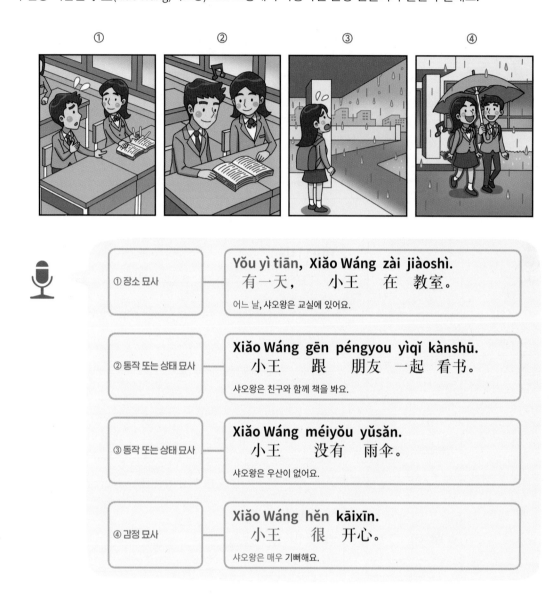

① 장소 묘사

Yǒu yì tiān, Xiǎo Wáng zài jiàoshì.
有一天,　　小王　在　教室。
어느 날, 샤오왕은 교실에 있어요.

② 동작 또는 상태 묘사

Xiǎo Wáng gēn péngyou yìqǐ kànshū.
小王　　跟　朋友　一起　看书。
샤오왕은 친구와 함께 책을 봐요.

③ 동작 또는 상태 묘사

Xiǎo Wáng méiyǒu yǔsǎn.
小王　　没有　雨伞。
샤오왕은 우산이 없어요.

④ 감정 묘사

Xiǎo Wáng hěn kāixīn.
小王　　很　开心。
샤오왕은 매우 기뻐해요.

패턴 입에 붙이기!

그림을 보고 답변을 스스로 만들어 말해보세요. 그 다음 모범답변을 세 번씩 큰 소리로 따라 말해보세요.

① ② ③ ④

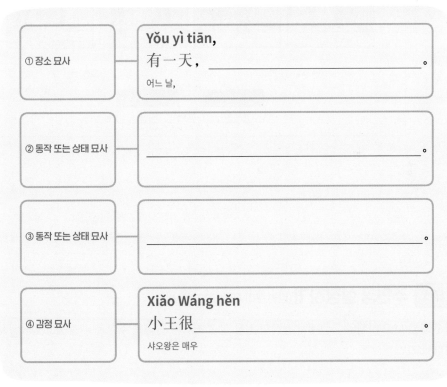

① 장소 묘사

Yǒu yì tiān,

有一天，_____。

어느 날,

② 동작 또는 상태 묘사

_____。

③ 동작 또는 상태 묘사

_____。

④ 감정 묘사

Xiǎo Wáng hěn

小王很_____。

샤오왕은 매우

[활용어휘] 기쁨, 감동

기쁘다	kāixīn	开心		기쁘다	gāoxìng	高兴
즐겁다	kuàilè	快乐		유쾌하다	yúkuài	愉快
감동하다	gǎndòng	感动		즐겁다	xǐyuè	喜悦

모범답변 및 해석 p.379

제1부분 제2부분 제3부분 제4부분 제5부분 제6부분 제7부분 해커스 TSC 3급

답변 전략 스텝 익히기

제7부분 모든 문제에 적용할 수 있는 답변 전략 스텝을 익혀보세요.

STEP 1 주인공 설정하기 (답변 준비 시간: 3초)

전체 만화를 보고 마지막 그림에서 감정이 가장 잘 드러나는 인물을 주인공 小王(Xiǎo Wáng, 샤오왕)으로 설정하세요.

小王(Xiǎo Wáng, 샤오왕)

STEP 2 각 그림 당 문장 한 개씩 준비하기 (답변 준비 시간: 27초)

그림 순서대로 장소, 동작 또는 상태, 감정을 묘사하는 4개의 문장을 준비하세요.

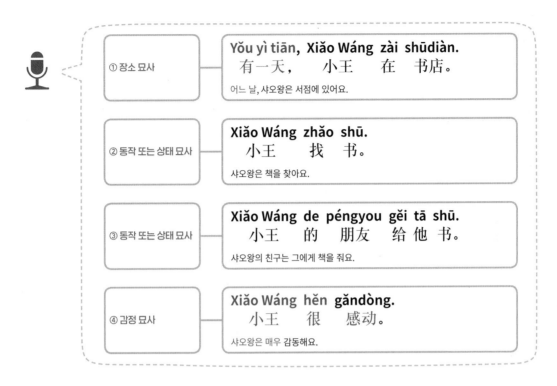

① 장소 묘사

Yǒu yì tiān, Xiǎo Wáng zài shūdiàn.
有一天,　小王　在　书店。
어느 날, 샤오왕은 서점에 있어요.

② 동작 또는 상태 묘사

Xiǎo Wáng zhǎo shū.
小王　找　书。
샤오왕은 책을 찾아요.

③ 동작 또는 상태 묘사

Xiǎo Wáng de péngyou gěi tā shū.
小王　的　朋友　给他书。
샤오왕의 친구는 그에게 책을 줘요.

④ 감정 묘사

Xiǎo Wáng hěn gǎndòng.
小王　很　感动。
샤오왕은 매우 감동해요.

STEP 3 발음 · 성조에 주의하며 준비한 문장 말하기 (답변 시간: 90초)

'삐-'하고 제시음이 들리면 1초 후 미리 준비한 문장 4개를 발음과 성조에 주의하며 큰 소리로 자연스럽게 말하세요. 답변 시간은 90초입니다.

Yǒu yì tiān, Xiǎo Wáng zài shūdiàn.
有一天,　　小王　在　书店。
Xiǎo Wáng zhǎo shū.
小王　找　书。
Xiǎo Wáng de péngyou gěi tā shū.
小王　的　朋友　给他书。
Xiǎo Wáng hěn gǎndòng.
小王　很　感动。

어느 날, 샤오왕은 서점에 있어요. 샤오왕은 책을 찾아요. 샤오왕의 친구는 그에게 책을 줘요. 샤오왕은 매우 감동해요.

실전 감각 익히기

앞에서 배운 답변 전략 스텝에 따라, 아래 질문에 답하며 실전 감각을 익혀보세요.

STEP 1 **주인공 설정하기**(3초)

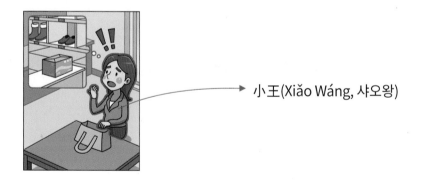

小王(Xiǎo Wáng, 샤오왕)

STEP 2 각 그림 당 문장 한 개씩 준비하기(27초)

① 장소 묘사

Yǒu yì tiān,
有一天, _____。

어느 날, 샤오왕은 백화점에 있어요.

② 동작 또는 상태 묘사

_____。

샤오왕은 많은 물건들을 사요.

③ 동작 또는 상태 묘사

_____。

샤오왕의 물건이 없어졌어요.

④ 감정 묘사

Xiǎo Wáng hěn
小王 很 _____。

샤오왕은 매우 놀라요.

STEP 3 발음 · 성조에 주의하며 준비한 문장 말하기(90초)

모범답변 및 해석 p.380

제1부분
제2부분
제3부분
제4부분
제5부분
제6부분
제7부분
해커스 TSC 3급

🎧 21_2_실전TEST(1)_풀어보기.mp3, 21_3_실전TEST(1)_모범답변.mp3

TSC 중국어 말하기 시험

해커스	
001001	
26/26	

第7部分：看图说话

볼 륨 🔊

① ② ③ ④

실전TEST(2)

🎧 21_4_실전TEST(2)_풀어보기.mp3, 21_5_실전TEST(2)_모범답변.mp3

TSC 중국어 말하기 시험

해커스
001001
26/26

第7部分：看图说话

볼 륨 🔊

①   ②   ③   ④

모범답변 및 해석 p.381

해커스 **TSC 3급**

실전모의고사

실전모의고사
풀어보기

잠깐!
테스트 전
확인사항

1. 답변을 녹음할 녹음기가 준비되셨나요? ·······················□
2. 음량을 알맞게 조절하셨나요? ·······································□
3. 목소리를 가다듬고 입을 푸셨나요? ······························□

모두 완료되었으면 실제 시험을 본다는 생각으로 테스트를 시작합니다.

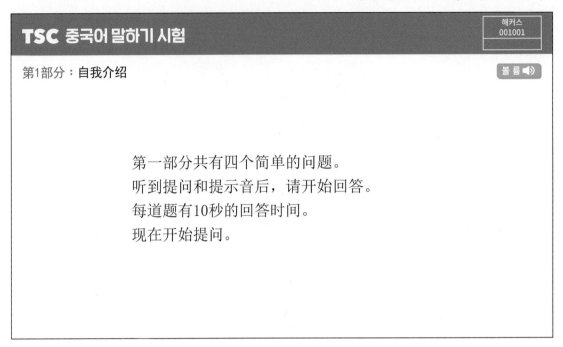

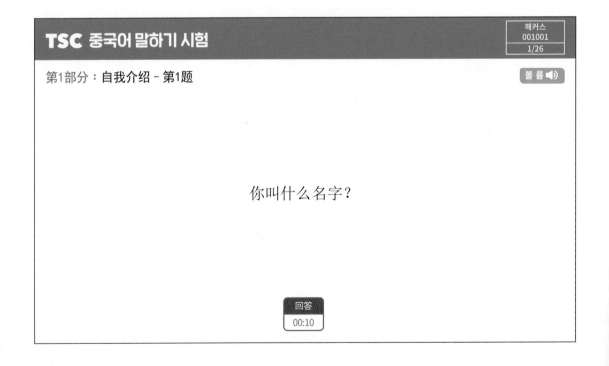

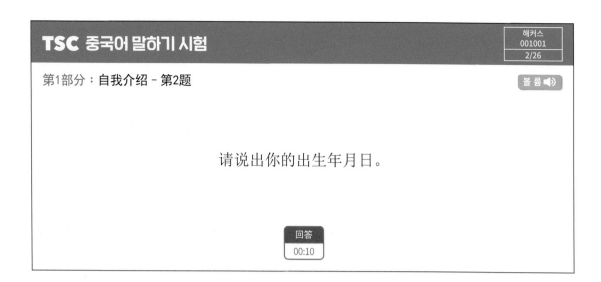

TSC 중국어 말하기 시험

第1部分：自我介绍 - 第2题

볼 륨 🔊

请说出你的出生年月日。

回答
00:10

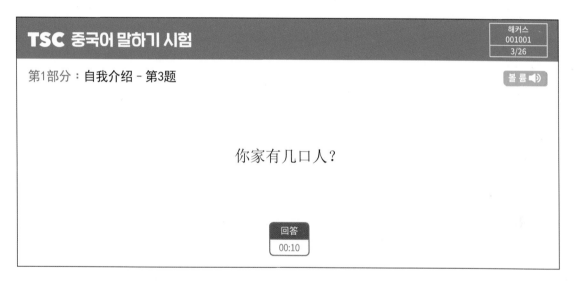

TSC 중국어 말하기 시험

第1部分：自我介绍 - 第3题

볼 륨 🔊

你家有几口人？

回答
00:10

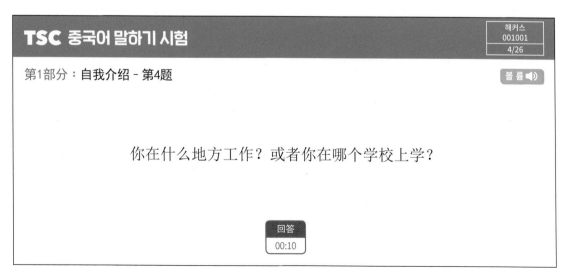

TSC 중국어 말하기 시험

第1部分：自我介绍 - 第4题

볼 륨 🔊

你在什么地方工作？或者你在哪个学校上学？

回答
00:10

실전모의고사

해커스 TSC 3급

第2部分：看图回答

볼 륨 ◀))

第二部分共有四道题，每道题各有一张提示图。

请根据提示图回答问题。

听到提问和提示音后，请准确地回答问题。

每道题有6秒的回答时间。

现在开始提问。

第2部分：看图回答 – 第1题

볼 륨 ◀))

思考	回答
00:03	00:06

TSC 중국어 말하기 시험

第2部分：看图回答 – 第2题

볼 륨 🔊

思考
00:03

回答
00:06

TSC 중국어 말하기 시험

第2部分：看图回答 – 第3题

볼 륨 🔊

思考
00:03

回答
00:06

TSC 중국어 말하기 시험

第2部分：看图回答 – 第4题

볼 륨 🔊

思考	回答
00:03	00:06

TSC 중국어 말하기 시험

第3部分：快速回答

볼 륨 🔊

第三部分共有五道题，请完成简单对话。

每个对话都出自生活中常见的情景，在对话开始前，你将看到提示图。

请尽量回答得完整，内容的长短和所用到的词语都会影响考试分数。

请听下面的例句。

问题：老王来了吗？

回答1：还没来。

回答2：他还没来，怎么了？你有什么事吗？

两种回答方式都可以，但"回答2"更具体，你会得到更高的分数。

听到提问和提示音后，请开始回答问题。

每道题有15秒的回答时间。现在开始提问。

TSC 중국어 말하기 시험

第3部分：快速回答 - 第1题

思考	回答
00:02	00:15

TSC 중국어 말하기 시험

第3部分：快速回答 - 第2题

思考	回答
00:02	00:15

TSC 중국어 말하기 시험

第3部分：快速回答 - 第3题

볼 륨 🔊

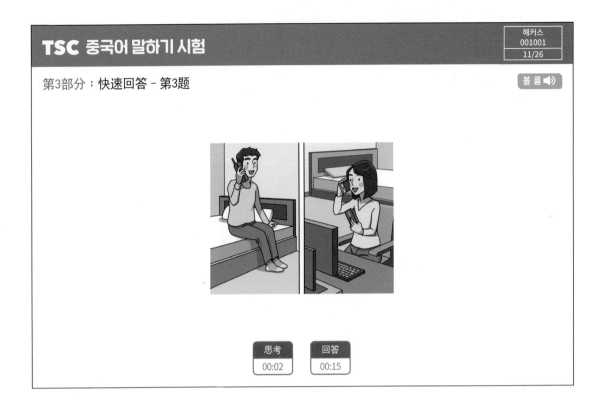

思考 00:02 回答 00:15

TSC 중국어 말하기 시험

第3部分：快速回答 - 第4题

볼 륨 🔊

思考 00:02 回答 00:15

TSC 중국어 말하기 시험

第3部分：快速回答 - 第5题

思考	回答
00:02	00:15

TSC 중국어 말하기 시험

第4部分：简短回答

볼륨

第四部分共有五道题。

请尽量回答得完整，内容的长短和所用到的词语都会影响考试分数。

请听下面的例句。

问题：这个周末你打算做什么？

回答1：爬山。

回答2：这周六早上我要跟家人一起去爬山，还有周日晚上我要去电影院看
　　　　电影。

两种回答方式都可以，但"回答2"更具体，你会得到更高的分数。

听到提问和提示音后，请开始回答问题。

每道题有15秒的思考时间和25秒的回答时间。现在开始提问。

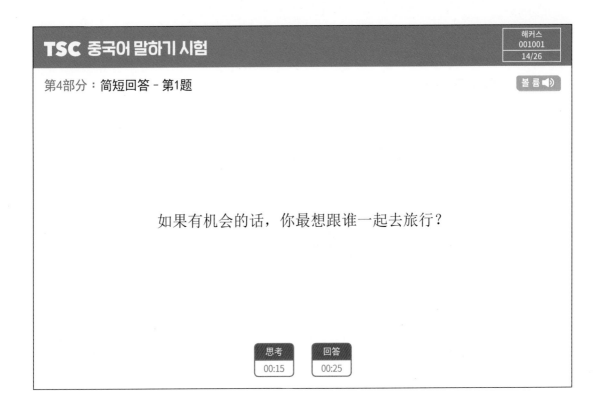

第4部分：简短回答 - 第1题

볼륨 🔊

如果有机会的话，你最想跟谁一起去旅行？

思考
00:15

回答
00:25

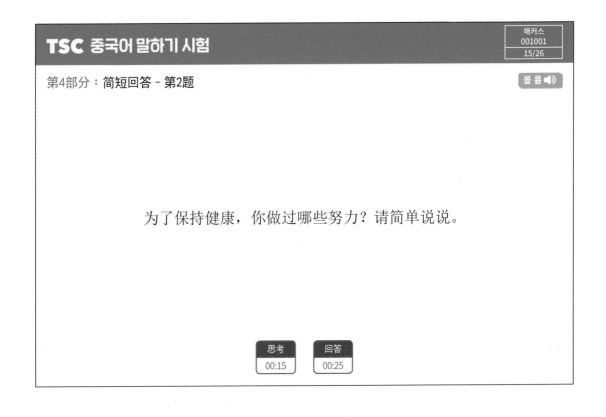

第4部分：简短回答 - 第2题

볼륨 🔊

为了保持健康，你做过哪些努力？请简单说说。

思考
00:15

回答
00:25

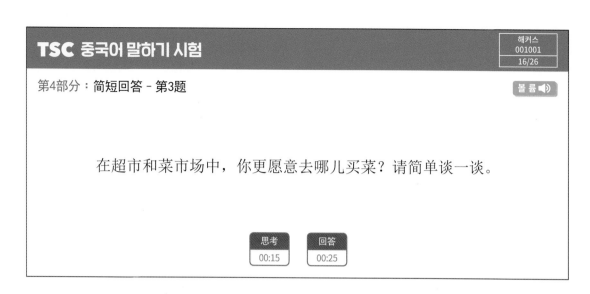

TSC 중국어 말하기 시험

第4部分：简短回答 - 第3题

볼 륨 🔊

在超市和菜市场中，你更愿意去哪儿买菜？请简单谈一谈。

思考
00:15

回答
00:25

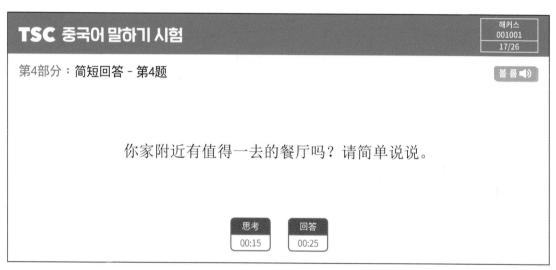

TSC 중국어 말하기 시험

第4部分：简短回答 - 第4题

볼 륨 🔊

你家附近有值得一去的餐厅吗？请简单说说。

思考
00:15

回答
00:25

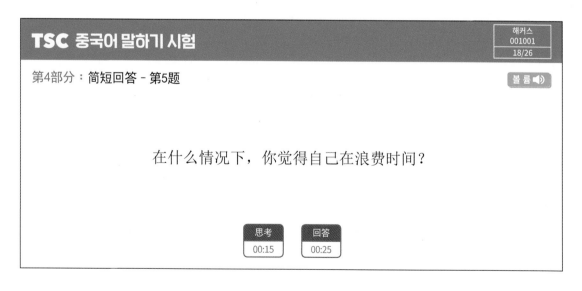

TSC 중국어 말하기 시험

第4部分：简短回答 - 第5题

볼 륨 🔊

在什么情况下，你觉得自己在浪费时间？

思考
00:15

回答
00:25

실전모의고사

해커스 TSC 3급

第5部分：拓展回答

볼륨 🔊

第五部分共有四道题。请说出你的观点。

请尽量回答得完整，内容的长短和所用到的词语都会影响考试分数。

请听下面的例句。

问题：最近不少人做整容，你对此怎么看？

回答1：我觉得整容不好。

回答2：我认为整容是一件好的事。第一是因为，整容后外貌变得更好看的话，会对自己充满自信。第二是因为，可以给对方留下更好的印象。所以，我认为整容是一件好的事。

两种回答方式都可以，但"回答2"更具体，你会得到更高的分数。

听到提问和提示音后，请开始回答问题。

每道题有30秒的思考时间和50秒的回答时间。现在开始提问。

第5部分：拓展回答 - 第1题

볼륨 🔊

为了降低吸烟率，政府要提高香烟的价格，对此你怎么看？

思考	回答
00:30	00:50

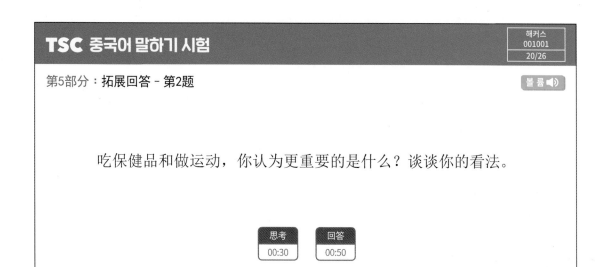

第5部分：拓展回答 - 第2题

볼륨 🔊

吃保健品和做运动，你认为更重要的是什么？谈谈你的看法。

思考
00:30

回答
00:50

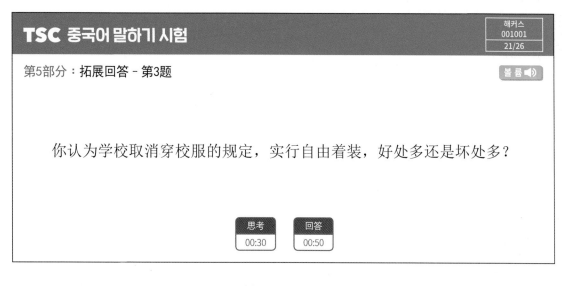

第5部分：拓展回答 - 第3题

볼륨 🔊

你认为学校取消穿校服的规定，实行自由着装，好处多还是坏处多？

思考
00:30

回答
00:50

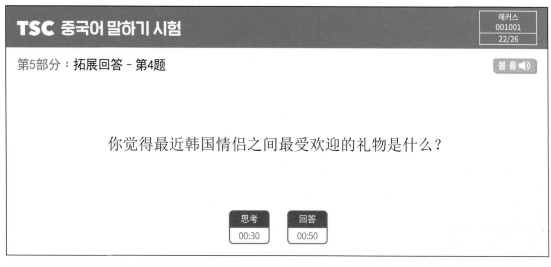

第5部分：拓展回答 - 第4题

볼륨 🔊

你觉得最近韩国情侣之间最受欢迎的礼物是什么？

思考
00:30

回答
00:50

第6部分：情景应对

볼륨

第六部分共有三道题，每道题各有一张提示图，
而且也有讲述提示图的中文内容。
如果你处于这种情况，你会怎么应对？
请尽量回答得完整，内容的长短和所用到的词语都会影响考试分数。
听到提问和提示音后，请开始回答。
每道题有30秒的思考时间和40秒的回答时间。现在开始提问。

第6部分：情景应对 - 第1题

볼륨

你的朋友想跟你商量关于就业的问题，他在国内就业和海外就业中犹豫不决。
请你给他说明你的想法，并提出建议。

思考 00:30 　 回答 00:40

第6部分：情景应对 - 第2题

下周末有你最喜欢的歌手的演唱会。
请你给喜欢去演唱会的朋友打电话说明情况，并邀请他一起去。

 思考 00:30　 回答 00:40

第6部分：情景应对 - 第3题

你新买的照相机没用几天就坏了，请给商店打电话说明情况，
并要求解决问题。

 思考 00:30　 回答 00:40

실전모의고사

해커스 TSC 3급

第7部分：看图说话

볼륨 🔊

第七部分有四幅连续的漫画。
请你仔细看漫画并叙述漫画的内容。
现在请看四幅漫画。（30秒）

第7部分：看图说话

볼륨 🔊

①   ②   ③   ④

现在开始叙述漫画的内容，请尽量回答得完整且详细。
你将有90秒的回答时间。
听到提示音后，请开始回答。

思考	回答
00:02	00:90

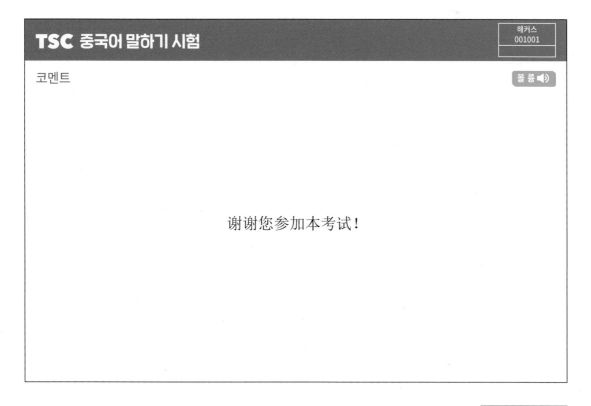

모범답변 및 해석 p.382

본 교재 동영상강의·무료 학습자료 제공
china.Hackers.com

모범답변 및 해석

제1부분 자기 소개

실전TEST

🎧 23_1_제1부분 실전TEST.mp3

01

你 叫 什么 名字?
Nǐ jiào shénme míngzi?
당신의 이름은 무엇입니까? → 살짝 끊어 읽으세요

Wǒ jiào Jīn Xiùzhēn.
我 叫 金秀珍。
저는 김수진이라고 합니다.

어휘 你 nǐ 당신, 너 叫 jiào ~이다, ~라고 부르다 什么 shénme 무엇, 어떤 名字 míngzi 이름 我 wǒ 저, 나

시종일관 발음체크 wǒ jiào(我叫)에서 wǒ(我)는 4성 앞에 있으므로 반3성으로 발음해요.

02

请 说出 你 的 出生年月日。
Qǐng shuōchū nǐ de chūshēng nián yuè rì.
당신의 출생 연월일을 말해주세요.

Wǒ shì yī jiǔ bā sān nián wǔ yuè shíqī hào chūshēng de.
我 是 一九八三 年 五 月 十七 号 出生 的。
저는 1983년 5월 17일에 태어났습니다.

어휘 请 qǐng ~해주세요 说出 shuōchū 말하다 你 nǐ 당신, 너 的 de ~의 出生年月日 chūshēng nián yuè rì 출생 연월일
我 wǒ 저, 나 是 shì ~이다 一九八三 yī jiǔ bā sān 1983 年 nián 년, 해 五 wǔ 5, 다섯 月 yuè 월, 달 十七 shíqī 17
号 hào 일, 호 出生 chūshēng 출생하다, 태어나다

시종일관 발음체크 ian은 '이안'이 아니라 '이엔'으로 발음해요. 따라서 年(nián)은 '니엔'으로 발음해요.

03

你 家 有 几 口 人?
Nǐ jiā yǒu jǐ kǒu rén?
당신의 가족은 몇 명입니까?

Wǒ jiā yǒu liǎng kǒu rén.
我 家 有 两 口 人。
우리 가족은 2명입니다.

어휘 你 nǐ 당신, 너 家 jiā 집, 가정 有 yǒu ~이 있다 几 jǐ 몇, 얼마 口 kǒu 명[식구를 셀 때 쓰임] 人 rén 사람 我 wǒ 저, 나
两 liǎng 2, 둘

시종일관 발음체크 '두 명'을 말할 땐 二(èr, 2)이 아닌 两(liǎng, 둘)을 써요. liǎng kǒu rén(两口人)은 2성+반3성+2성으로 발음해요.

你 在 什么 地方 工作? 或者 你 在 哪个 学校 上学?
Nǐ zài shénme dìfang gōngzuò? Huòzhě nǐ zài nǎge xuéxiào shàngxué?
당신은 어느 곳에서 일합니까? 혹은 어느 학교에 다닙니까?

Wǒ zhèngzài˅zhǎo gōngzuò.
我 正在 找 工作。
저는 일을 구하고 있습니다.

어휘 你 nǐ 당신, 너 在 zài ~에서, ~에 있다 什么 shénme 어느, 어떤 地方 dìfang 곳, 장소 工作 gōngzuò 일하다, 일
或者 huòzhě 혹은, 또는 哪个 nǎge 어느 学校 xuéxiào 학교 上学 shàngxué 학교에 다니다 我 wǒ 저, 나
正在 zhèngzài ~하는 중이다 找 zhǎo 구하다, 찾다

시종일관 발음체크 z(i)는 혀끝을 윗니 바로 뒤에 댔다가 떼면서 입천장 사이와의 공기를 내보내며 '쯔으'라고 발음하고, zh(i)는
이를 앙 물고 혀를 입천장 오돌토돌한 부분 뒤에 붙였다 떼면서 '쯩ⓗ'라고 발음해요. 따라서 zhèngzài(正在)
의 zhèng(正)과 zhǎo(找)는 각각 '쯩ⓗ엉'과 '쯩ⓗ아오'로 발음하고, zhèngzài(正在)의 zài(在)와 gōngzuò(工作)의
zuò(作)는 각각 '짜이'와 '쭈어'로 발음해요. 쉽지 않은 발음이니 입에 붙을 때까지 듣고 따라 말하는 연습을 여
러 번 해야 해요.

제2부분 그림 보고 답하기

유형1 실력 UP 연습문제

🎧 23_2_제2부분 유형1 연습문제.mp3

01

🎧 **Shǒubiǎo zài nǎr?**
　　手表　　在　哪儿?
손목시계는 어디에 있습니까? → 살짝 끊어 읽으세요

🎤 **Shǒubiǎo ᵛ zài zhuōzi shang.**
　　手表　　在　桌子　上。
손목시계는 책상 위에 있습니다.

어휘 手表 shǒubiǎo 손목시계 在 zài ~에 있다 哪儿 nǎr 어디 桌子上 zhuōzi shang 책상 위

시종일관 발음체크 3성+3성인 shǒubiǎo(手表)는 2성+3성으로 발음해요.

02

🎧 **Shūdiàn yòubian yǒu shénme?**
　　书店　　右边　　有　什么?
서점 오른쪽에 무엇이 있습니까?

🎤 **Shūdiàn yòubian ᵛ yǒu yínháng.**
　　书店　　右边　　有　银行。
서점 오른쪽에 은행이 있습니다.

어휘 书店 shūdiàn 서점 右边 yòubian 오른쪽 有 yǒu ~이 있다 什么 shénme 무엇, 어떤 银行 yínháng 은행

시종일관 발음체크 yòubian(右边)에서 bian(边)은 경성이므로 짧고 약하게 발음하면 돼요. yǒu yínháng(有银行)에서 yǒu(有)는 2성 앞에 있으므로 반3성으로 발음해요.

03

🎧 **Nǚde zài cāntīng ma?**
　　女的　在　餐厅　吗?
여자는 식당에 있습니까?

🎤 **Bù, nǚde ᵛ zài túshūguǎn.**
　　不,　女的　在　图书馆。
아니요. 여자는 도서관에 있습니다.

어휘 女的 nǚde 여자 在 zài ~에 있다 餐厅 cāntīng 식당 吗 ma ~입니까 不 bù 아니다 图书馆 túshūguǎn 도서관

시종일관 발음체크 nǚde(女的)에서 nǚ(女)는 경성 앞에 있으므로 반3성으로 발음해요.

04

🎧 **Shénme dōngxi zài zhōngjiān?**
什么东西 在 中间?
어떤 물건이 가운데에 있습니까?

🎤 **Qiānbǐ^ᵛ zài zhōngjiān.**
铅笔 在 中间。
연필이 가운데에 있습니다.

어휘 **什么东西** shénme dōngxi 어떤 물건 **在** zài ~에 있다 **中间** zhōngjiān 가운데 **铅笔** qiānbǐ 연필

시종일관 발음체크 ian은 '이안'이 아니라 '이엔'으로 발음해요. 따라서 铅笔(qiānbǐ)의 铅은 '치엔'으로 발음해요.

05

🎧 **Xiāngzi li yǒu shénme?**
箱子 里 有 什么?
상자 안에 무엇이 있습니까?

🎤 **Xiāngzi li^ᵛ yǒu cǎoméi.**
箱子 里 有 草莓。
상자 안에 딸기가 있습니다.

어휘 **箱子** xiāngzi 상자 **里** li 안 **有** yǒu ~이 있다 **什么** shénme 무엇, 어떤 **草莓** cǎoméi 딸기

시종일관 발음체크 yǒu cǎoméi(有草莓)는 2성+반3성+2성으로 발음해요. 여기서 cǎo(草)는 '카오'가 아니라 '차오'로 발음하는 것에 주의해요.

06

🎧 **Tā zài nǎr?**
他 在 哪儿?
그는 어디에 있습니까?

🎤 **Tā zài^ᵛ diànyǐngyuàn.**
他 在 电影院。
그는 영화관에 있습니다.

어휘 **他** tā 그 **在** zài ~에 있다 **哪儿** nǎr 어디 **电影院** diànyǐngyuàn 영화관

시종일관 발음체크 diànyǐngyuàn(电影院)은 4성+반3성+4성으로 발음해요. 성조의 높낮이 변화가 크므로 한 단어로 입에 붙도록 여러 번 연습하세요.

07

🎧 **Háizimen qù nǎr?**
孩子们 去 哪儿?
아이들은 어디에 갑니까?

🎤 **Háizimen^ᵛ qù xuéxiào.**
孩子们 去 学校。
아이들은 학교에 갑니다.

어휘 **孩子们** háizimen 아이들 **去** qù 가다 **哪儿** nǎr 어디 **学校** xuéxiào 학교

시종일관 발음체크 qu는 '추우'가 아니라 '취이'로 발음해요. 따라서 qù(去)는 '취이'로 발음해요.

08

🎧 **Yòubian de shì shénme?**
右边 的 是 什么?
오른쪽의 것은 무엇입니까?

🎤 **Yòubian de ˅ shì xiāngjiāo.**
右边 的 是 香蕉。
오른쪽의 것은 바나나입니다.

어휘 右边 yòubian 오른쪽 的 de ~의 것 是 shì ~이다 什么 shénme 무엇, 어떤 香蕉 xiāngjiāo 바나나

시종일관 발음체크 yòubian de(右边的)와 shì xiāngjiāo(是香蕉)를 가볍게 끊어서 말하되, 한 호흡으로 말할 수 있도록 여러 번 연습하세요.

유형 2 실력 UP 연습문제

🎧 23_3_제2부분 유형2 연습문제.mp3

01

🎧 **Tā zài zuò shénme?**
她 在 做 什么?
그녀는 무엇을 하고 있습니까?

🎤 **Tā zài tiàowǔ.**
她 在 跳舞。
그녀는 춤을 추고 있습니다.

어휘 她 tā 그녀 在 zài ~하고 있다 做 zuò 하다 什么 shénme 무엇, 어떤 跳舞 tiàowǔ 춤을 추다

시종일관 발음체크 wu는 u(우우)라고 발음하면 돼요. 따라서 tiàowǔ(跳舞)의 wǔ(舞)는 '우우'라고 발음해요.

02

🎧 **Nán háir zài kàn diànyǐng ma?**
男孩儿 在 看电影 吗?
남자 아이는 영화를 보고 있습니까?

🎤 **Bù, Nán háir ˅ zài shàngkè.**
不, 男孩儿 在 上课。
아니요. 남자 아이는 수업을 듣고 있습니다.

어휘 男孩儿 nán háir 남자 아이 在 zài ~하고 있다 看电影 kàn diànyǐng 영화를 보다 吗 ma ~입니까 不 bù 아니다
上课 shàngkè 수업을 듣다

시종일관 발음체크 nán háir(男孩儿)의 háir(孩儿)은 운모 i를 생략하고 '하아'를 먼저 발음한 후 바로 r을 붙여 혀끝을 입천장 움푹 패인 곳에 대면서 '하알'로 발음하면 돼요.

03

🎧 **Xiànzài shì dōngtiān ma?**
现在 是 冬天 吗?
지금은 겨울 입니까?

🎤 **Bù, xiànzài ˅ shì xiàtiān.**
不, 现在 是 夏天。
아니요. 지금은 여름입니다.

어휘 现在 xiànzài 지금, 현재 是 shì ~이다 冬天 dōngtiān 겨울 吗 ma ~입니까 不 bù 아니다 夏天 xiàtiān 여름

시종일관 발음체크 xiànzài shì xiàtiān(现在是夏天)에서는 4성이 네 번 연달아 나와요. 하지만 xiànzài(现在)와 xiàtiān(夏天)이 중요한 정보이기 때문에 두 단어의 첫소리인 xiàn과 xià를 더 높고 크게 발음해요. 그러면 더 쉽고 유창하게 문장을 말할 수 있어요.

04

🎧 **Nán háizi zài gàn shénme?**
男孩子 在 干 什么?
남자 아이는 무엇을 하고 있습니까?

🎤 **Nán háizi [∨] zài chī shuǐguǒ.**
男孩子 在 吃水果。
남자 아이는 과일을 먹고 있습니다.

어휘 男孩子 nán háizi 남자 아이 在 zài ~하고 있다 干 gàn 하다 什么 shénme 무엇, 어떤 吃 水果 chī shuǐguǒ 과일을 먹다

시종일관 발음체크 3성+3성인 shuǐguǒ(水果)는 2성+3성으로 발음해요.

05

🎧 **Nǚ háir zài zuò shénme?**
女孩儿 在 做 什么?
여자 아이는 무엇을 하고 있습니까?

🎤 **Nǚ háir [∨] zài yóuyǒng.**
女孩儿 在 游泳。
여자 아이는 수영을 하고 있습니다.

어휘 女孩儿 nǚ háir 여자 아이 在 zài ~하고 있다 做 zuò 하다 什么 shénme 무 엇 游泳 yóuyǒng 수영하다

시종일관 발음체크 nǚ háir(女孩儿)의 háir(孩儿)은 운모 i를 생략하고 바로 r을 붙여 '하알'로 발음하면 돼요.

06

🎧 **Tāmen zài chànggē ma?**
他们 在 唱歌 吗?
그들은 노래 부르고 있습니까?

🎤 **Bù, tāmen [∨] zài dǎ lánqiú.**
不, 他们 在 打篮球。
아니요. 그들은 농구하고 있습니다.

어휘 他们 tāmen 그들 在 zài ~하고 있다 唱歌 chànggē 노래 부르다 吗 ma ~입니까 不 bù 아니다
打篮球 dǎ lánqiú 농구하다

시종일관 발음체크 dǎ lánqiú(打篮球)는 반3성+2성+2성으로 발음해요. 한 호흡으로 말할 수 있도록 여러 번 연습하세요.

07

🎧 **Wàibian zài dǎléi ma?**
　　外边　在　打雷　吗?
　　밖에는 천둥이 칩니까?

🎤 **Bù, wàibian [∨] zài guāfēng.**
　　不,　外边　　在　刮风。
　　아니요. 밖에는 바람이 붑니다.

어휘　外边 wàibian 밖, 바깥　在 zài ~하고 있다　打雷 dǎléi 천둥이 치다　吗 ma ~입니까　不 bù 아니다
　　　刮风 guāfēng 바람이 불다

시종일관 발음체크　guāfēng(刮风)에서 fēng(风)은 '펑'이 아닌 '(f)엉'으로 발음해요. zài guāfēng(在刮风)을 한 호흡으로 말할 수 있
　　　도록 여러 번 연습하세요.

08

🎧 **Zhèr bù néng zuò shénme?**
　　这儿　不能　做　什么?
　　여기에서 무엇을 하면 안 됩니까?

🎤 **Zhèr [∨] bù néng wánr shǒujī.**
　　这儿　　不能　玩儿手机。
　　여기에서 휴대폰을 가지고 놀면 안 됩니다.

어휘　这儿 zhèr 여기　不能 bù néng ~하면 안 된다　做 zuò 하다　什么 shénme 무엇
　　　玩儿手机 wánr shǒujī 휴대폰을 가지고 놀다

시종일관 발음체크　zhèr(这儿)은 '쯔어'를 먼저 발음한 후 혀끝을 입천장 움푹 패인 곳에 대면서 er(儿) 발음을 완성시키면 돼요. 그
　　　리고 wánr(玩儿)은 운모 n를 생략하고 바로 r을 붙여 '와알'로 발음하면 돼요.

유형 3 실력 UP 연습문제　🎧 23_4_제2부분 유형3 연습문제.mp3

01

🎧 **Nǎ zhǒng dōngxi bǐjiào zhòng?**
　　哪种东西　　比较　重?
　　어떤 물건이 비교적 무겁습니까?

🎤 **Jīdàn [∨] bǐjiào zhòng.**
　　鸡蛋　比较　重。
　　달걀이 비교적 무겁습니다.

어휘　哪种东西 nǎ zhǒng dōngxi 어떤 물건　比较 bǐjiào 비교적　重 zhòng 무겁다　鸡蛋 jīdàn 달걀

시종일관 발음체크　bǐjiào(比较)는 반3성+4성으로 발음해요. 한 단어로 입에 붙도록 여러 번 연습하세요.

02

🎧 **Zìxíngchē gèng kuài ma?**
自行车 更 快 吗?
자전거가 더 빠릅니까?

🎤 **Bù, gōngjiāochē ^ˇ gèng kuài.**
不, 公交车 更 快。
아니요. 버스가 더 빠릅니다.

어휘 自行车 zìxíngchē 자전거 更 gèng 더, 더욱 快 kuài 빠르다 吗 ma ~입니까 不 bù 아니다 公交车 gōngjiāochē 버스

시종일관 발음체크 운모 e는 '에'가 아닌 '으어'로 발음해요. 따라서 gōngjiāochē(公交车)의 chē(车)는 '츠어'로 발음해요.

03

🎧 **Nǎ zhǒng dōngxi bǐjiào qīng?**
哪种东西 比较 轻?
어떤 물건이 비교적 가볍습니까?

🎤 **Píngguǒ ^ˇ bǐjiào qīng.**
苹果 比较 轻。
사과가 비교적 가볍습니다.

어휘 哪种东西 nǎ zhǒng dōngxi 어떤 물건 比较 bǐjiào 비교적 轻 qīng 가볍다 苹果 píngguǒ 사과

시종일관 발음체크 píngguǒ(苹果)와 bǐjiào qīng(比较轻)를 가볍게 끊어서 말하되, 한 호흡으로 말할 수 있도록 여러 번 연습하세요.

04

🎧 **Shéi de wéijīn gèng cháng?**
谁 的 围巾 更 长?
누구의 목도리가 더 깁니까?

🎤 **Nǚrén de wéijīn ^ˇ gèng cháng.**
女人 的 围巾 更 长。
여자의 목도리가 더 깁니다.

어휘 谁 shéi 누구 的 de ~의 围巾 wéijīn 목도리 更 gèng 더, 더욱 长 cháng 길다 女人 nǚrén 여자

시종일관 발음체크 nǚrén(女人)에서 nǚ(女)는 2성 앞에 있으므로 반3성으로 발음해요. 한 단어로 입에 붙도록 여러 번 연습하세요.

05

🎧 **Shéi de màozi gèng dà?**
谁 的 帽子 更 大?
누구의 모자가 더 큽니까?

🎤 **Nǎinai de màozi ^ˇ gèng dà.**
奶奶 的 帽子 更 大。
할머니의 모자가 더 큽니다.

어휘 谁 shéi 누구 的 de ~의 帽子 màozi 모자 更 gèng 더, 더욱 大 dà 크다 奶奶 nǎinai 할머니

시종일관 발음체크 nǎinai(奶奶)는 반3성+경성으로 발음해요. 한 단어로 입에 붙도록 여러 번 연습하세요.

06

🎧
Nǎ zhǒng dōngxi   bǐjiào   piányi?
哪种东西   比较   便宜?
어떤 물건이 비교적 쌉니까?

🎤
Niúnǎi ˇ bǐjiào   piányi.
牛奶   比较   便宜。
우유가 비교적 쌉니다.

어휘　**哪种东西** nǎ zhǒng dōngxi 어떤 물건　**比较** bǐjiào 비교적　**便宜** piányi 싸다　**牛奶** niúnǎi 우유

시종일관 발음체크　niúnǎi(牛奶)의 niú(牛)는 '니우'가 아니라 '니어우'로 발음해요. niúnǎi(牛奶)와 bǐjiào piányi(比较便宜)를 가볍게 끊어서 말하되, 한 호흡으로 말할 수 있도록 여러 번 연습하세요.

07

🎧
Zhōngguó   gèng   lěng   ma?
中国   更   冷   吗?
중국이 더 춥습니까?

🎤
Bù, Hánguó   gèng   lěng.
不, 韩国   更   冷。
아니요. 한국이 더 춥습니다.

어휘　**中国** Zhōngguó 중국　**更** gèng 더, 더욱　**冷** lěng 춥다　**吗** ma ~입니까　**不** bù 아니다　**韩国** Hánguó 한국

시종일관 발음체크　운모 e는 '에'가 아닌 '으어'로 발음해요. 따라서 gèng(更)은 '끄엉'으로 발음해요.

08

🎧
Shéi   bǐjiào   ǎi?
谁   比较   矮?
누가 비교적 작습니까?

🎤
Nán háizi ˇ bǐjiào   ǎi.
男孩子   比较   矮。
남자 아이가 비교적 작습니다.

어휘　**谁** shéi 누구　**比较** bǐjiào 비교적　**矮** ǎi 키가 작다　**男孩子** nán háizi 남자 아이

시종일관 발음체크　nán háizi(男孩子)에서 háizi(孩子)는 2성인 hái(孩)에서 끌어올리는 힘으로 경성인 zi(子)를 짧고 가볍게 던지듯이 발음해요. 한 단어로 입에 붙도록 여러 번 연습하세요.

유형 4 실력 UP 연습문제　　🎧 23_5_제2부분 유형4 연습문제.mp3

01

🎧
Jiā li yǒu jǐ ge rén?
家 里 有 几 个 人?
집 안에 몇 명의 사람이 있습니까?

🎤
Jiā li ˇ yǒu sì ge rén.
家 里 有 四 个 人。
집 안에 4명의 사람이 있습니다.

어휘　**家** jiā 집　**里** li 안　**有** yǒu 있다　**几** jǐ 몇, 얼마　**个** ge 명　**人** rén 사람　**四** sì 4, 넷

시종일관 발음체크 yǒu sì ge rén(有四个人)은 반3성＋4성＋경성＋2성으로 발음해요. 성조의 높낮이 변화가 크므로 입에 붙을 때까지 여러 번 연습하세요.

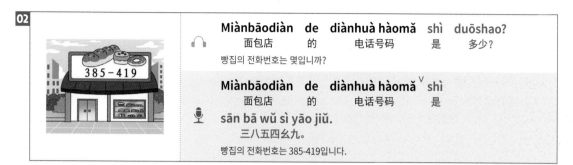

02

Miànbāodiàn de diànhuà hàomǎ shì duōshao?
面包店 的 电话号码 是 多少？
빵집의 전화번호는 몇입니까?

Miànbāodiàn de diànhuà hàomǎ ᵛ shì
面包店 的 电话号码 是
sān bā wǔ sì yāo jiǔ.
三八五四幺九。
빵집의 전화번호는 385-419입니다.

어휘 面包店 miànbāodiàn 빵집 的 de ~의 电话号码 diànhuà hàomǎ 전화번호 是 shì ~이다 多少 duōshao 몇, 얼마
三八五四幺九 sān bā wǔ sì yāo jiǔ 385-419

시종일관 발음체크 전화번호를 말할 때, 숫자 '1'은 qī(七)와 혼동되지 않도록 yī(一)가 아닌 yāo(幺)로 발음해요.

03

Nánde shénme shíhou duànliàn shēntǐ?
男的 什么时候 锻炼身体？
남자는 언제 몸을 단련합니까?

Nánde xiàwǔ qī diǎn duànliàn shēntǐ.
男的 下午 七点 锻炼身体。
남자는 오후 7시에 몸을 단련합니다.

어휘 男的 nánde 남자 什么时候 shénme shíhou 언제 锻炼身体 duànliàn shēntǐ 몸을 단련하다, 운동하다
下午 xiàwǔ 오후 七点 qī diǎn 7시

시종일관 발음체크 xiàwǔ qī diǎn(下午七点)을 4성＋반3성＋1성＋반3성으로 한 번에 발음하고 바로 다음 단어로 넘어갈 수 있도록 여러 번 연습하세요.

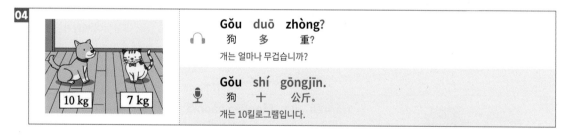

04

Gǒu duō zhòng?
狗 多 重？
개는 얼마나 무겁습니까?

Gǒu shí gōngjīn.
狗 十 公斤。
개는 10킬로그램입니다.

어휘 狗 gǒu 개 多重 duō zhòng 얼마나 무겁나요 十 shí 10, 열 公斤 gōngjīn 킬로그램

시종일관 발음체크 gǒu(狗)를 반3성으로 발음해서 문장을 한 호흡으로 말할 수 있도록 여러 번 연습하세요.

모범답변 및 해석

해커스 TSC 3급

05

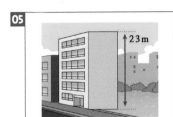

🎧 **Zhè lóu yǒu duō gāo?**
这　楼　有　多　高？
이 건물은 얼마나 높습니까?

🎤 **Zhè lóu yǒu ˇ èrshísān mǐ.**
这　楼　有　二十三　米。
이 건물은 23m입니다.

어휘　这 zhè 이　楼 lóu 건물　有 yǒu ~이다, ~만큼 되다　多高 duō gāo 얼마나 높나요　二十三 èrshísān 23　米 mǐ 미터

시종일관 발음체크　yǒu èrshísān mǐ(有二十三米)은 반3성+4성+2성+1성+3성으로 발음해요. 성조의 높낮이 변화가 크므로 입에 붙을 때까지 여러 번 연습하세요.

06

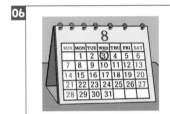

🎧 **Bā yuè sān hào xīngqī jǐ?**
八　月　三　号　星期几？
8월 3일은 무슨 요일입니까?

🎤 **Bā yuè sān hào xīngqī sān.**
八　月　三　号　星期三。
8월 3일은 수요일입니다.

어휘　八 bā 8, 여덟　月 yuè 월　三 sān 3, 셋　号 hào 일　星期 xīngqī 요일　几 jǐ 무슨, 몇　星期三 xīngqī sān 수요일

시종일관 발음체크　bā yuè sān hào xīngqī sān(八月三号星期三)은 노래의 한 소절을 부르듯이 리듬을 타며 한 호흡으로 발음해요.

07

🎧 **Tā de tǐwēn shì duōshao dù?**
他　的　体温　是　多少　度？
그의 체온은 몇 도입니까?

🎤 **Tā de tǐwēn shì ˇ sānshíqī dù.**
他　的　体温　是　三十七　度。
그의 체온은 37도입니다.

어휘　他 tā 그　的 de ~의　体温 tǐwēn 체온　是 shì ~이다　多少 duōshao 몇, 얼마　度 dù 도(℃)　三十七 sānshíqī 37

시종일관 발음체크　tā de tǐwēn shì(他的体温是)은 1성+경성+반3성+1성+4성으로 발음해요. 성조의 높낮이 변화가 크므로 입에 붙을 때까지 여러 번 연습하세요.

08

🎧 **Nánrén de fángjiān hàomǎ shì duōshao?**
男人　的　房间号码　是　多少？
남자의 방 번호는 몇입니까?

🎤 **Nánrén de fángjiān hàomǎ shì ˇ yāo líng sān.**
男人　的　房间号码　是　幺零三。
남자의 방 번호는 103입니다.

어휘　男人 nánrén 남자　的 de ~의　房间号码 fángjiān hàomǎ 방 번호　是 shì ~이다　多少 duōshao 몇, 얼마
　　　幺零三 yāo líng sān 103

시종일관 발음체크 fángjiān hàomǎ shì(房间号码是)은 2성+1성+4성+반3성+4성으로 발음해요. 성조의 높낮이 변화가 크므로 입에 붙을 때까지 여러 번 연습하세요.

실전 공략하기

🎧 23_6_제2부분 실전 공략.mp3

실전 감각 익히기

01

🎧 **Tāmen zài hē chá ma?**
他们 在 喝茶 吗?
그들은 차를 마시고 있습니까?

🎤 **Bù, tāmen^v zài chī fàn.**
不, 他们 在 吃饭。
아니요. 그들은 밥을 먹고 있습니다.

어휘 他们 tāmen 그들 在 zài ~하고 있다 喝茶 hē chá 차를 마시다 吗 ma ~입니까 不 bù 아니다 吃饭 chī fàn 밥을 먹다

시종일관 발음체크 chī fàn(吃饭)의 chī(吃)은 이를 앙 물고 혀를 입천장 오돌토돌한 부분 뒤에 붙였다 떼면서 '츠ⓡ'라고 발음해요.

02

17kg 12kg

🎧 **Shéi de xíngli bǐjiào qīng?**
谁 的 行李 比较 轻?
누구의 짐이 비교적 가볍습니까?

🎤 **Nǚde de xíngli^v bǐjiào qīng.**
女的 的 行李 比较 轻。
여자의 짐이 비교적 가볍습니다.

어휘 谁 shéi 누구 的 de ~의 行李 xíngli 짐, 캐리어 比较 bǐjiào 비교적 轻 qīng 가볍다 女的 nǚde 여자

시종일관 발음체크 nǚde de(女的的)는 반3성인 nǚ(女)를 내렸다가 다시 올라오는 힘으로 경성인 de de(的的)를 짧고 가볍게 던지듯이 발음해요.

03

🎧 **Xiāngjiāo yòubian de shì shénme?**
香蕉 右边 的 是 什么?
바나나 오른쪽의 것은 무엇입니까?

🎤 **Xiāngjiāo yòubian de^v shì xīguā.**
香蕉 右边 的 是 西瓜。
바나나 오른쪽의 것은 수박입니다.

어휘 香蕉 xiāngjiāo 바나나 右边 yòubian 오른쪽 的 de ~의 是 shì ~이다 什么 shénme 무엇, 어떤 西瓜 xīguā 수박

시종일관 발음체크 xiāngjiāo yòubian de(香蕉右边的)를 한 호흡으로 말할 수 있도록 여러 번 연습하세요.

모범답변 및 해석

해커스 TSC 3급

04

🎧 **Yīyuàn zài jǐ lóu?**
医院 在 几 楼?
병원은 몇 층에 있습니까?

🎤 **Yīyuàn ˅ zài sì lóu.**
医院 在 四 楼。
병원은 4층에 있습니다.

어휘 医院 yīyuàn 병원 在 zài ~에 있다 几 jǐ 몇, 얼마 楼 lóu 층, 건물 四 sì 4, 넷

시종일관 발음체크 yīyuàn zài sì lóu(医院在四楼)에서는 4성이 세 번 연달아 나와요. 하지만 sì(四)가 중요한 정보이기 때문에 sì를 더 높고 크게 발음해요. 그러면 더 쉽고 유창하게 문장을 말할 수 있어요.

실전TEST

🎧 23_7_제2부분 실전TEST.mp3

 TEST (1)

01

🎧 **Dàyī pángbiān yǒu shénme?**
大衣 旁边 有 什么?
외투 옆에 무엇이 있습니까?

🎤 **Dàyī pángbiān ˅ yǒu shǒujī.**
大衣 旁边 有 手机。
외투 옆에 휴대폰이 있습니다.

어휘 大衣 dàyī 외투 旁边 pángbiān 옆 有 yǒu ~이 있다 什么 shénme 무엇 手机 shǒujī 휴대폰

시종일관 발음체크 yǒu shǒujī(有手机)는 2성+3성+1성으로 발음해요. 한 호흡으로 말할 수 있도록 여러 번 연습하세요.

02

🎧 **Háizi zài tīng yīnyuè ma?**
孩子 在 听音乐 吗?
아이는 음악을 듣고 있습니까?

🎤 **Bù, háizi zài xǐshǒu.**
不, 孩子 在 洗手。
아니요. 아이는 손을 씻고 있습니다.

어휘 孩子 háizi 아이 在 zài ~하고 있다 听音乐 tīng yīnyuè 음악을 듣다 吗 ma ~입니까 不 bù 아니다 洗手 xǐshǒu 손을 씻다

시종일관 발음체크 xǐshǒu(洗手)는 2성+3성으로 발음해요. zài xǐshǒu(在洗手)를 한 호흡으로 말할 수 있도록 여러 번 연습하세요.

03

🎧 **Shéi gèng gāo?**
谁 更 高?
누가 더 키가 큽니까?

🎤 **Nǚ háir gèng gāo.**
女孩儿 更 高。
여자 아이가 더 키가 큽니다.

어휘 谁 shéi 누구 更 gèng 더, 더욱 高 gāo 키가 크다 女孩儿 nǚ háir 여자 아이

시종일관 발음체크 nǚ háir gèng gāo(女孩儿更高)는 반3성+2성+4성+1성으로 발음해요. 성조의 높낮이 변화가 크므로 입에 붙을 때까지 여러 번 연습하세요.

04

🎧 **Nǚ háizi duō dà?**
女孩子 多 大?
여자 아이는 몇 살입니까? (여자 아이는 얼마나 나이가 많습니까?)

🎤 **Nǚ háizi liù suì.**
女孩子 六 岁。
여자 아이는 6살입니다.

어휘 女孩子 nǚ háizi 여자 아이 多大 duō dà 얼마나 나이가 많나요 六 liù 6, 육 岁 suì 살, 세[나이를 세는 단위]

시종일관 발음체크 liù(六)는 '리우'가 아닌 '리어우'로, suì(岁)는 '쑤이'가 아닌 '쑤에이'로 발음해요. liù suì(六岁)를 입에 붙도록 여러 번 연습하세요.

TEST (2)

01

🎧 **Zhè zhāng ménpiào duōshao qián?**
这张门票 多少 钱?
이 티켓은 얼마입니까?

🎤 **Zhè zhāng ménpiào ˅ sìshíliù kuài qián.**
这张门票 四十六块 钱。
이 티켓은 46위안입니다.

어휘 这张门票 zhè zhāng ménpiào 이 티켓 多少 duōshao 얼마, 몇 钱 qián 돈, 값 四十六 sìshíliù 46 块 kuài 위안

시종일관 발음체크 sìshíliù kuài qián(四十六块钱)을 한 호흡으로 말할 수 있도록 여러 번 연습하세요.

02

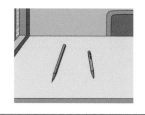

🎧 **Nǎ zhǒng dōngxi bǐjiào duǎn?**
哪种东西 比较 短?
어떤 물건이 비교적 짧습니까?

🎤 **Yuánzhūbǐ ˅ bǐjiào duǎn.**
圆珠笔 比较 短。
볼펜이 비교적 짧습니다.

어휘 哪种东西 nǎ zhǒng dōngxi 어떤 물건 比较 bǐjiào 비교적 短 duǎn 짧다 圆珠笔 yuánzhūbǐ 볼펜

시종일관 발음체크 yuánzhūbǐ(圓珠笔)와 bǐjiào duǎn(比较短)을 가볍게 끊어서 말하되, 한 호흡으로 말할 수 있도록 여러 번 연습하세요. 여기서 bǐjiào(比较)는 반3성＋4성으로 발음해요.

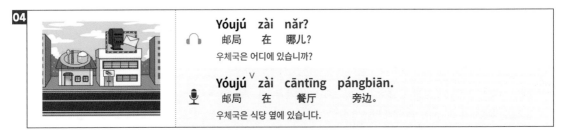

03

🎧 **Zhèli bù néng zuò shénme?**
这里 不能 做 什么?
여기에서 무엇을 하면 안 됩니까?

🎤 **Zhèli ˇ bù néng hē jiǔ.**
这里 不能 喝酒。
여기에서 술을 마시면 안 됩니다.

어휘 这里 Zhèli 여기 不能 bù néng ~하면 안 된다 做 zuò 하다 什么 shénme 무엇 喝酒 hē jiǔ 술을 마시다
시종일관 발음체크 bù néng hē jiǔ(不能喝酒)를 한 호흡으로 말할 수 있도록 여러 번 연습하세요.

04

🎧 **Yóujú zài nǎr?**
邮局 在 哪儿?
우체국은 어디에 있습니까?

🎤 **Yóujú ˇ zài cāntīng pángbiān.**
邮局 在 餐厅 旁边。
우체국은 식당 옆에 있습니다.

어휘 邮局 yóujú 우체국 在 zài ~에 있다 哪儿 nǎr 어디 餐厅 cāntīng 식당 旁边 pángbiān 옆
시종일관 발음체크 성모 j와 운모 u가 만나면 ü로 발음해요. 따라서 yóujú(邮局)는 '이어우쥐이'로 발음해요.

TEST (3)

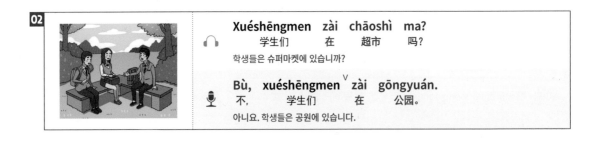

01

🎧 **Chuānghu kāizhe ma?**
窗户 开着 吗?
창문은 열려있습니까?

🎤 **Bù, chuānghu guānzhe.**
不, 窗户 关着。
아니요. 창문은 닫혀있습니다.

어휘 窗户 chuānghu 창문 开着 kāizhe 열려있다 吗 ma ~입니까 不 bù 아니다 关着 guānzhe 닫혀있다
시종일관 발음체크 운모 e는 '에'가 아닌 '으어'로 발음해요. 따라서 guānzhe(关着)의 zhe(着)는 '쯔어'로 발음해요. 대신 여기서 zhe는 경성이므로 짧고 약하게 발음하면 돼요.

02

🎧 **Xuéshēngmen zài chāoshì ma?**
学生们 在 超市 吗?
학생들은 슈퍼마켓에 있습니까?

🎤 **Bù, xuéshēngmen ˇ zài gōngyuán.**
不, 学生们 在 公园。
아니요. 학생들은 공원에 있습니다.

어휘 **学生们** xuéshēngmen 학생들 **在** zài ~에 있다 **超市** chāoshì 슈퍼마켓 **吗** ma ~입니까 **不** bù 아니다
　　 公园 gōngyuán 공원

시종일관 발음체크 xuéshēngmen(学生们)이 한 단어로 입에 붙도록 여러 번 연습하세요. 이때 xué(学)는 '쉬에'로, shēng(生)은 'ⓗ엉'으로 발음해요.

03

🎧 **Nǐde　shénme shíhou　xiàbān?**
　　女的　　什么时候　　　下班?
여자는 언제 퇴근합니까?

🎤 **Nǐde ∨ xiàwǔ　qī diǎn　bàn ∨ xiàbān.**
　　女的　下午　　七点　半　　下班。
여자는 오후 7시 반에 퇴근합니다.

어휘 **女的** Nǐde 여자 **什么时候** shénme shíhou 언제 **下班** xiàbān 퇴근하다 **下午** xiàwǔ 오후 **七点** qī diǎn 7시
　　 半 bàn 반, 30분

시종일관 발음체크 xiàwǔ qī diǎn bàn(下午七点半)은 4성+반3성+1성+반3성+4성으로 발음해요. 성조의 높낮이 변화가 크므로 입에 붙을 때까지 여러 번 연습하세요.

04

🎧 **Shéi　de　běnzi　bǐjiào　dà?**
　　谁　的　本子　比较　大?
누구의 공책이 비교적 큽니까?

🎤 **Nán háizi　de　běnzi ∨ bǐjiào　dà.**
　　男孩子　　的　本子　比较　大。
남자 아이의 공책이 비교적 큽니다.

어휘 **谁** shéi 누구 **的** de ~의 **本子** běnzi 공책 **比较** bǐjiào 비교적 **大** dà 크다 **男孩子** nán háizi 남자 아이

시종일관 발음체크 běnzi(本子)는 반3성+경성으로 발음해요. nán háizi de běnzi(男孩子的本子)를 한 호흡으로 말할 수 있도록 여러 번 연습하세요.

제3부분 대화 완성

유형1 실력 UP 연습문제

🎧 23_8_제3부분 유형1 연습문제.mp3

01

🎧 Nǐ shēngrì guò de zěnmeyàng?
你 生日 过 得 怎么样?
너 생일 잘 보냈어? (너 생일 어떻게 보냈어?) → 살짝 끊어 읽으세요

🎤 Wǒ shēngrì guò de hěn hǎo.
我 生日 过˅ 得 很好。
나 생일 잘 보냈어.

어휘 生日 shēngrì 생일 过 guò 보내다, 지내다 得怎么样 de zěnmeyàng ~를 어떻게 하는가
~得很好 de hěn hǎo ~을 잘하다

시종일관 발음체크 3성+3성인 hěn hǎo(很好)는 2성+3성으로 발음해요. guò de hěn hǎo(过得很好)를 한 호흡으로 말할 수 있도
록 여러 번 연습하세요.

02

🎧 Nǐ xiǎng zuò dìtiě qù háishi zuò chūzūchē qù?
你 想 坐地铁 去 还是 坐出租车 去?
너 지하철 타고 가고 싶어 아니면 택시 타고 가고 싶어?

🎤 Wǒ xiǎng zuò dìtiě qù.
我 想 坐地铁 去。
나 지하철 타고 가고 싶어.

어휘 想 xiǎng ~하고 싶다 坐地铁 zuò dìtiě 지하철을 타다 去 qù 가다 还是 háishi 아니면
坐出租车 zuò chūzūchē 택시를 타다

시종일관 발음체크 3성+3성인 wǒ xiǎng (我想)은 2성+3성으로 발음하고, zuò dìtiě qù(坐地铁去)는 4성+4성+반3성+4성으로
발음해요. 3성의 성조 변화에 주의하며 여러 번 연습하세요.

03

🎧 Wǒ gěi lǎoshī sòng shénme lǐwù hǎo ne?
我 给 老师 送 什么礼物 好呢?
나 선생님에게 어떤 선물을 드리면 좋을까?

🎤 Nǐ gěi lǎoshī˅ sòng xiézi ba.
你 给 老师 送 鞋子 吧。
너 선생님에게 신발을 드려.

어휘 给 gěi ~에게 老师 lǎoshī 선생님 送 sòng 드리다, 선물하다 什么礼物 shénme lǐwù 어떤 선물
好呢 hǎo ne ~하는 것이 좋을까? 鞋子 xiézi 신발 吧 ba ~하자, ~할게

시종일관 발음체크 nǐ gěi lǎoshī(你给老师)에서는 3성이 연달아 세 번 나와요. 이때는 2성+2성+3성+1성으로 발음해요. 그러면
더 쉽고 유창하게 문장을 말할 수 있어요.

04

🎧 **Zhè cì   nǐ   dǎsuan   gēn shéi yìqǐ   qù lǚxíng?**
这次   你   打算   跟 谁 一起   去 旅行?

이번에 너는 누구와 함께 여행을 갈 계획이야?

🎤 **Zhè cì ˇ wǒ   dǎsuan ˇ gēn jiārén ˇ yìqǐ   qù lǚxíng.**
这次   我   打算   跟 家人   一起   去 旅行。

이번에 나는 가족과 함께 여행을 갈 계획이야.

어휘   这次 zhè cì 이번   打算 dǎsuan ~할 계획이다, ~할 것이다   跟 gēn ~와, 과   谁 shéi 누구   一起 yìqǐ 함께, 같이
去旅行 qù lǚxíng 여행을 가다   家人 jiārén 가족

시종일관 발음체크   'wǒ dǎsuan(我打算)은 2성+3성+경성으로 발음해요. dǎsuan(打算)의 suan(算)은 경성이지만 원래 성조인 4
성에 가깝게 발음하는 것이 더 자연스러워요.

05

🎧 **Nǐ   xiǎng   hē   yǐnliào   ma?**
你   想   喝   饮料   吗?

너 음료수 마시고 싶니?

🎤 **Wǒ   xiǎng   hē   yǐnliào.**
我   想   喝   饮料。

나 음료수 마시고 싶어.

어휘   想 xiǎng ~하고 싶다   喝 hē 마시다   饮料 yǐnliào 음료수

시종일관 발음체크   hē yǐnliào(喝饮料)는 1성+반3성+4성으로 발음해요. 성조의 높낮이 변화가 크므로 입에 붙을 때까지 여러 번
연습하세요.

06

🎧 **Nǐ   juéde   zhè jiàn yīfu   zěnmeyàng?**
你   觉得   这件衣服   怎么样?

너는 이 옷 어떻게 생각해?

🎤 **Wǒ   juéde ˇ zhè jiàn yīfu   hěn búcuò.**
我   觉得   这件衣服   很不错。

나는 이 옷이 훌륭하다고 생각해.

어휘   觉得 juéde ~라고 생각하다   这件衣服 zhè jiàn yīfu 이 옷   怎么样 zěnmeyàng 어때?   很 hěn 매우
不错 búcuò 훌륭하다

시종일관 발음체크   '不+4성'일 경우에는, 不를 2성으로 발음해요. 따라서 hěn búcuò(很不错)는 반3성+2성+4성으로 발음해요.
한 호흡으로 말할 수 있도록 여러 번 연습하세요.

07

🎧 **Nǐ   cóng   shénme shíhou   kāishǐ   xué   Yīngyǔ   de?**
你   从   什么时候   开始   学   英语   的?

너 언제부터 영어 배우기 시작했어?

🎤 **Wǒ   cóng   bā suì   kāishǐ ˇ xué   Yīngyǔ   de.**
我   从   八岁   开始   学   英语   的。

나 8살부터 영어 배우기 시작했어.

어휘 从 cóng ~부터 什么时候 shénme shíhou 언제 开始 kāishǐ 시작하다 学英语 xué Yīngyǔ 영어를 배우다
的 de (시간 등을 강조) 八岁 bā suì 여덟 살

시종일관 발음체크 Wǒ cóng bā suì kāishǐ(我从八岁开始)은 반3성+2성+1성+4성+1성+3성으로 발음해요. 성조의 높낮이 변화가 크므로 입에 붙을 때까지 여러 번 연습하세요.

08

🎧 Nǐ duō cháng shíjiān dǎsǎo yí cì fángjiān?
你 多长时间 打扫 一次 房间?
너 얼마 만에 한 번 방 청소해?

🎤 Wǒ sān tiān ˅ dǎsǎo yí cì fángjiān.
我 三天 打扫 一次 房间。
나 3일에 한 번 방 청소해.

어휘 多长时间 duō cháng shíjiān 얼마 만에 打扫 dǎsǎo 청소하다 一次 yí cì 한 번 房间 fángjiān 방 三天 sān tiān 3일

시종일관 발음체크 dǎsǎo yí cì(打扫一次)는 2성+반3성+2성+4성으로 발음해요. dǎsǎo yí cì fángjiān(打扫一次房间)을 한 호흡으로 말할 수 있도록 여러 번 연습하세요.

유형 2 실력 UP 연습문제

🎧 23_9_제3부분 유형2 연습문제.mp3

01

🎧 Wǒmen yìqǐ qù túshūguǎn, zěnmeyàng?
我们 一起 去 图书馆, 怎么样?
우리 같이 도서관에 가자, 어때?

🎤 Hǎo, wǒmen ˅ yìqǐ qù túshūguǎn ba.
好, 我们 一起 去 图书馆 吧。
좋아. 우리 같이 도서관에 가자.

어휘 一起 yìqǐ 같이, 함께 去 qù 가다 图书馆 túshūguǎn 도서관 怎么样 zěnmeyàng 어때? 好 hǎo 좋아
吧 ba ~하자, ~할게

시종일관 발음체크 문장 끝에 ba(吧)가 있을 때는 가벼운 뉘앙스로 말하는 것이 중요해요. túshūguǎn(图书馆)에서 반3성인 guǎn(馆)을 내렸다가 다시 올라오는 힘으로 경성인 ba(吧)를 짧고 가볍게 던지듯이 발음해요.

02

🎧 Wǒ xiànzài tài è le, wǒmen chī diǎnr dōngxi
我 现在 太饿了, 我们 吃 点儿 东西
hǎo bu hǎo?
好不好?
나 지금 너무 배가 고파. 우리 음식을 좀 먹는 거 어때?

🎤 Hǎo, wǒmen ˅ chī diǎnr dōngxi ba.
好, 我们 吃 点儿 东西 吧。
좋아. 우리 음식을 좀 먹자.

어휘 现在 xiànzài 지금 太~了 tài~le 너무 ~하다 饿 è 배고프다 吃 chī 먹다 点儿 diǎnr 조금, 약간 东西 dōngxi 음식
好不好 hǎo bu hǎo 어때 好 hǎo 좋아 吧 ba ~하자, ~할게

시종일관 발음체크 chī diǎnr dōngxi ba(吃点儿东西吧)는 1성+반3성+1성+경성+경성으로 발음해요. 한 호흡으로 말할 수 있도록 여러 번 연습하세요. 이때 diǎnr(点儿)은 운모 n을 생략하고 바로 r을 붙여 '디알'로 발음하면 돼요.

03

🎧 **Wǒ kěyǐ jièyòng yíxià nǐ de qiānbǐ ma?**
　我　可以　　借用　　一下　你　的　　铅笔　吗?
나 네 연필 한 번 빌려 써도 될까?

🎤 **Qiānbǐ? Dāngrán kěyǐ.**
　铅笔?　　当然可以.
연필? 당연히 되지.

어휘 可以 kěyǐ ~해도 된다, ~ 할 수 있다 借用 jièyòng 빌려 쓰다 一下 yíxià 한 번 ~하다 的 de ~의 铅笔 qiānbǐ 연필
　　　当然 dāngrán 당연히

시종일관 발음체크 dāngrán kěyǐ(当然可以)는 1성+2성+2성+3성으로 발음해요. 한 호흡으로 말할 수 있도록 여러 번 연습하세요. 이때 dāng(当)을 높고 크게 발음하면 더 흔쾌히 수락하는 느낌으로 말할 수 있어요.

04

🎧 **Wǒ yào qù duànliàn shēntǐ, yào bu yào yìqǐ qù?**
　我　要　去　　锻炼身体,　　要不要　一起　去?
나 몸 단련하러 갈 건데, 같이 갈래? (나 몸 단련하러 갈 건데, 같이 갈래 안 갈래?)

🎤 **Wǒ yào yìqǐ qù.**
　我　要　一起　去.
나 같이 갈래.

어휘 要 yào ~할 것이다, ~해야 한다 去 qù 가다 锻炼身体 duànliàn shēntǐ 몸을 단련하다, 운동하다
　　　要不要 yào bu yào ~할 것이다 안 할 것이다 一起 yìqǐ 같이, 함께

시종일관 발음체크 wǒ yào yìqǐ qù(我要一起去)는 반3성+4성+4성+반3성+4성으로 발음해요. 성조의 높낮이 변화가 크므로 입에 붙을 때까지 여러 번 연습하세요.

05

🎧 **Zhè bāozi hěn hǎo chī, nǐ chángchang ba.**
　这包子　很　好吃,　你　尝尝　吧.
이 만두 맛있어. 맛 봐봐.

🎤 **Hǎo, wǒ chángchang ba.**
　好,　我　尝尝　吧.
좋아. 맛 볼게.

어휘 这包子 zhè bāozi 이 만두 很 hěn 매우 好吃 hǎo chī 맛있다 尝尝 chángchang 맛보다 吧 ba ~하세요, ~할게
　　　好 hǎo 좋아

시종일관 발음체크 wǒ chángchang ba(我尝尝吧)는 반3성+2성+경성+경성으로 발음해요. 이때 chángchang ba(尝尝吧)는 2성인 cháng(尝)에서 끌어올리는 힘으로 경성인 chang ba(尝吧)를 짧고 가볍게 던지듯이 발음하면 돼요.

해커스 TSC 3급　모범답변 및 해석

06

🎧 **Xiànzài zhǐ yǒu dìyī pái de wèizhi, kěyǐ ma?**
현재 只有 第一排的位置, 可以吗?
现在 지금 첫 번째 줄 자리밖에 없는데, 괜찮나요?

🎤 **Dìyī pái de wèizhi? Dāngrán kěyǐ.**
第一排的位置? 当然可以。
첫 번째 줄 자리요? 당연히 됩니다.

어휘 **现在** xiànzài 지금 **只有** zhǐ yǒu ~밖에 없다 **第一排的位置** dìyī pái de wèizhi 첫 번째 줄 자리
可以吗? kěyǐ ma 괜찮나요? **当然** dāngrán 당연히 **可以** kěyǐ ~해도 된다, ~할 수 있다

시종일관 발음체크 dì yī pái de wèizhi(第一排的位置)를 한 호흡으로 말할 수 있도록 여러 번 연습하세요. wèizhi(位置)의 zhi(置)을 살짝 높은 음으로 마무리하면 물어보는 뉘앙스로 말할 수 있어요.

07

🎧 **Wǒ méi dài bǐjìběn diànnǎo,**
我 没带 笔记本电脑,
néng bu néng jiè gěi wǒ nǐ de bǐjìběn diànnǎo?
能不能 借给 我 你的 笔记本电脑?
나 노트북 안 챙겼는데, 네 노트북 빌려줄 수 있어? (나 노트북 안 챙겼는데, 네 노트북 빌려줄 수 있어 없어?)

🎤 **Bǐjìběn diànnǎo? Dāngrán kěyǐ.**
笔记本电脑? 当然可以。
노트북? 당연히 되지.

어휘 **没带** méi dài 챙기지 않다 **笔记本电脑** bǐjìběn diànnǎo 노트북 **能不能** néng bu néng ~할 수 있다 할 수 없다
借给 jiè gěi ~에게 빌려 주다 **你的** nǐ de 너의 (것) **当然** dāngrán 당연히 **可以** kěyǐ ~해도 좋다, ~할 수 있다

시종일관 발음체크 bǐjìběn diànnǎo(笔记本电脑)는 반3성+4성+반3성+4성+3성으로 발음해요. 성조의 높낮이 변화가 크므로 입에 붙을 때까지 여러 번 연습하세요.

08

🎧 **Nǐ néng bāng wǒ qù túshūguǎn huán shū ma?**
你 能 帮 我 去 图书馆 还书 吗?
너 도서관에 가서 책 반납해 줄 수 있어?

🎤 **Dāngrán kěyǐ, wǒ bāng nǐ qù túshūguǎn huán shū.**
当然可以, 我 帮 你 去 图书馆 还书。
당연히 되지. 내가 도서관에 가서 책 반납해 줄게.

어휘 **能** néng ~할 수 있다 **帮** bāng 돕다 **去** qù 가다 **图书馆** túshūguǎn 도서관 **还书** huán shū 책을 반납하다
当然 dāngrán 당연히 **可以** kěyǐ ~해도 된다, ~할 수 있다

시종일관 발음체크 qù túshūguǎn huán shū(去图书馆还书)는 4성+2성+1성+반3성+2성+1성으로 발음해요. 성조의 높낮이 변화가 크므로 입에 붙을 때까지 여러 번 연습하세요.

01

🎧 **Duìbuqǐ, xiànzài méiyǒu kōng wèizhi.**
对不起, 现在 没有 空位置。
죄송합니다. 지금 빈 자리가 없습니다.

🎤 **Shénme? Zěnme yòu méiyǒu?**
什么? 怎么 又 没有?
뭐라고요? 어떻게 또 없어요?

어휘   对不起 duìbuqǐ 죄송합니다   现在 xiànzài 지금   没有 méiyǒu 없다   空位置 kōng wèizhi 빈 자리   什么 shénme 무엇
怎么又 zěnme yòu 어떻게 또

시종일관 발음연습   zěnme (怎么)와 yòu méiyǒu(又没有)를 가볍게 끊어서 말하되, 한 호흡으로 말할 수 있도록 여러 번 연습하세요. 이때 yòu(又)를 높고 크게 발음하면 더 불만스러운 뉘앙스로 말할 수 있어요.

02

🎧 **Cóng míngtiān kāishǐ wǒ yào zǎodiǎnr shuìjiào.**
从 明天 开始 我 要 早点儿 睡觉。
내일부터 나 일찍 잘 거야.

🎤 **Shì ma? Wǒ yě yào zǎodiǎnr shuìjiào.**
是吗? 我 也 要 早点儿 睡觉。
그래? 나도 일찍 잘 건데.

어휘   从 cóng ~부터   明天 míngtiān 내일   开始 kāishǐ 시작하다   要 yào ~할 것이다, ~해야 한다   早点儿 zǎodiǎnr 좀 더 일찍
睡觉 shuìjiào 잠을 자다   是吗? shì ma 그래?   也 yě ~도

시종일관 발음체크   wǒ yě yào(我也要)는 2성+반3성+4성으로, zǎodiǎnr shuìjiào(早点儿睡觉)는 2성+반3성+4성+4성으로 발음해요. 성조의 높낮이 변화가 크므로 입에 붙을 때까지 여러 번 연습하세요.

03

🎧 **Nǐ xiě zhè bù xiǎoshuō xiě de hěn hǎo!**
你 写 这部小说 写 得 很好!
너 이 소설 되게 잘 썼네!
(너 이 소설 쓴 게 훌륭하다!)

🎤 **Méiyǒu a, wǒ xiě de bú tài hǎo.**
没有啊, 我 写 得 不太 好。
아니야. 나 잘 못 써. (아니야. 나 쓴 게 그다지 훌륭하지 않아.)

어휘   写 xiě 쓰다   这部小说 zhè bù xiǎoshuō 이 소설   ~得很好 de hěn hǎo ~을 잘하다   没有啊 méiyǒu a 아니야, ~않다
不太好 bú tài hǎo 그다지 훌륭하지 않다

시종일관 발음체크   wǒ xiě de(我写得)와 bú tài hǎo(不太好)를 가볍게 끊어서 말하되, 한 호흡으로 말할 수 있도록 여러 번 연습하세요. 이때 bú(不)는 4성 앞에 있으므로 2성으로 발음하는 것에 주의해요.

04

🎧 **Wǒ de shǒujī bú jiàn le.**
我 的 手机 不见了。
내 휴대폰이 없어졌어.

🎤 **Nǐ de shǒujī bú jiàn le? Nà zěnmebàn?**
你 的 手机 不见了? 那 怎么办?
네 휴대폰이 갑자기 없어졌다고? 그럼 어쩌지?

어휘 的 de ~의 手机 shǒujī 휴대폰 不见了 bú jiàn le 없어졌다 那 nà 그럼 怎么办 zěnmebàn 어쩌지

시종일관 발음체크 nǐ de shǒujī bú jiàn le(你的手机不见了)를 한 호흡으로 말할 수 있도록 여러 번 연습하세요. 이때 le(了)를 살짝 높은 음으로 마무리하면 물어보는 뉘앙스로 말할 수 있어요.

05

🎧 **Wǒ juéde yǎnchànghuì de piào yǒudiǎnr guì.**
我 觉得 演唱会 的 票 有点儿 贵。
나는 콘서트 티켓이 약간 비싸다고 생각해.

🎤 **Nǐ shuō de duì, wǒ yě juéde ˅ yǎnchànghuì de piào ˅ yǒudiǎnr guì.**
你 说 得 对, 我 也 觉得 演唱会 的 票 有点儿 贵。
네 말이 맞아. 나도 콘서트 티켓이 약간 비싸다고 생각해.

어휘 觉得 juéde ~라고 생각하다 演唱会 yǎnchànghuì 콘서트 的 de ~의 票 piào 티켓 有点儿 yǒudiǎnr 약간
贵 guì 비싸다 说得对 shuō de duì 말이 맞다 也 yě ~도

시종일관 발음체크 wǒ yě juéde (我也觉得)는 2성＋반3성＋2성＋경성으로, yǒudiǎnr guì (有点儿贵)는 2성＋반3성＋4성으로 발음해요. 3성의 성조 변화에 주의하면서 여러 번 연습하세요.

06

🎧 **Xiǎo Lǐ yǐjīng xiàbān le.**
小李 已经 下班了。
샤오리 이미 퇴근했어.

🎤 **Xiǎo Lǐ ˅ yǐjīng xiàbān le? Nà zěnmebàn?**
小李 已经 下班了? 那 怎么办?
샤오리 이미 퇴근했다고? 그럼 어쩌지?

어휘 小李 Xiǎo Lǐ 샤오리 已经 yǐjīng 이미, 벌써 下班了 xiàbān le 퇴근했다 那 nà 그럼 怎么办 zěnmebàn 어쩌지

시종일관 발음체크 Xiǎo Lǐ(小李)와 yǐjīng xiàbān le(已经下班了)를 가볍게 끊어서 말하되, 한 호흡으로 말할 수 있도록 여러 번 연습하세요.

07

🎧 **Bù hǎoyìsi, nín yào de yīfu xiànzài méiyǒu.**
不好意思, 您 要 的 衣服 现在 没有。
죄송합니다. 원하시는 옷이 지금 없습니다.

🎤 **Shénme? Zěnme yòu méiyǒu?**
什么? 怎么 又 没有?
뭐라고요? 어떻게 또 없어요?

어휘   不好意思 bù hǎoyìsi 죄송합니다   要 yào 원하다   的 de ~한   衣服 yīfu 옷   现在 xiànzài 지금   没有 méiyǒu 없다
       什么 shénme 무엇   怎么又 zěnme yòu 어떻게 또

시종일관 발음연습   zěnme (怎么)와 yòu méiyǒu(又没有)를 가볍게 끊어서 말하되, 한 호흡으로 말할 수 있도록 여러 번 연습하세
       요. 이때 yòu(又)를 높고 크게 발음하면 더 불만스러운 뉘앙스로 말할 수 있어요.

08

🎧 **Xià ge yuè wǒ dǎsuan xué yóuyǒng.**
　　下个月　　我　　打算　　学　　游泳。
다음달에 나 수영 배울 거야.

🎤 **Shì ma? Wǒ yě dǎsuan ˅ xué yóuyǒng.**
　　是吗?　我　也　打算　　学　　游泳。
그래? 나도 수영 배울 건데.

어휘   下个月 xià ge yuè 다음 달   打算 dǎsuan ~할 것이다, ~할 계획이다   学 xué 배우다   游泳 yóuyǒng 수영하다
       是吗? shì ma 그래?   也 yě ~도

시종일관 발음체크   Wǒ yě dǎsuan(我也打算)은 2성+2성+반3성+경성으로 발음해요. 한 호흡으로 말할 수 있도록 여러 번 연습
       하세요. dǎsuan(打算)의 suan(算)은 경성이지만 원래 성조인 4성에 가깝게 발음하는 것이 더 자연스러워요.

실전 공략하기

🎧 23_11_제3부분 실전 공략.mp3

실전 감각 익히기

01

🎧 **Nǐ jīngcháng qù shūdiàn ma?**
　　你　经常　　去　书店　　吗?
너는 서점에 자주 가니?

🎤 **Wǒ jīngcháng qù shūdiàn.**
　　我　经常　　去　　书店。
나는 서점에 자주 가.

어휘   经常 jīngcháng 자주   去 qù 가다   书店 shūdiàn 서점

시종일관 발음체크   wǒ jīngcháng qù shūdiàn(我经常去书店)을 한 호흡으로 말할 수 있도록 여러 번 연습하세요.

02

🎧 **Xiàzhōu de kǎoshì, nǐ xiǎng gēn shéi yìqǐ zhǔnbèi?**
　　下周　　的　考试,　你　想　　跟　谁　一起　准备?
다음 주 시험, 너는 누구와 함께 준비하고 싶어?

🎤 **Xiàzhōu de kǎoshì, wǒ xiǎng gēn gēge yìqǐ**
　　下周　　的　考试,　我　想　　跟　哥哥　一起
zhǔnbèi.
准备。
다음 주 시험, 나는 형과 함께 준비하고 싶어.

어휘   下周 xiàzhōu 다음 주   的 de ~의   考试 kǎoshì 시험   想 xiǎng ~하고 싶다   跟 gēn ~와, 과   谁 shéi 누구

一起 yìqǐ 함께, 같이   准备 zhǔnbèi 준비하다   哥哥 gēge 형, 오빠

시종일관 발음체크   wǒ xiǎng(我想)은 2성+3성으로, yìqǐ zhǔnbèi(一起准备)는 4성+2성+반3성+4성으로 발음해요. 3성의 성조 변화에 주의하면서 여러 번 연습하세요.

03

🎧 **Míngtiān gēn tóngshìmen yìqǐ qù páshān**
明天   跟   同事们   一起   去   爬山
zěnmeyàng?
怎么样?
내일 동료들과 함께 등산하러 가는 것 어때?

🎤 **Hǎo, yìqǐ qù páshān ba.**
好,   一起 去   爬山   吧。
좋아. 같이 등산하러 가자.

어휘 明天 míngtiān 내일   跟 gēn ~과, 와   同事们 tóngshìmen 동료들   一起 yìqǐ 함께, 같이   去 qù 가다
爬山 páshān 등산하다   怎么样 zěnmeyàng 어떠한가   好 hǎo 좋다   吧 ba ~하자, ~할게

시종일관 발음체크   yìqǐ qù páshān ba(一起去爬山吧)를 한 호흡으로 말할 수 있도록 여러 번 연습하세요. 이때 yìqǐ(一起)의 yì(一)는 4성으로 발음하는 것에 주의해요.

04

🎧 **Bǎihuò shāngdiàn yǐjīng guānmén le**
百货商店   已经   关门了。
백화점은 이미 문 닫았어.

🎤 **Bǎihuò shāngdiàn ˇ yǐjīng guānmén le? Nà zěnmebàn?**
百货商店   已经   关门了?   那   怎么办?
백화점이 이미 문을 닫았다고? 그럼 어쩌지?

어휘 百货商店 bǎihuò shāngdiàn 백화점   已经 yǐjīng 이미, 벌써   关门了 guānmén le 문을 닫았다   那 nà 그럼
怎么办 zěnmebàn 어쩌지

시종일관 발음체크   bǎihuò shāngdiàn(百货商店)은 반3성+4성+1성+4성으로 발음해요. 성조의 높낮이 변화가 크므로 한 단어로 입에 붙을 때까지 여러 번 연습하세요.

실전TEST

🎧 23_12_제3부분 실전TEST.mp3

TEST (1)

01

🎧 **Nǐ duō cháng shíjiān huàn yí cì shǒujī?**
你   多长时间   换   一次   手机?
넌 얼마 만에 한 번 휴대폰을 바꿔?

🎤 **Wǒ yì nián ˇ huàn yí cì shǒujī.**
我   一年   换   一次   手机。
난 일 년에 한 번 휴대폰을 바꿔.

어휘 多长时间 duō cháng shíjiān 얼마 만에   换 huàn 바꾸다   一次 yí cì 한 번   手机 shǒujī 휴대폰   一年 yì nián 일 년

yì nián(一年)에서 yì(一)는 2성 앞에 있으므로 4성으로 발음하고, yí cì(一次)에서 yí(一)는 4성 앞에 있으므로 2성으로 발음해요. yì nián(一年)과 yí cì(一次)를 입에 붙도록 여러 번 연습하세요.

02

🎧
Nǐ tōngcháng zài nǎr duànliàn shēntǐ?
你 通常 在 哪儿 锻炼身体?
너는 통상적으로 어디서 운동해?

🎤
Wǒ tōngcháng ˇ zài jiā duànliàn shēntǐ.
我 通常 在 家 锻炼身体。
나는 통상적으로 집에서 운동해.

어휘 通常 tōngcháng 통상적으로 在 zài ~에서 哪儿 nǎr 어디 锻炼身体 duànliàn shēntǐ 몸을 단련하다, 운동하다 家 jiā 집

시종일관 발음체크 duànliàn shēntǐ(锻炼身体)를 한 호흡으로 말할 수 있도록 여러 번 연습하세요. duànliàn(锻炼)과 같이 4성이 연달아 있는 단어를 말할 때는 두 번째 4성인 liàn(炼)을 살짝 내던지듯 가볍게 발음해요. 그러면 더 쉽고 자연스럽게 단어를 말할 수 있어요.

03

🎧
Zhè jiā cāntīng de cài hěn hǎochī, cháng yi cháng ba.
这家餐厅 的 菜 很 好吃, 尝 一 尝 吧。
이 식당의 음식이 매우 맛있어, 맛 봐봐.

🎤
Hǎo, cháng yi cháng ba.
好, 尝 一 尝 吧。
좋아. 맛 볼게.

어휘 这家餐厅 zhè jiā cāntīng 이 식당 的 de ~의 菜 cài 음식 很 hěn 매우 好吃 hǎochī 맛있다
尝一尝 cháng yi cháng 맛 보다 吧 ba ~하자, ~할게 好 hǎo 좋다

시종일관 발음체크 cháng yi cháng ba(尝一尝吧)에서 yi(一)와 ba(吧)는 2성인 cháng(尝)을 끌어올리는 힘으로 짧고 가볍게 던지듯이 발음해요. 한 호흡으로 말할 수 있도록 여러 번 연습하세요.

04

🎧
Nǐ Hànyǔ shuō de zhēn bàng!
你 汉语 说 得 真棒!
너 중국어 정말 잘 한다! (너 중국어 말하는 게 훌륭하다!)

🎤
Méiyǒu a, wǒ shuō de ˇ bú tài hǎo.
没有啊, 我 说 得 不太 好。
아니야. 나 중국어 잘 못해. (아니야. 나 말하는 게 그다지 훌륭하지 않아.)

어휘 汉语 Hànyǔ 중국어 说 shuō 말하다 ~得真棒 ~de zhēn bàng ~을 정말 훌륭하게 하다 没有啊 méiyǒu a 아니야, 무슨
得不太好 de bú tài hǎo ~하는 게 그다지 훌륭하지 않다

시종일관 발음체크 méiyǒu a(没有啊)에서 어기를 나타내는 a(啊)는 경성이지만 1성에 가깝게 발음해요. 그러면 더 자연스러운 뉘앙스로 말할 수 있어요.

05

🎧 **Wǒ juéde zhège màozi hěn hǎokàn.**
我 觉得 这个 帽子 很 好看。
나는 이 모자가 매우 보기 좋다고 생각해.

🎤 **Nǐ shuō de duì, wǒ yě juéde ᵛ zhège màozi**
你 说 得 对,我 也 觉得 这个 帽子
ᵛ **hěn hǎokàn.**
很 好看。
네 말이 맞아. 나도 이 모자가 매우 보기 좋다고 생각해.

어휘 觉得 juéde ~라고 생각하다 这个 zhège 이, 이것 帽子 màozi 모자 很 hěn 매우 好看 hǎokàn 보기 좋다
说得对 shuō de duì 말이 맞다 也 yě ~도

시종일관 발음체크 wǒ yě juéde(我也觉得)는 2성+반3성+2성+경성으로, hěn hǎokàn(很好看)은 2성+반3성+4성으로 발음해
요. 3성의 성조 변화에 주의하면서 여러 번 연습하세요.

TEST (2)

01

🎧 **Jiārén guò shēngrì shí, nǐ yìbān sòng shénme lǐwù?**
家人 过生日时 你 一般 送 什么礼物?
가족의 생일을 보낼 때, 너는 보통 어떤 선물을 주니?

🎤 **Jiārén guò shēngrì shí, wǒ yìbān ᵛ sòng yīfu.**
家人 过生日时, 我 一般 送 衣服。
가족의 생일을 보낼 때, 저는 보통 옷을 선물합니다.

어휘 家人 jiārén 가족 过生日时 guò shēngrì shí 생일을 보낼 때 一般 yìbān 보통 送 sòng 주다, 선물하다
什么礼物 shénme lǐwù 어떤 선물 衣服 yīfu 옷

시종일관 발음체크 ri은 이를 앙 물고 혀를 둥근 국자처럼 만 상태에서 혀와 입천장 사이로 강한 공기를 내보내며 '릏'로 발음해요.
따라서 jiārén(家人)의 rén(人)은 '릏언'으로, shēngrì(生日)의 rì(日)는 '릏'로 발음해요. 쉽지 않은 발음이니
입에 붙을 때까지 듣고 따라 말하는 연습을 여러 번 해야 해요.

02

🎧 **Duìbuqǐ, xiànzài wǒmen chāoshì méiyǒu zhūròu.**
对不起, 现在 我们 超市 没有 猪肉。
죄송합니다. 지금 저희 슈퍼마켓에는 돼지고기가 없습니다.

🎤 **Shénme? Zěnme ᵛ yòu méiyǒu?**
什么? 怎么 又 没有?
뭐라고요? 어떻게 또 없어요?

어휘 对不起 duìbuqǐ 미안하다 现在 xiànzài 지금 超市 chāoshì 슈퍼마켓 没有 méiyǒu 없다 猪肉 zhūròu 돼지고기
什么 shénme 무엇 怎么又 zěnme yòu 어떻게 또

시종일관 발음체크 zěnme (怎么)와 yòu méiyǒu(又没有)를 가볍게 끊어서 말하되, 한 호흡으로 말할 수 있도록 여러 번 연습하세
요. 이때 yòu(又)를 높고 크게 발음하면 더 불만스러운 뉘앙스로 말할 수 있어요.

03

Nǐ zuìjìn xiěguo xìn ma?
你　最近　写过　信　吗?
너 최근에 편지 쓴 적 있니?

wǒ zuìjìn ˇ xiěguo xìn.
我　最近　写过　信。
나 최근에 편지 쓴 적 있어.

어휘　最近 zuìjìn 최근　写过 xiěguo 쓴 적 있다　信 xìn 편지

시종일관 발음체크　xiěguo xìn(写过信)은 반3성＋경성＋4성으로 발음해요. 이때 guo(过)는 경성이지만 조금 높게 올려서 발음하면 xìn(信)을 4성으로 더 수월하게 발음할 수 있어요.

04

Wǒ kěyǐ jièyòng yí xià nǐ de chōngdiànqì ma?
我　可以　借用　一下　你的　　充电器　吗?
내가 너의 충전기를 한 번 빌려 써도 될까?

Chōngdiànqì? Dāngrán kěyǐ.
　充电器?　　当然可以。
충전기? 당연히 되지.

어휘　可以 kěyǐ ~해도 된다, ~할 수 있다　借用 jièyòng 빌려 쓰다　一下 yíxià 한 번 ~하다　你的 nǐ de 너의 (것)
　　　充电器 chōngdiànqì 충전기　当然 dāngrán 당연하다

시종일관 발음체크　chōngdiànqì(充电器)의 qì(器)를 살짝 높은 음으로 마무리하면 물어보는 뉘앙스로 말할 수 있어요.

05

Zhè shì wǒ zuò de cài, zěnmeyàng?
这　是　我　做　的　菜,　怎么样?
이거 내가 만든 요리야, 어때?

Wǒ juéde ˇ nǐ zuò de cài hěn búcuò.
我　觉得　你　做　的　菜　很不错。
나는 네가 만든 요리, 훌륭하다고 생각해.

어휘　这 zhè 이, 이것　是 shì ~이다　做 zuò 만들다　的 de ~한　菜 cài 요리　怎么样 zěnmeyàng 어떠한가
　　　觉得 juéde ~라고 생각하다　很不错 hěn búcuò 훌륭하다

시종일관 발음체크　nǐ zuò de cài(你做的菜)는 반3성＋4성＋경성＋4성으로 발음해요. 성조의 높낮이 변화가 크므로 입에 붙을 때까지 여러 번 연습하세요.

TEST (3)

01

Nǐ xiànzài yǒu shíjiān dehuà, néng bāng wǒ
你　现在　有　时间　的话,　能　帮　我
yíxià ma?
　一下　吗?
너 지금 시간이 있다면, 나를 한 번 도와줄 수 있어?

Dāngrán kěyǐ, wǒ bāng nǐ.
　当然可以,　我　帮　你。
당연히 되지. 내가 도와줄게.

어휘 现在 xiànzài 지금　有 yǒu ~이 있다　时间 shíjiān 시간　的话 dehuà ~하다면　能 néng ~할 수 있다
　　　帮我 bāng wǒ 나를 도와 ~하다, 나를 돕다　一下 yíxià 한 번 ~하다　当然 dāngrán 당연하다
　　　可以 kěyǐ ~할 수 있다, ~해도 된다　帮 bāng 돕다

시종일관 발음체크　dāngrán kěyǐ(当然可以)는 1성+2성+2성+3성으로 발음해요. 한 호흡으로 말할 수 있도록 여러 번 연습하세요. 이때 dāng(当)을 높고 크게 발음하면 더 흔쾌히 수락하는 느낌으로 말할 수 있어요.

02

🎧 Wǒ　dǎsuan　xià ge yuè　qù Ōuzhōu　lǚxíng.
　　我　打算　下个月　去欧洲　旅行。
나 다음 달에 유럽으로 여행 갈 거야.

🎤 Shì ma? Wǒ　yě　dǎsuan ˅ xià ge yuè ˅ qù Ōuzhōu　lǚxíng.
　　是吗？　我　也　打算　下个月　去欧洲　旅行。
그래? 나도 다음 달에 유럽으로 여행 갈 건데.

어휘 打算 dǎsuan ~할 것이다, 계획이다　下个月 xià ge yuè 다음 달　去欧洲 qù Ōuzhōu 유럽에 가다　旅行 lǚxíng 여행
　　　是吗？ shì ma? 그래？　也 yě ~도

시종일관 발음체크　Ōuzhōu(欧洲)의 Ōu(欧)는 '오우'가 아니라 '어우'로 발음하고, lǚxíng(旅行)의 lǚ(旅)는 입술을 앞으로 쭉 내밀고 '뤼이'로 발음해요. qù Ōuzhōu lǚxíng(去欧洲旅行)을 한 호흡으로 말할 수 있도록 여러 번 연습하세요.

03

🎧 Nǐ　zhè cì shǔjià　guò　de　zěnmeyàng?
　　你　这次暑假　过　得　怎么样？
너는 이번 여름 방학 잘 보냈어? (너는 이번 여름 방학 어떻게 보냈어?)

🎤 Wǒ　zhè cì shǔjià ˅ guò　de　bù hǎo.
　　我　这次暑假　过　得　不好。
나는 이번 여름 방학 잘 못 보냈어.

어휘 这次暑假 zhè cì shǔjià 이번 여름 방학　过 guò 보내다, 지내다　得怎么样 de zěnmeyàng ~를 어떻게 하는가
　　　~得不好 ~de bù hǎo ~을 잘 못 하다

시종일관 발음체크　zhè cì shǔjià(这次暑假)의 zhè(这)와 shǔ(暑)는 이를 앙 물고 혀를 입천장 오돌토돌한 부분 뒤에 붙였다 떼면서 각각 '쯔어'와 '슈우'로 발음해요. 쉽지 않은 발음이니 입에 붙을 때까지 듣고 따라 말하는 연습을 여러 번 해야 해요.

04

🎧 Nǐ　dǎsuan　shénme shíhou　qǐng yì tiān jià?
　　你　打算　什么时候　请一天假？
너는 언제 하루 휴가를 낼 계획이야?

🎤 Wǒ　dǎsuan ˅ zhè zhōuwǔ ˅ qǐng yì tiān jià.
　　我　打算　这周五　请一天假。
나는 이번 주 금요일에 하루 휴가를 낼 계획이야.

어휘 打算 dǎsuan ~할 것이다, 계획이다　什么时候 shénme shíhou 언제　请一天假 qǐng yì tiān jià 하루 휴가를 내다
　　　这周五 zhè zhōuwǔ 이번 주 금요일

시종일관 발음체크　wǒ dǎsuan(我打算)은 2성+반3성+경성으로 발음해요. 이때 suan(算)은 경성이지만 원래 성조인 4성에 가깝게 발음하는 것이 더 자연스러워요.

05

🎧 **Zánmen zěnme qù jīchǎng?**
咱们 怎么 去 机场?

우리 어떻게 공항에 가지?

🎤 **Zuò dìtiě ba.**
坐地铁 吧。

지하철 타자.

어휘 **怎么去** zěnme qù 어떻게 가? **机场** jīchǎng 공항 **坐地铁** zuò dìtiě 지하철을 타다 **吧** ba ~하자, ~할게

시종일관 발음체크 zuò dìtiě ba(坐地铁吧)에서는 4성이 두 번 연달아 나와요. 하지만 dìtiě(地铁)가 중요한 정보이기 때문에 dì(地)를 더 높고 크게 발음해요. 그러면 더 쉽고 유창하게 문장을 말할 수 있어요.

제4부분 일상 화제에 대해 설명하기

유형 1 실력 UP 연습문제

🎧 23_13_제4부분 유형1 연습문제.mp3

01

🎧 你 一般 一个人学习 还是 跟 朋友们 一起 学习?
Nǐ yìbān yí ge rén xuéxí háishi gēn péngyoumen yìqǐ xuéxí?
당신은 보통 혼자 공부합니까 아니면 친구들과 함께 공부합니까?

살짝 끊어 읽으세요

🎤 Wǒ yìbān ˇ yí ge rén xuéxí. Wǒ jīhū měi tiān ˇ dōu yí ge rén xuéxí.
我 一般 一个人学习。 我 几乎 每天 都 一个人学习。
저는 보통 혼자 공부합니다. 저는 거의 매일 혼자서 공부합니다.

어휘 一般 yìbān 보통 一个人学习 yí ge rén xuéxí 혼자 공부하다 还是 háishi 아니면 跟 gēn ~과, 와
朋友们 péngyoumen 친구들 一起 yìqǐ 함께, 같이 几乎 jīhū 거의 每天 měi tiān 매일 都 dōu 모두

시종일관 발음체크 wǒ jīhū(我几乎)는 반3성+1성+1성으로, měi tiān은 반3성+1성으로 발음해요. 3성의 성조 변화에 주의하면서 여러 번 연습하세요.

02

🎧 你 参加过 别人 的 婚礼 吗?
Nǐ cānjiāguo biérén de hūnlǐ ma?
당신은 다른 사람의 결혼식에 참석한 적이 있습니까?

🎤 Wǒ cānjiāguo ˇ biérén de hūnlǐ. Nǐ ne? Nǐ cānjiāguo ˇ biérén de hūnlǐ ma?
我 参加过 别人 的 婚礼。你呢? 你 参加过 别人 的 婚礼 吗?
저는 다른 사람의 결혼식에 참석한 적이 있습니다. 당신은요? 당신은 다른 사람의 결혼식에 참석한 적이 있습니까?

어휘 参加过 cānjiāguo 참석한 적 있다 别人 biérén 다른 사람 的 de ~의 婚礼 hūnlǐ 결혼식 你呢? nǐ ne? 당신은요?

시종일관 발음체크 hūnlǐ(婚礼)의 hūn(婚)은 '훈'이 아니라 '후언'으로 발음하는 것에 주의해요.

03

🎧 请介绍一下 对 你 最 重要 的 人。
Qǐng jièshào yíxià duì nǐ zuì zhòngyào de rén.
당신에게 가장 중요한 사람을 소개해주세요.

🎤 Duì wǒ zuì zhòngyào de rén ˇ jiù shì wǒ māma. Wǒ hěn xǐhuan ˇ wǒ māma.
对 我 最 重要 的 人 就是 我 妈妈。 我 很喜欢 我 妈妈。
저에게 가장 중요한 사람은 바로 엄마입니다. 저는 엄마를 매우 좋아합니다.

어휘 请介绍一下 qǐng jièshào yíxià ~을 소개해주세요 对 duì ~에게 最 zuì 가장 重要 zhòngyào 중요하다 的 de ~한
人 rén 사람 就是 jiù shì 바로 ~이다 妈妈 māma 엄마 很喜欢 hěn xǐhuan 매우 좋아하다

시종일관 발음체크 zhòngyào(重要)와 같이 4성이 연달아 있는 단어를 말할 때는 두 번째 4성인 yào(要)를 더 낮고 가볍게 발음해요. 그러면 더 쉽고 자연스럽게 단어를 말할 수 있어요.

04

压力大的时候，你　愿意　一个人待着　还是　愿意　跟　朋友　聚聚?
Yālì dà de shíhou, nǐ　yuànyì　yí ge rén dāizhe háishi　yuànyì　gēn　péngyǒu jùju?
스트레스가 심할 때, 당신은 혼자 있기를 원합니까 아니면 친구와 모이는 것을 원합니까?

Yālì dà de shíhou, Wǒ　yuànyì ˅ yí ge rén dāizhe. Wǒ　jīhū　měitiān ˅ dōu
压力大的时候，　我　愿意　一个人待着。　我　几乎　每天　都
yí ge rén dāizhe.
一个人待着。
스트레스가 심할 때, 저는 혼자 있기를 원합니다. 저는 거의 매일 혼자 있습니다.

어휘　压力大的时候 yālì dà de shíhou 스트레스가 심할 때　愿意 yuànyì 원하다　一个人待着 yí ge rén dāizhe 혼자 있다
还是 háishi 아니면　跟 gēn ~와, 과　朋友 péngyǒu 친구　聚聚 jùju 모이다　几乎 jīhū 거의　每天 měitiān 매일
都 dōu 모두

시종일관 발음체크　yí ge rén dāizhe(一个人待着)를 한 호흡으로 말할 수 있도록 여러 번 연습하세요.

05

自由行　和　跟团游，　你　会　选择　哪种　旅游　方式?
Zìyóuxíng　hé gēntuányóu,　nǐ　huì　xuǎnzé nǎ zhǒng lǚyóu fāngshì?
자유 여행과 패키지 여행에서, 당신은 어떤 여행 방식을 선택할 겁니까?

Wǒ　huì　xuǎnzé ˅ zìyóuxíng. Wǒ　jīhū　měi cì ˅ dōu　xuǎnzé　zìyóuxíng.
我　会　选择　自由行。　我　几乎　每次　都　选择　自由行。
저는 자유 여행을 선택할 겁니다. 저는 거의 매번 자유 여행을 선택합니다.

어휘　自由行 zìyóuxíng 자유 여행　和 hé ~과, 와　跟团游 gēntuányóu 패키지 여행　会 huì ~할 것이다　选择 xuǎnzé 선택하다
哪种 nǎ zhǒng 어떤　旅游 lǚyóu 여행, 여행하다　方式 fāngshì 방식　几乎 jīhū 거의　每次 měi cì 매번　都 dōu 모두

시종일관 발음체크　xuǎnzé(选择)는 반3성＋2성으로 발음해요. 이때 xuǎn은 '쉬안'이 아닌 '쉬엔'으로, zé는 '제'가 아닌 '즈어'로
발음하는 것에 주의해요. 한 단어로 입에 붙도록 여러 번 연습하세요.

06

每周　你　花　的　交通费　多不多?
Měi zhōu nǐ　huā　de　jiāotōngfèi duō bu duō?
매주 당신이 쓰는 교통비는 많습니까?

Měi zhōu ˅ wǒ　huā　de　jiāotōngfèi ˅ duō. Nǐ ne?
每周 ˅ 我　花　的　交通费 ˅ 多。 你呢?
Měi zhōu ˅ nǐ　huā　de　jiāotōngfèi ˅ duō bu duō?
每周 ˅ 你　花　的　交通费 ˅ 多不多?
매주 제가 쓰는 교통비는 많습니다. 당신은요? 매주 당신이 쓰는 교통비는 많습니까?

어휘　每周 měi zhōu 매주　花 huā (돈, 시간을)쓰다　的 de ~한　交通费 jiāotōngfèi 교통비　多不多 duō bù duō 많다 안 많다
多 duō 많다　你呢? nǐ ne? 당신은요?

시종일관 발음체크　měi zhōu wǒ huā de(每周我花的)는 반3성＋1성＋반3성＋1성＋경성으로 발음해요. 성조의 높낮이 변화가 크
므로 입에 붙을 때까지 여러 번 연습하세요.

01

🎧 为了　节约资源，你　做过　哪些　努力？
Wèile　jiéyuē zīyuán, nǐ　zuòguo　nǎxiē　nǔlì?
자원을 절약하기 위해 당신은 어떤 노력들을 해 봤습니까?

🎤 Wèile ⌄ jiéyuē zīyuán, wǒ　zuòguo ⌄ hěn duō　nǔlì.
为了　　　节约资源，我　做过　　很多　努力。
Bǐrú shuō　jiéyuē yòngshuǐ, shǎo yòng　yícìxìng yòngpǐn　děngděng.
比如说　　节约用水、　少用　　一次性用品　　等等。
자원을 절약하기 위해, 저는 많은 노력들을 해 봤습니다. 예를 들어 말하자면 물을 아껴쓰기, 일회용품을 적게 쓰기 등등입니다.

어휘 为了 wèile ~하기 위해서　节约资源 jiéyuē zīyuán 자원을 절약하다　做过 zuòguo ~한 적 있다　哪些 nǎxiē 어떤
努力 nǔlì 노력　很多 hěn duō 아주 많다　比如说 bǐrú shuō 예를 들어 말하자면 ~이다
节约用水 jiéyuē yòngshuǐ 물을 아껴 쓰다　少用 shǎo yòng 적게 쓰다　一次性用品 yícìxìng yòngpǐn 일회용품
等等 děngděng 등등

시종일관 발음체크 hěn duō(很多)에서 hěn(很)을 발음할 때 혀뿌리와 입천장 사이로 공기를 길게 내보내면 '매우'라는 의미를 강조할 수 있어요. hěn duō nǔlì(很多努力)를 한 호흡으로 말할 수 있도록 여러 번 연습하세요.

02

🎧 如果　你　在路上　看到　垃圾，你　会　怎么做？
Rúguǒ　nǐ　zài lù shang　kàndao　lājī,　nǐ　huì　zěnme zuò?
만약 당신이 길에서 쓰레기를 본다면, 당신은 어떻게 하겠습니까?

🎤 Rúguǒ　wǒ　zài lù shang ⌄ kàndao　lājī, wǒ　huì　jiǎn　lājī.
如果　我　在路上　　看到　垃圾，我　会　捡　垃圾。
Jiǎn　lājī ⌄ kěyǐ　bǎohù huánjìng.
捡　垃圾　可以　　保护环境。
만약 제가 길에서 쓰레기를 본다면, 저는 쓰레기를 줍겠습니다. 쓰레기를 줍는 것은 환경을 보호할 수 있습니다.

어휘 如果 rúguǒ 만약　在路上 zài lù shang 길에서　看到 kàndao 보다　垃圾 lājī 쓰레기　会 huì ~할 것이다
怎么做 zěnme zuò 어떻게 하다　捡 jiǎn 줍다　可以 kěyǐ ~할 수 있다, ~해도 된다
保护环境 bǎohù huánjìng 환경을 보호하다

시종일관 발음체크 kěyǐ bǎohù(可以保护)는 2성+2성+3성+4성으로 발음해요. kěyǐ bǎohù huánjìng(可以保护环境)을 한 호흡으로 말할 수 있도록 여러 번 연습하세요.

03

🎧 你　在什么情况下　感到　难过？
Nǐ　zài shénme qíngkuàng xià　gǎndào　nánguò?
당신은 어떤 상황에서 괴로움을 느낍니까?

🎤 Wǒ　zài　gǎnmào de shíhou ⌄ gǎndào　nánguò.
我　在　感冒的时候　　感到　难过。
Wǒ　zuìjìn ⌄ chángcháng　gǎndào　nánguò.
我　最近　常常　　感到　难过。
저는 감기에 걸렸을 때 괴로움을 느낍니다. 저는 최근 자주 괴로움을 느낍니다.

어휘 在什么情况下 zài shénme qíngkuàng xià 어떤 상황에서　感到 gǎndào 느끼다　难过 nánguò 괴롭다
在~的时候 zài ~ de shíhou ~할 때　感冒 gǎnmào 감기에 걸리다　最近 zuìjìn 최근　常常 chángcháng 자주

04

你 在 什么时候 感觉 最 幸福?

Nǐ zài shénme shíhou gǎnjué zuì xìngfú?

당신은 언제 가장 행복하다고 느낍니까?

Wǒ zài gēn jiārén yìqǐ chī fàn de shíhou ˇ gǎnjué zuì xìngfú.
我 在 跟 家人 一起 吃饭的时候 感觉 最 幸福。

Wǒ juéde ˇ jiārén hěn zhòngyào.
我 觉得 家人 很 重要。

저는 가족들과 함께 밥을 먹을 때 가장 행복하다고 느낍니다. 저는 가족이 매우 중요하다고 생각합니다.

어휘 在 zài ~에 什么时候 shénme shíhou 언제 感觉 gǎnjué 느끼다 最 zuì 가장 幸福 xìngfú 행복하다
跟 gēn ~과, 와 家人 jiārén 가족(들) 一起 yìqǐ 함께, 같이 吃饭的时候 chī fàn de shíhou 밥을 먹을 때
觉得 juéde ~라고 생각하다 很 hěn 매우 重要 zhòngyào 중요하다

시종일관 발음체크 zuì xìngfú(最幸福)에서는 4성이 연달아 두 번 나와요. 하지만 zuì(最)가 더 중요한 정보이기 때문에 zuì를 더 높고 크게 발음해요. 그러면 더 쉽고 유창하게 문장을 말할 수 있어요. gǎnjué zuì xìngfú(感觉最幸福)를 한 호흡으로 말할 수 있도록 여러 번 연습하세요.

05

你 性格 中 的 优点 是 什么?

Nǐ xìnggé zhōng de yōudiǎn shì shénme?

당신의 성격 중 장점은 무엇 입니까?

Wǒ xìnggé zhōng de yōudiǎn ˇ shì lèguān.
我 性格 中 的 优点 是 乐观。

Wǒ juéde ˇ wǒ de xìnggé ˇ hěn hǎo.
我 觉得 我 的 性格 很 好。

제 성격 중 장점은 낙관적이라는 것입니다. 저는 제 성격이 매우 좋다고 생각합니다.

어휘 性格 xìnggé 성격 中 zhōng ~중(에서) 的 de ~의 优点 yōudiǎn 장점 是 shì ~이다 什么 shénme 무엇
乐观 lèguān 낙관적이다 觉得 juéde ~라고 생각하다 很 hěn 매우 好 hǎo 좋다

시종일관 발음체크 wǒ xìnggé zhōng de yōudiǎn(我性格中的优点)은 반3성+4성+2성+1성+경성+1성+3성으로 발음해요. 성조의 높낮이 변화가 크므로 입에 붙을 때까지 여러 번 연습하세요.

06

你 住过 的 地方 中, 哪个地方 的 交通 最 方便?

Nǐ zhùguo de dìfang zhōng, nǎge dìfang de jiāotōng zuì fāngbiàn?

당신이 살았던 곳 중에서, 어느 곳의 교통이 가장 편리했습니까?

Wǒ zhùguo de dìfang zhōng, Shǒu'ěr de jiāotōng ˇ zuì fāngbiàn.
我 住过 的 地方 中, 首尔 的 交通 最 方便。

Wǒ hěn zhòngshì jiāotōng.
我 很重视 交通。

제가 살았던 곳 중에서, 서울의 교통이 가장 편리했습니다. 저는 교통을 매우 중시합니다.

어휘 住过 zhùguo 살았다, 산 적 있다 的 de ~한 地方 dìfang 곳, 장소 中 zhōng ~중에서 哪个 nǎge 어느
交通 jiāotōng 교통 最 zuì 가장 方便 fāngbiàn 편리하다 首尔 Shǒu'ěr 서울 很重视 hěn zhòngshì 매우 중시하다

해커스 TSC 3급 모범답변 및 해석

시종일관 발음체크 wǒ hěn zhòngshì jiāotōng(我很重视交通)은 2성＋반3성＋4성＋4성＋1성＋1성으로 발음해요. zhòngshì(重视)과 같이 4성이 연달아 있는 단어를 말할 때는 마지막 4성인 shì(视)을 더 낮고 가볍게 발음해요. 그러면 더 쉽고 자연스럽게 단어를 말할 수 있어요.

실전 공락하기

🎧 23_15_제4부분 실전 공락.mp3

실전 감각 익히기

01
🎧 你 觉得 你们国家 的 物价 高 吗?　　请简单说一说。
　 Nǐ juéde nǐmen guójiā de wùjià gāo ma? Qǐng jiǎndān shuō yi shuō
　 당신은 당신의 나라의 물가가 높다고 생각합니까? 간단히 말해보세요.

🎤 Wǒ juéde ˇ wǒmen guójiā de ˇ wùjià gāo.
　 我 觉得 我们国家 的 物价 高。
　 Nǐ ne? Nǐ juéde ˇ nǐmen guójiā de ˇ wùjià gāo ma?
　 你呢? 你 觉得 你们国家 的 物价 高 吗?
　 저는 우리 나라의 물가가 높다고 생각합니다. 당신은요? 당신의 나라의 물가가 높다고 생각합니까?

어휘 觉得 juéde ~라고 생각하다 国家 guójiā 나라 的 de ~의 物价 wùjià 물가 高 gāo 높다
　　 请简单说一说 qǐng jiǎndān shuō yi shuō 간단히 말해 보세요 你呢? nǐ ne? 당신은요?

시종일관 발음체크 wǒ juéde(我觉得)에서 경성인 de(得)를 길게 늘어뜨리듯 발음하면 자기 생각을 전달하는 느낌으로 말할 수 있어요.

02
🎧 请介绍一下 你 最 尊敬 的 人。
　 Qǐng jièshào yí xià nǐ zuì zūnjìng de rén.
　 당신이 가장 존경하는 사람을 소개해주세요.

🎤 Wǒ zuì zūnjìng de rén ˇ jiù shì Hànyǔ lǎoshī.
　 我 最 尊敬 的 人 就是 汉语 老师。
　 Wǒ hěn xǐhuan ˇ Hànyǔ lǎoshī.
　 我 很喜欢 汉语 老师。
　 제가 가장 존경하는 사람은 바로 중국어 선생님입니다. 저는 중국어 선생님을 매우 좋아합니다.

어휘 请介绍一下 qǐng jièshào yíxià ~을 소개해주세요 最 zuì 가장 尊敬 zūnjìng 존경하다 的 de ~한 人 rén 사람
　　 就是 jiù shì 바로 ~이다 汉语 Hànyǔ 중국어 老师 lǎoshī 선생님 很喜欢 hěn xǐhuan 매우 좋아하다

시종일관 발음체크 zūnjìng(尊敬)의 zūn(尊)은 '쭌'이 아니라 '쭈언'으로 발음해요. wǒ zuì zūnjìng de rén(我最尊敬的人)을 한 호흡으로 말할 수 있도록 여러 번 연습하세요.

03

你 最 特别 的 爱好 是 什么？　请简单谈谈。
Nǐ zuì tèbié de àihào shì shénme? Qǐng jiǎndān tántan.
당신의 가장 특별한 취미는 무엇입니까？　간단히 이야기해보세요.

Wǒ zuì tèbié de àihào∨ shì pāizhào. Wǒ juéde∨ pāizhào∨ hěn yǒu yìsi.
我 最 特别 的 爱好 是 拍照。 我 觉得 拍照 很 有意思。
저의 가장 특별한 취미는 사진 찍기입니다. 저는 사진 찍기가 매우 재미있다고 생각합니다.

어휘　最 zuì 가장　特别 tèbié 특별하다　的 de ~한　爱好 àihào 취미　是 shì ~이다　什么 shénme 무엇
请简单谈谈 qǐng jiǎndān tántan 간단히 이야기해보세요　拍照 pāizhào 사진 찍다　觉得 juéde ~라고 생각하다
很 hěn 매우　有意思 yǒu yìsi 재미있다

시종일관 발음체크　hěn yǒu yìsi(很有意思)은 2성+반3성+4성+경성으로 발음해요. hěn(很)을 발음할 때 혀뿌리와 입천장 사이
로 공기를 길게 내보내면 '매우'라는 의미를 강조할 수 있어요.

04

你 在什么情况下 会 感觉到 压力？
Nǐ zài shénme qíngkuàng xià huì gǎnjué dào yālì?
당신은 무슨 상황에서 스트레스를 느낍니까?

Kǎoshì∨ qián yì tiān de shíhou, Wǒ huì gǎnjuédào yālì.
考试前一天的时候, 我 会 感觉到 压力。
Wǒ zuìjìn∨ chángcháng huì gǎnjuédào yālì.
我 最近 常常 会 感觉到 压力。
시험 하루 전에, 저는 압박을 느낍니다. 저는 최근 자주 압박을 느낍니다.

어휘　在什么情况下 zài shénme qíngkuàng xià 무슨 상황에서　会 huì ~할 것이다　感觉到 gǎnjué dào 느끼다
压力 yālì 스트레스　考试前一天的时候 kǎoshì qián yì tiān de shíhou 시험 하루 전에　最近 zuìjìn 최근
常常 chángcháng 자주

시종일관 발음체크　wǒ huì gǎnjuédào(我会感觉到)는 반3성+4성+반3성+2성+4성으로 발음해요. 성조의 높낮이 변화가 크므
로 입에 붙을 때까지 여러 번 연습하세요.

실전TEST

🎧 23_16_제4부분 실전TEST.mp3

TEST (1)

01

如果 你 家 里 突然 停电 了, 你 会 怎么做？
Rúguǒ nǐ jiā li tùrán tíng diàn le, nǐ huì zěnme zuò?
만약 당신의 집 안이 갑자기 정전이 된다면, 당신은 어떻게 하겠습니까?

Rúguǒ wǒ jiā li∨ tùrán tíng diàn le, wǒ huì gěi péngyou dǎ diànhuà.
如果 我 家 里 突然 停电 了, 我 会 给 朋友 打电话。
Péngyou∨ kěyǐ bāngzhù wǒ.
朋友 可以 帮助 我。
만약 저의 집 안이 갑자기 정전이 된다면, 저는 친구에게 전화를 할 것입니다. 친구는 저를 도와줄 수 있습니다.

어휘　如果 rúguǒ 만약　家 jiā 집　里 li 안　突然 tùrán 갑자기　停电 tíngdiàn 정전되다　了 le ~했다　会 huì ~할 것이다
怎么做 zěnme zuò 어떻게 하다　给 gěi ~에게　朋友 péngyou 친구　打电话 dǎ diànhuà 전화하다

可以 kěyǐ ~할 수 있다, ~해도 된다 帮助 bāngzhù 돕다

시종일관 발음체크 wǒ huì gěi péngyou dǎ diànhuà(我会给朋友打电话)는 반3성+4성+반3성+2성+경성+반3성+4성+4성으로 발음해요. 성조의 높낮이 변화가 크므로 입에 붙을 때까지 여러 번 연습하세요.

02

休假期间，你 打算 做 什么?　　请简单说说。

🎧 Xiūjià qījiān, nǐ dǎsuan zuò shénme? Qǐng jiǎndān shuōshuo.
휴가 기간에, 당신은 무엇을 할 겁니까? 간단히 말해보세요.

🎤 **Xiūjià qījiān, wǒ dǎsuan ᵛ xué yóuyǒng. Wǒ juéde xué yóuyǒng hěn yǒu yìsi.**
　　休假期间，　我　打算　学　游泳。　　我　觉得　学　游泳　很　有意思。
휴가 기간에, 저는 수영을 배울 것 입니다. 저는 수영을 배우는 것이 매우 재미있다고 생각합니다.

어휘 休假期间 xiūjià qījiān 휴가 기간 打算 dǎsuan ~할 것이다, 계획이다 做 zuò 하다 什么 shénme 무엇
　　　请简单说说 qǐng jiǎndān shuōshuo 간단히 말해보세요 学 xué 배우다 游泳 yóuyǒng 수영하다 觉得 juéde ~라고 생각
　　　하다 很 hěn 매우 有意思 yǒu yìsi 재미있다

시종일관 발음체크 wǒ dǎsuan(我打算)은 2성+3성+경성으로 발음해요. dǎsuan(打算)의 suan(算)은 경성이지만 원래 성조인 4
　　　성에 가깝게 발음하는 것이 더 자연스러워요.

03

你 每个月 花 的 餐费 多 吗?　　请简单谈一谈。

🎧 Nǐ měi ge yuè huā de cānfèi duō ma? Qǐng jiǎndān tán yi tán.
당신은 매달 쓰는 식비가 많습니까? 간단히 이야기해보세요.

🎤 **Wǒ měi ge yuè ᵛ huā de cānfèi duō. Nǐ ne?**
　　我　每个月　花　的　餐费　多。　你呢?
　　Nǐ měi ge yuè ᵛ huā de cānfèi duō ma?
　　你　每个月　花　的　餐费　多　吗?
저는 매달 쓰는 식비가 많습니다. 당신은요? 당신은 매달 쓰는 식비가 많습니까?

어휘 每个月 měi ge yuè 매달 花 huā (돈, 시간을)쓰다 的 de ~한 餐费 cānfèi 식비 多 duō 많다
　　　请简单谈一谈 qǐng jiǎndān tán yi tán 간단히 이야기해보세요 你呢? Nǐ ne? 당신은요?

시종일관 발음체크 měi ge yuè(每个月)는 반3성+경성+4성으로 발음해요. 성조의 높낮이 변화가 크므로 한 단어로 입에 붙도록
　　　여러 번 연습하세요.

04

合作 和 竞争 中, 你 觉得 哪个 更 有效?　　请简单谈一谈。

🎧 Hézuò hé jìngzhēng zhōng, nǐ juéde nǎge gèng yǒu xiào? Qǐng jiǎndān tán yi tán.
협력과 경쟁 중에서, 당신은 어느 것이 더 효과적이라고 생각합니까? 간단히 이야기해보세요.

🎤 **Wǒ juéde ᵛ hézuò gèng yǒuxiào. Wǒ hěn zhòngshì hézuò.**
　　我　觉得　合作　更　有效。　　我　很　重视　合作。
저는 협력이 더 효과적이라고 생각합니다. 저는 협력을 매우 중시합니다.

어휘 合作 hézuò 협력 和 hé ~와, 과 竞争 jìngzhēng 경쟁 中 zhōng ~중에서 觉得 juéde ~라고 생각하다
　　　哪个 nǎge 어느 것 更 gèng 더, 더욱 有效 yǒu xiào 효과적이다
　　　请简单谈一谈 qǐng jiǎndān tán yi tán 간단히 이야기해 보세요 很重视 hěn zhòngshì 매우 중시하다

시종일관 발음체크 wǒ hěn zhòngshì hézuò(我很重视合作)는 2성+반3성+4성+4성+2성+4성으로 발음해요. zhòngshì(重视)
　　　와 같이 4성이 연달아 있는 단어를 말할 때는 두 번째 4성인 shì(视)을 더 낮고 가볍게 발음해요. 그러면 더 쉽고
　　　자연스럽게 단어를 말할 수 있어요.

05

你 是 个 喜欢挑战 的 人 吗?　　请简单说一说。

Nǐ shì ge xǐhuan tiǎozhàn de rén ma? Qǐng jiǎndān shuō yi shuō.

당신은 도전하는 것을 좋아하는 사람입니까? 간단히 말해보세요.

Wǒ shì ge ˇ xǐhuan tiǎozhàn de rén.
我 是 个 喜欢挑战 的 人。

Nǐ ne? Nǐ shì ge ˇ xǐhuan tiǎozhàn de rén ma?
你呢? 你 是 个 喜欢挑战 的 人 吗?

저는 도전하는 것을 좋아하는 사람입니다. 당신은요? 당신은 도전하는 것을 좋아하는 사람입니까?

어휘　是 shì ~이다　个 ge 사람, 명　喜欢挑战 xǐhuan tiǎozhàn 도전을 좋아하다　的 de ~한　人 rén 사람
　　　　请简单说一说 qǐng jiǎndān shuō yi shuō 간단히 말해보세요　你呢? Nǐ ne? 당신은요?

시종일관 발음체크　xǐhuan tiǎozhàn derén(喜欢挑战的人)은 반3성+경성+반3성+4성+경성+2성으로 발음해요. 성조의 높낮이 변화가 크므로 입에 붙을 때까지 여러 번 연습하세요.

TEST (2)

01

你 滑 过 雪 吗?　　请简单说说。

Nǐ huá guo xuě ma? Qǐng jiǎndān shuōshuo.

당신은 스키를 탄 적이 있습니까? 간단히 말해보세요.

Wǒ huá guo xuě. Nǐ ne? Nǐ huá guo xuě ma?
我 滑 过 雪。 你呢? 你 滑 过 雪 吗?

저는 스키를 탄 적이 있습니다. 당신은요? 당신은 스키를 탄 적이 있습니까?

어휘　滑过雪 huáguo xuě 스키를 탄 적 있다　请简单说说 qǐng jiǎndān shuōshuo 간단히 말해보세요　你呢? Nǐ ne? 당신은요?

시종일관 발음체크　huáguo xuě(滑过雪)는 2성인 huá(滑)에서 끌어올리는 힘으로 경성인 guo(过)를 가볍게 던지듯이 발음한 후, 바로 3성인 xuě로 낮게 내려오며 발음해요. 이때 xuě(雪)는 '쉬에'로 발음하는 것에 주의해요.

02

请介绍一下 你们 国家 的 传统节日。

Qǐng jièshào yí xià nǐmen guójiā de chuántǒng jiérì.

당신의 나라의 전통명절을 소개해주세요.

Wǒmen guójiā de ˇ chuántǒng jiérì ˇ jiù shì Chūnjié. Wǒ hěn xǐhuan Chūnjié.
我们 国家 的 传统节日 就是 春节。 我 很喜欢 春节。

우리 나라의 전통명절은 바로 설날 입니다. 저는 설날을 매우 좋아합니다.

어휘　请介绍一下 qǐng jièshào yíxià ~을 소개해주세요　国家 guójiā 나라　的 de ~의　传统节日 chuántǒng jiérì 전통명절
　　　　就是 jiù shì 바로 ~이다　春节 Chūnjié 설날　很喜欢 hěn xǐhuan 매우 좋아하다

시종일관 발음체크　wǒ hěn xǐhuan chūnjié(我很喜欢春节)에서는 3성이 연달아 세 번 나와요. 이때는 2성+2성+3성으로 발음해도 되지만 hěn(很)을 강조하여 말하고 싶을 땐 3성+2성+3성으로 발음하는 것이 더 자연스러워요.

03

你　周围　学汉语　的人　多不多？　　请简单说说。

Nǐ zhōuwéi xué Hànyǔ de rén duō bu duō? Qǐng jiǎndān shuōshuo.

당신 주위에 중국어를 배우는 사람이 많습니까? 간단히 말해보세요.

Wǒ zhōuwéi ^v xué Hànyǔ de rén ^v duō. Nǐ ne?
我　周围　学汉语　的　人　多。　你呢？

Nǐ zhōuwéi ^v xué Hànyǔ de rén ^v duō bu duō?
你　周围　学汉语　的　人　多不多？

제 주위에 중국어를 배우는 사람이 많습니다. 당신은요? 당신 주위에 중국어를 배우는 사람이 많습니까?

어휘　周围 zhōuwéi 주위　学汉语 xué Hànyǔ 중국어를 배우다　的 de ~ 한　人 rén 사람　多不多 duō bu duō 많다 안 많다
　　　请简单说说 qǐng jiǎndān shuōshuo 간단히 말해보세요　多 duō 많다　你呢? nǐ ne? 당신은요?

시종일관 발음체크　Hànyǔ(汉语)는 Hàn(汉)과 yǔ(语)를 잘 구분해서 '하뉘'가 아니라 '하안위이'로 발음해요. xué Hànyǔ de rén(学汉语的人)을 한 호흡으로 말할 수 있도록 여러 번 연습하세요.

04

你　的　性格　属于　外向　吗？　　请简单说说。

Nǐ de xìnggé shǔyú wàixiàng ma? Qǐng jiǎndān shuōshuo.

당신의 성격은 외향적인 편에 속합니까? 간단히 말해보세요.

Wǒ de xìnggé ^v shǔyú wàixiàng. Nǐ ne? Nǐ de xìnggé ^v shǔyú wàixiàng ma?
我　的　性格　属于　外向。　你呢？　你　的　性格　属于　外向　吗？

제 성격은 외향적인 편에 속합니다. 당신은요? 당신의 성격은 외향적인 편에 속합니까?

어휘　的 de ~의　性格 xìnggé 성격　属于 shǔyú ~에 속하다　外向 wàixiàng 외향적이다
　　　请简单说说 qǐng jiǎndān shuōshuo 간단히 말해보세요　你呢? Nǐ ne? 당신은요?

시종일관 발음체크　shǔyú wàixiàng(属于外向)은 반3성＋2성＋4성＋4성으로 발음해요. wàixiàng(外向)와 같이 4성이 연달아 있는 단어를 말할 때는 마지막 4성인 xiàng(向)을 더 낮고 가볍게 발음해요. 그러면 더 쉽고 자연스럽게 단어를 말할 수 있어요.

05

你　是　从　什么时候　开始　使用　智能手机　的？　　请简单说说。

Nǐ shì cóng shénme shíhou kāishǐ shǐyòng zhìnéng shǒujī de? Qǐng jiǎndān shuōshuo.

당신은 언제부터 스마트폰을 사용하기 시작했습니까? 간단히 말해보세요.

Wǒ shì ^v cóng shíwǔ suì kāishǐ ^v shǐyòng zhìnéng shǒujī de.
我　是　从　十五岁　开始　使用　智能手机　的。

Wǒ juéde ^v zhìnéng shǒujī hěn fāngbiàn.
我　觉得　智能手机　很　方便。

저는 15살부터 스마트폰을 사용했습니다. 저는 스마트폰이 매우 편리하다고 생각합니다.

어휘　是 shì ~이다　从 cóng ~부터　什么时候 shénme shíhou 언제　开始 kāishǐ 시작하다　使用 shǐyòng 사용하다
　　　的 de 동작 강조　智能手机 zhìnéng shǒujī 스마트폰　请简单说说 qǐng jiǎndān shuōshuo 간단히 말해보세요
　　　十五岁 shíwǔ suì 15살　觉得 juéde ~라고 생각하다　很 hěn 매우　方便 fāngbiàn 편리하다

시종일관 발음체크　cóng shíwǔ suì kāishǐ(从十五岁开始)는 2성＋2성＋반3성＋4성＋1성＋3성으로, shǐyòng zhìnéng shǒujī de(使用智能手机的)는 반3성＋4성＋4성＋2성＋반3성＋1성＋경성으로 발음해요. 성조의 높낮이 변화가 크므로 입에 붙을 때까지 여러 번 연습하세요.

01

你　心情不好　的时候，一般　会　见　朋友　还是　一个人　在家休息？　请简单谈谈。

Nǐ　xīnqíng bù hǎo　de shíhou, yìbān　huì　jiàn　péngyou　háishi　yí ge rén　zài jiā xiūxi? Qǐng jiǎndān tántan.

당신은 기분이 좋지 않을 때, 친구를 만납니까 아니면 혼자 집에서 쉽니까? 간단히 이야기해보세요.

Wǒ　xīnqíng bù hǎo　de　shíhou, yìbān　huì　jiàn péngyou.
我　　心情不好　的　时候，一般　会　见　朋友。

Wǒ　jīhū　měi cì　dōu　jiàn péngyou.
我　几乎　每次　都　见　朋友。

저는 기분이 좋지 않을 때, 보통 친구를 만납니다. 저는 거의 매번 친구를 만납니다.

어휘　心情不好 xīnqíng bù hǎo 기분이 좋지 않다　的时候 de shíhou ~할 때　一般 yìbān 보통　会 huì ~할 것이다
见 jiàn 만나다　朋友 péngyou 친구　还是 háishi 아니면　一个人 yí ge rén 혼자　在家休息 zài jiā xiūxi 집에서 쉬다
请简单谈谈 qǐng jiǎndān tántan 간단히 이야기해 보세요　几乎 jīhū 거의　每次 měi cì 매번　都 dōu 모두

시종일관 발음체크　wǒ jīhū měi cì(我几乎每次)는 반3성+1성+1성+반3성+4성으로 발음해요. 한 호흡으로 말할 수 있도록 여러 번 연습하세요. měi cì(每次)의 cì(次)를 더 높고 크게 발음하면 더 강한 뉘앙스로 말할 수 있어요.

02

你　平时　吃　早饭　吗？　请简单谈谈。

Nǐ　píngshí　chī　zǎofàn　ma? Qǐng jiǎndān tántan.

당신은 평소에 아침밥을 먹습니까? 간단히 이야기해보세요.

Wǒ　píngshí　chī　zǎofàn. Nǐ ne? Nǐ　píngshí　chī　早饭　ma?
我　平时　吃　早饭。你呢？你　平时　吃　早饭　吗？

저는 평소에 아침밥을 먹습니다. 당신은요? 당신은 평소에 아침밥을 먹습니까?

어휘　平时 píngshí 평소　吃 chī 먹다　早饭 zǎofàn 아침밥　请简单谈谈 qǐng jiǎndān tántan 간단히 이야기해보세요
你呢？ Nǐ ne? 당신은요?

시종일관 발음체크　chī zǎofàn(吃早饭)에서 chī(吃)과 zǎo(早)를 이어서 발음하려면 입천장 뒤에서 'ㅊ'을 발음한 혀를 빠르게 윗니 뒤에 갖다대며 '자오'로 발음해야 해요. 쉽지 않은 발음이니 입에 붙을 때까지 여러 번 듣고 따라하며 연습하세요.

03

在　你　的　人生　中，哪个时刻　让　你　最　难忘？

Zài　nǐ　de rénshēng zhōng, nǎge shíkè　ràng　nǐ　zuì nánwàng?

당신의 인생에서, 당신이 가장 잊을 수 없는 순간은 어느 때입니까?

Zài　wǒ　de　rénshēng　zhōng,　kǎo shàng dàxué de shíhou　ràng　wǒ　zuì
在　我　的　人生　中，　考上大学的时候　让　我　最

nánwàng. Wǒ　hěn zhòngshì　dàxué.
难忘。我　很重视　大学。

저의 인생에서, 제가 가장 잊을 수 없는 순간은 대학교에 합격했을 때입니다. 저는 대학교를 매우 중시합니다.

어휘　在……中 zài …… zhōng ~에서　的 de ~의　人生 rénshēng 인생　哪个时刻 nǎge shíkè 어느 때
让 ràng ~하게끔 하다　最 zuì 가장　难忘 nánwàng 잊을 수 없다
考上大学的时候 kǎo shàng dàxué de shíhou 대학교에 합격했을 때　很重视 hěn zhòngshì 매우 중시하다

시종일관 발음체크　kǎo shàng dàxué de shíhou(考上大学的时候)는 반3성+4성+4성+2성+경성+2성+경성으로 발음해요. 성조의 높낮이 변화가 크므로 입에 붙을 때까지 여러 번 연습하세요.

모범답변 및 해석　해커스 TSC 3급

04

你 的 电脑 几 年 换 一次？　　请简单说说。

Nǐ de diànnǎo jǐ nián huàn yí cì? Qǐng jiǎndān shuōshuo.

당신의 컴퓨터는 몇 년에 한 번 바꿉니까? 간단히 말해보세요.

Wǒ de diànnǎo⌄ yì nián huàn yí cì. Wǒ juéde diànnǎo hěn zhòngyào.

我 的 电脑 一 年 换 一次。 我 觉得 电脑 很 重要。

저의 컴퓨터를 1년에 한 번 바꿉니다. 저는 컴퓨터가 매우 중요하다고 생각합니다.

어휘　电脑 diànnǎo 컴퓨터　几 jǐ 몇　年 nián 년, 해　换 huàn 바꾸다　一次 yí cì 한 번
　　　请简单说说 qǐng jiǎndān shuōshuo 간단히 말해보세요　一 yī 1, 하나　觉得 juéde ~라고 생각하다　很 hěn 매우
　　　重要 zhòngyào 중요하다

시종일관 발음체크　yì nián(一年)에서 yì(一)는 2성 앞에 있으므로 4성으로 발음하고, yí cì(一次)에서 yí(一)는 4성 앞에 있으므로 2성으로 발음해요. yì nián(一年)과 yí cì(一次)를 입에 붙도록 여러 번 연습하세요.

05

在 学生时期 你 想过 出国留学 吗？　　请简单谈谈。

Zài xuéshēng shíqī nǐ xiǎngguo chūguó liúxué ma? Qǐng jiǎndān tántan.

학창 시절에 당신은 해외에 나가 유학하는 것을 생각해 본 적이 있습니까? 간단히 이야기해보세요.

Zài xuéshēng shíqī wǒ xiǎngguo⌄ chūguó liúxué.

在 学生时期, 我 想过 出国留学。

Nǐ ne? Zài xuéshēng shíqī, nǐ xiǎngguo⌄ chūguó liúxué ma?

你呢? 在 学生时期, 你 想过 出国留学 吗？

학창 시절에 저는 해외에 나가 유학하는 것을 생각해 본 적이 있습니다. 당신은요? 학창시절에 당신은 해외에 나가 유학하는 것을 생각해
본 적이 있습니까?

어휘　在 zài ~에　学生时期 xuéshēng shíqī 학창 시절　想过 xiǎngguo 생각해본 적이 있다
　　　出国留学 chūguó liúxué 해외에 나가 유학하다　请简单谈谈 qǐng jiǎndān tántan 간단히 이야기해보세요
　　　你呢? Nǐ ne? 당신은요?

시종일관 발음체크　wǒ xiǎngguo(我想过)를 2성＋반3성＋경성으로 한 번에 발음하고 바로 다음 단어로 넘어갈 수 있도록 여러 번
　　　연습하세요.

제5부분 의견 제시

실전 공략하기

🎧 23_17_제5부분 실전 공략.mp3

패턴 입에 붙이기!

01

有些人说在手术室内要装监控器，你赞成吗？

🎧 Yǒuxiē rén shuō zài shǒushùshì nèi yào zhuāng jiānkòngqì, nǐ zànchéng ma?

어떤 사람들은 수술실 안에 CCTV를 설치해야 한다고 말하는데, 당신은 찬성합니까? → 살짝 끊어 읽으세요

🎤 **Wǒ fēicháng zànchéng ˇ zhège shìqing.**
我 非常 赞成 这个 事情。
저는 이 일에 매우 찬성합니다.

어휘 有些人 yǒuxiē rén 어떤 사람들　说 shuō 말하다　在 zài ~에　手术室 shǒushùshì 수술실　内 nèi 안(쪽)
装 zhuāng 설치하다　监控器 jiānkòngqì CCTV　赞成 zànchéng 찬성하다　非常 fēicháng 매우　这个 zhège 이, 이것
事情 shìqing 일

시종일관 발음체크 Wǒ fēicháng zànchéng(我非常赞成)은 반3성＋1성＋2성＋4성＋2성으로 발음해요. cháng(常)과 zàn(赞)과
chéng(成)을 이어서 발음하려면 혀를 입천장 뒤에서 윗니 뒤로, 또 다시 입천장 뒤로 빠르게 움직이며 발음해
야 해요. 쉽지 않은 발음이니 입에 붙을 때까지 여러 번 듣고 따라하며 연습하세요.

02

有人认为学习外语要从小开始，你同意这种看法吗？

🎧 Yǒu rén rènwéi xuéxí wàiyǔ yào cóngxiǎo kāishǐ, nǐ tóngyì zhè zhǒng kànfǎ ma?

어떤 사람은 외국어를 공부하는 것은 어릴 때부터 시작해야 한다고 생각하는데, 당신은 이와 같은 의견에 동의합니까?

🎤 **Wǒ fēicháng tóngyì ˇ zhè zhǒng yìjiàn.**
我 非常 同意 这 种 意见。
저는 이와 같은 의견에 매우 동의합니다.

어휘 有人 yǒu rén 어떤 사람　认为 rènwéi ~라고 생각하다　学习 xuéxí 공부하다　外语 wàiyǔ 외국어
要 yào ~해야 한다, 할 것이다　从小 cóngxiǎo 어릴 때부터　开始 kāishǐ 시작하다　同意 tóngyì 동의하다
这种 zhè zhǒng 이와 같은　看法 kànfǎ 의견, 견해　非常 fēicháng 매우　意见 yìjiàn 의견, 견해

시종일관 발음체크 zhè(这)와 zhǒng(种)은 똑같이 '쯔' 발음을 포함하고 있으므로 혀를 크게 움직일 필요 없이 한 번에 발음하면
돼요. zhè zhǒng yìjiàn(这种意见)을 한 호흡으로 말할 수 있도록 여러 번 연습하세요.

03 大多数学校将放宽对发型的要求，你会支持还是反对？

Dàduōshù xuéxiào jiāng fàngkuān duì fàxíng de yāoqiú, nǐ huì zhīchí háishi fǎnduì?

대다수의 학교가 두발에 대한 규정을 완화하려 하는데, 당신은 지지할 것입니까 아니면 반대할 것입니까?

> **Wǒ huì zhīchí.**
> 我 会 支持。
> 저는 지지할 것입니다.

어휘 大多数 dàduōshù 대다수 学校 xuéxiào 학교 将 jiāng 막 ~하려 하다 放宽 fàngkuān 완화하다 对 duì ~에 대한
发型 fàxíng 두발, 헤어 스타일 的 de ~의 要求 yāoqiú 규정, 요구 사항 会 huì ~할 것이다 支持 zhīchí 지지하다
还是 háishi 아니면 反对 fǎnduì 반대하다

시종일관 발음체크 wǒ huì zhīchí(我会支持)을 한 호흡으로 말할 수 있도록 여러 번 연습하세요. 이때 huì(会)를 더 높고 크게 발음
하면 강한 의지를 담아 말할 수 있어요.

---

04 高龄化现象越发严重，感到代沟的人也在增加，你对此怎么看？

Gāolínghuà xiànxiàng yuèfā yánzhòng, gǎndào dàigōu de rén yě zài zēngjiā, nǐ duì cǐ zěnme kàn?

고령화 현상이 더욱 심각해져, 세대차이를 느끼는 사람도 늘어나고 있는데, 당신은 이것에 대해 어떻게 생각합니까?

> **Wǒ juéde ˅ yǒu wèntí.**
> 我 觉得 有 问题。
> 저는 문제가 있다고 생각합니다.

어휘 高龄化 gāolínghuà 고령화 现象 xiànxiàng 현상 越发 yuèfā 더욱 严重 yánzhòng 심각하다 感到 gǎndào 느끼다
代沟 dàigōu 세대차이 的 de ~한 人 rén 사람 也 yě ~도 在 zài ~하고 있다 增加 zēngjiā 늘어나다, 증가하다
对 duì ~에 대해 此 cǐ 이것 怎么 zěnme 어떻게 看 kàn ~라고 생각하다 觉得 juéde ~라고 생각하다 有 yǒu ~이 있다
问题 wèntí 문제

시종일관 발음체크 juéde(觉得)에서 경성인 de(得)를 길게 늘어뜨리듯 발음하면 자기 생각을 전달하는 느낌으로 말할 수 있어요.
Wǒ juéde(我觉得)와 yǒu wèntí(有问题)를 가볍게 끊어서 말하되 한 호흡으로 말할 수 있도록 여러 번 연습하
세요.

---

05 你觉得玩儿社交网络好处多还是坏处多？

Nǐ juéde wánr shèjiāo wǎngluò hǎochù duō háishi huàichù duō?

당신은 SNS를 하며 노는 것은 장점이 많다고 생각합니까 아니면 단점이 많다고 생각합니까?

> **Wǒ juéde ˅ hǎochù duō.**
> 我 觉得 好处 多。
> 저는 장점이 많다고 생각합니다.

어휘 觉得 juéde ~라고 생각하다 玩儿 wánr ~을 하며 놀다 社交网络 shèjiāo wǎngluò SNS(소셜네트워크서비스)
好处 hǎochù 장점 多 duō 많다 还是 háishi 아니면 坏处 huàichù 단점

시종일관 발음체크 hǎochù(好处)의 chù(处)는 혀를 입천장 오돌토돌한 부분 뒤에 붙였다 떼면서 'ㅊ우'라고 발음해요. 'ㅊ'로 발
음하지 않도록 주의해요. hǎochù duō(好处多)를 한 호흡으로 말할 수 있도록 여러 번 연습하세요.

06

你认为氢能汽车有哪些好处和坏处？

Nǐ rènwéi qīngnéng qìchē yǒu nǎxiē hǎochù hé huàichù?

당신은 수소 자동차가 어떤 장점과 단점들이 있다고 생각합니까?

Wǒ juéde yǒu sān ge hǎochù.
我　覚得　有　三个　好处。

저는 세 가지 장점이 있다고 생각합니다.

어휘　认为 rènwéi ~라고 생각하다　氢能汽车 qīngnéng qìchē 수소 자동차　有 yǒu ~이 있다　哪些 nǎxiē 어떤　好处 hǎochù 장점　和 hé ~과, 와　坏处 huàichù 단점　觉得 juéde ~라고 생각하다　三个 sān ge 세 가지

시종일관 발음체크　yǒu sān ge hǎochù(有三个好处)는 반3성+1성+경성+반3성+4성으로 발음해요. 성조의 높낮이 변화가 크므로 입에 붙을 때까지 여러 번 연습하세요.

07

你觉得情绪跟天气有关系吗？

Nǐ juéde qíngxù gēn tiānqì yǒu guānxi ma?

당신은 기분과 날씨가 관계가 있다고 생각합니까?

Wǒ juéde yǒu guānxi.
我　覚得　有　关系。

저는 관계가 있다고 생각합니다.

어휘　觉得 juéde ~라고 생각하다　情绪 qíngxù 기분　跟 gēn ~과, 와　天气 tiānqì 날씨　有 yǒu ~이 있다　关系 guānxi 관계

시종일관 발음체크　yǒu(有)는 '이어우'로 발음해요. '요우'로 발음하지 않도록 주의해요.

08

最近不少人在网上购买东西，你觉得理由是什么？

Zuìjìn bù shǎo rén zài wǎng shang gòumǎi dōngxi, nǐ juéde lǐyóu shì shénme?

최근 적지 않은 사람들이 인터넷에서 물건을 사는데, 당신은 이유가 무엇이라고 생각합니까?

我　觉得　有　很多　原因。
Wǒ juéde yǒu hěn duō yuányīn.

저는 많은 원인이 있다고 생각합니다.

어휘　最近 zuìjìn 최근　不少人 bù shǎo rén 적지 않은 사람들　在网上 zài wǎng shang 인터넷에서　购买 gòumǎi 사다, 구매하다　东西 dōngxi 물건　觉得 juéde ~라고 생각하다　理由 lǐyóu 이유　是 shì ~이다　什么 shénme 무엇, 어떤　很多 hěn duō 많다　原因 yuányīn 원인

시종일관 발음체크　yuányīn(原因)은 yuán(原)과 yīn(因)을 잘 구분해서 '위에닌'이 아니라 '위엔이인'로 발음해요. yǒu hěn duō yuányīn(有很多原因)을 한 호흡으로 말할 수 있도록 여러 번 연습하세요.

01

有人说为了防止性暴力事件反复发生，要公开犯罪者的个人信息，你赞成吗？

Yǒu rén shuō wèile fángzhǐ xìng bàolì shìjiàn fǎnfù fāshēng, yào gōngkāi fànzuìzhě de gèrén xìnxī, nǐ zànchéng ma?

어떤 사람은 성폭력이 반복적으로 발생하는 것을 막기 위해서, 범죄자의 신상을 공개해야 한다고 말하는데, 당신은 찬성합니까?

Wǒ　fēicháng　zànchéng ∨ zhège　shìqing.
我　非常　赞成　这个　事情。

저는 이 일에 매우 찬성합니다.

어휘 有人 yǒu rén 어떤 사람 说 shuō 말하다 为了 wèile ~하기 위해서 防止 fángzhǐ 방지하다 性暴力 xìng bàolì 성폭력 事件 shìjiàn 사건 反复 fǎnfù 반복적으로 发生 fāshēng 발생하다 要 yào ~해야 한다, 할 것이다 公开 gōngkāi 공개하다 犯罪者 fànzuìzhě 범죄자 的 de ~의 个人 gèrén 신상 信息 xìnxī 정보 赞成 zànchéng 찬성하다 非常 fēicháng 매우 这个 zhège 이, 이것 事情 shìqing 일

시종일관 발음체크 zhè ge shìqing(这个事情)은 4성＋경성＋4성＋경성으로 발음해요. 한 호흡으로 말할 수 있도록 여러 번 연습하세요.

02

你认为公司实施弹性工作制好处多吗？

Nǐ rènwéi gōngsī shíshī tánxìng gōngzuò zhì hǎochù duō ma?

당신이 생각하기에 회사가 탄력근무제를 실시하는 것은 장점이 많다고 생각합니까？

Wǒ　juéde ∨ hǎochù　duō.
我　觉得　好处　多。

저는 장점이 많다고 생각합니다.

어휘 认为 rènwéi ~라고 생각하다 公司 gōngsī 회사 实施 shíshī 실시하다 弹性工作制 tánxìng gōngzuò zhì 탄력 근무제 好处 hǎochù 장점 多 duō 많다 觉得 juéde ~라고 생각하다

시종일관 발음체크 wǒ juéde(我觉得)와 hǎochù duō(好处多)를 가볍게 끊어서 말하되 한 호흡으로 말할 수 있도록 여러 번 연습하세요.

실전TEST

🎧 23_18_제5부분 실전TEST.mp3

01

在家养宠物有哪些好处和坏处？

Zài jiā yǎng chǒngwù yǒu nǎxiē hǎochù hé huàichù?

집에서 애완동물을 키우는 것은 어떤 장점과 단점들이 있습니까？

Wǒ　juéde　yǒu　sān ge　hǎochù.
我　觉得　有　三个　好处。

저는 세 가지 장점이 있다고 생각합니다.

어휘 在家 zài jiā 집에서 养 yǎng 키우다 宠物 chǒngwù 애완동물 有 yǒu ~이 있다 哪些 nǎxiē 어떤 好处 hǎochù 장점 和 hé ~과, 와 坏处 huàichù 단점 觉得 juéde ~라고 생각하다 三个 sān ge 세 가지

시종일관 발음체크 sān(三)을 더 높고 크게 발음하면 숫자를 강조하며 말할 수 있어요. yǒu sān ge hǎochù(有三个好处)를 노래의 한 소절을 부르듯이 리듬을 타며 한 호흡으로 발음해요.

02

想当超级明星的青少年越来越多，你认为原因是什么？

Xiǎng dāng chāojí míngxīng de qīngshàonián yuè lái yuè duō, nǐ rènwéi yuányīn shì shénme?

슈퍼스타가 되고 싶어 하는 청소년이 점점 많아 지고 있는데, 당신이 생각하기에 원인이 무엇입니까?

Wǒ juéde yǒu hěn duō yuányīn.

我 觉得 有 很 多 原因。

저는 많은 원인이 있다고 생각합니다.

어휘 想 xiǎng ~하고 싶다 当 dāng ~이 되다, 맡다 超级明星 chāojí míngxīng 슈퍼스타 的 de ~한
青少年 qīngshàonián 청소년 越来越 yuè lái yuè 점점 ~하다 多 duo 많다 认为 rènwéi ~라고 생각하다
原因 yuányīn 원인 是 shì ~이다 什么 shénme 무엇, 어떤 觉得 juéde ~라고 생각하다 很多 hěn duō 아주 많다

시종일관 발음체크 yuányīn(原因)은 yuán(原)과 yīn(因)을 잘 구분해서 '위에닌'이 아니라 '위엔이인'로 발음해요. yǒu hěn duō
yuányīn(有很多原因)을 한 호흡으로 말할 수 있도록 여러 번 연습하세요.

03

如果你的朋友要环游世界，你会支持吗？

Rúguǒ nǐ de péngyou yào huán yóu shìjiè, nǐ huì zhīchí ma?

만약 딩신의 친구가 세계일주를 하고 싶어 한다면, 당신은 지지할 것입니까?

Wǒ huì zhīchí.

我 会 支持。

저는 지지할 것입니다.

어휘 如果 rúguǒ 만약 朋友 péngyou 친구 要 yào ~하고 싶다, ~할 것이다 环游世界 huán yóu shìjiè 세계일주
会 huì ~할 것이다 支持 zhīchí 지지하다

시종일관 발음체크 zhīchí(支持)은 이를 앙 물고 혀를 입천장 오돌토돌한 부분 뒤에 붙였다 떼면서 '쯔츠'로 발음해요. 이때 혀를
지나치게 뒤로 말아올리지 않는 것이 더 자연스러워요.

04

最近患抑郁症的人数不断增加，对此你有什么看法？

Zuìjìn huàn yìyùzhèng de rénshù búduàn zēngjiā, duì cǐ nǐ yǒu shénme kànfǎ?

최근에 우울증을 앓는 사람들의 수가 끊임없이 증가하고 있는데, 이것에 대해 당신은 어떤 견해를 가지고 있습니까？

Wǒ juéde yǒu wèntí.

我 觉得 有 问题。

저는 문제가 있다고 생각합니다.

어휘 最近 zuìjìn 최근 患 huàn 앓다 抑郁症 yìyùzhèng 우울증 的 de ~한 人数 rénshù 사람 수 不断 búduàn 끊임없이
增加 zēngjiā 증가하다, 늘어나다 对 duì ~에 대해 此 cǐ 이것 有 yǒu ~이 있다 什么 shénme 어떤, 무엇
看法 kànfǎ 견해, 의견 觉得 juéde ~라고 생각하다 问题 wèntí 문제

시종일관 발음체크 yǒu wèntí(有问题)는 반3성＋4성＋2성으로 발음해요. wǒ juéde(我觉得)와 yǒu wèntí(有问题)를 가볍게 끊어
서 말하되 한 호흡으로 말할 수 있도록 여러 번 연습하세요.

실전 공략하기

🎧 23_19_제6부분 실전 공략.mp3

패턴 입에 붙이기!

01

朋友邀你去美术馆，但你这几天一直都忙于工作，实在抽不出时间。请委婉地拒绝她。

🎧 Péngyou yāo nǐ qù měishùguǎn, dàn nǐ zhè jǐ tiān yìzhí dōu mángyú gōngzuò, shízài chōu bu chū shíjiān. Qǐng wěiwǎn de jùjué tā.

친구가 당신에게 미술관에 가자고 초청했는데, 하지만 당신은 요 며칠 계속 바쁘게 일하느라 도저히 시간을 낼 수가 없어요. 그녀를 완곡하게 거절하세요.

🎤 **Xiǎo Wáng, nǐ hǎo. Bù hǎoyìsi, wǒ bù kěyǐ.**
　　小王，　　你好。　不好意思，　我　不　可以。
샤오왕, 안녕. 미안해. 나 안 돼.

어휘　朋友 péngyou 친구　邀 yāo 초청하다　去 qù 가다　美术馆 měishùguǎn 미술관　但 dàn 하지만
　　　　这几天 zhè jǐ tiān 요 며칠　一直 yìzhí 줄곧　都 dōu 모두　忙于 mángyú ~에 바쁘다　工作 gōngzuò 일
　　　　实在 shízài 도저히, 정말　抽出时间 chōuchū shíjiān 시간을 내다　不 bu ~할 수 없다　请 qǐng ~해주세요
　　　　委婉 wěiwǎn 완곡하다　地 de ~하게　拒绝 jùjué 거절하다　小王 Xiǎo Wáng 샤오왕　你好 nǐ hǎo 안녕, 안녕하세요
　　　　不好意思 bù hǎoyìsi 미안하다, 죄송합니다　不可以 bù kěyǐ 안 된다

시종일관 발음체크　bù hǎoyìsi(不好意思)는 4성+반3성+4성+경성으로 발음해요. 성조의 높낮이 변화가 크므로 한 단어로 입에 붙도록 여러 번 연습하세요. 4성인 bù(不)와 yì(意)를 강하게 발음하면 더 쉽고 자연스럽게 말할 수 있어요.

02

你打算这周末跟朋友一起去看电影，可是你突然感冒了，咳嗽很严重。请向朋友说明情况，并改约时间。

🎧 Nǐ dǎsuan zhè zhōumò gēn péngyou yìqǐ qù kàn diànyǐng, kěshì nǐ tūrán gǎnmào le, késou hěn yánzhòng. Qǐng xiàng péngyou shuōmíng qíngkuàng, bìng gǎi yuē shíjiān.

당신은 이번 주말에 친구와 함께 영화를 보러 갈 계획이었는데, 하지만 당신은 갑자기 감기에 걸렸고, 기침이 매우 심해요. 친구에게 상황을 설명하고, 시간을 바꾸세요.

🎤 **Xiǎo Wáng, nǐ hǎo. Wǒmen xià cì zài yuē ba.**
　　小王，　　你好。　我们　下次　再　约　吧。
샤오왕, 안녕. 우리 다음 번에 다시 약속 잡자.

어휘　打算 dǎsuan ~할 계획이다, ~할 것이다　这周末 zhè zhōumò 이번 주말　跟 gēn ~와, 과　朋友 péngyou 친구
　　　　一起 yìqǐ 함께, 같이　去 qù 가다　看电影 kàn diànyǐng 영화를 보다　可是 kěshì 하지만, 그러나　突然 tūrán 갑자기
　　　　感冒 gǎnmào 감기에 걸리다　了 le ~했다　咳嗽 késou 기침하다　很 hěn 매우　严重 yánzhòng 심각하다
　　　　请 qǐng ~해주세요　向 xiàng ~에게　朋友 péngyou 친구　说明 shuōmíng 설명하다　情况 qíngkuàng 상황
　　　　并 bìng 그리고　改约 gǎi yuē 바꾸다, 변경하다　时间 shíjiān 시간　小王 Xiǎo Wáng 샤오왕　你好 nǐ hǎo 안녕, 안녕하세요
　　　　下次 xià cì 다음 번　再 zài 다시　约 yuē 약속하다　吧 ba ~하자, ~할게

시종일관 발음체크　yue는 üe(위에)로 발음해요. 따라서 yuē(约)는 입술을 앞으로 쭉 내밀고 '위에'로 발음해요. xià cì zài yuē ba(下次再约吧)를 한 호흡으로 말할 수 있도록 여러 번 연습하세요.

03

你发现新买的笔记本电脑突然打不开。请给客服中心打电话说明情况，并要求解决问题。

Nǐ fāxiàn xīn mǎi de bǐjìběn diànnǎo tūrán dǎ bu kāi. Qǐng gěi kèfú zhōngxīn dǎ diànhuà shuōmíng qíngkuàng, bìng yāoqiú jiějué wèntí.

당신은 새로 산 노트북이 갑자기 켜지지 않는 것을 발견했습니다. 서비스 센터에 전화해서 상황을 설명하세요. 그리고 문제 해결을 요구하세요.

> **Xiǎo Wáng, nǐ hǎo. Qǐng jǐn kuài jiějué.**
> 小王, 你好. 请 尽快 解决.
> 샤오왕, 안녕하세요. 최대한 빨리 해결해주세요.

어휘 发现 fāxiàn 발견하다　新买 xīn mǎi 새로 사다　的 de ~한　笔记本电脑 bǐjìběn diànnǎo 노트북　突然 tūrán 갑자기
打不开 dǎ bu kāi 열리지 않다　请 qǐng ~해주세요　给 gěi ~에게　客服中心 kèfú zhōngxīn 서비스 센터
打电话 dǎ diànhuà 전화하다　说明 shuōmíng 설명하다　情况 qíngkuàng 상황　并 bìng 그리고　要求 yāoqiú 요구하다
解决 jiějué 해결하다　问题 wèntí 문제　小王 Xiǎo Wáng 샤오왕　你好 nǐ hǎo 안녕하세요, 안녕　尽快 jǐnkuài 최대한 빨리

시종일관 발음체크　qǐng jǐn kuài jiějué(请尽快解决)는 2성+반3성+4성+반3성+2성으로 발음해요. 한 호흡으로 말할 수 있도록
여러 번 연습하세요.

04

你想加入网球社团，正好你的朋友也对网球很感兴趣。请你邀请她一起加入社团。

Nǐ xiǎng jiārù wǎngqiú shètuán, zhènghǎo nǐ de péngyou yě duì wǎngqiú hěn gǎn xìngqù. Qǐng nǐ yāoqǐng tā yìqǐ jiārù shètuán.

당신은 테니스 동아리에 가입하고 싶은데, 마침 당신의 친구도 테니스에 흥미를 가지고 있습니다. 함께 동아리에 가입하고자 그녀를 초청하세요.

> **Xiǎo Wáng, nǐ hǎo. Wǒ xiǎng yāoqǐng nǐ.**
> 小王, 你好. 我 想 邀请 你.
> 샤오왕, 안녕. 내가 너를 초청하고 싶어.

어휘 想 xiǎng ~하고 싶다　加入 jiārù 가입하다　网球 wǎngqiú 테니스　社团 shètuán 동아리　正好 zhènghǎo 마침
的 de ~의　朋友 péngyou 친구　也 yě ~도　对 duì ~에 대해　很 hěn 매우　感兴趣 gǎn xìngqù 흥미를 느끼다
请 qǐng ~해주세요　邀请 yāoqǐng 초청하다, 초대하다　一起 yìqǐ 함께, 같이　小王 Xiǎo Wáng 샤오왕
你好 nǐ hǎo 안녕, 안녕하세요

시종일관 발음체크　wǒ xiǎng yāoqǐng nǐ(我想邀请你)는 2성+3성+1성+2성+3성으로 발음해요. 3성의 성조 변화에 주의하면서
여러 번 연습하세요.

05

因为你的妹妹在练习中受伤了，所以她不能参加准备了大概一年的比赛。她整整一个星期不吃不睡，看起来非常痛苦。请鼓励她。

Yīnwèi nǐ de mèimei zài liànxí zhōng shòushāng le, suǒyǐ tā bù néng cānjiā zhǔnbèi le dàgài yì nián de bǐsài. Tā zhěngzhěng yí ge xīngqī bù chī bú shuì, kàn qǐlai fēicháng tòngkǔ. Qǐng gǔlì tā.

당신의 여동생이 연습하던 중에 부상을 당했어요. 그래서 그녀는 대략 1년 동안 준비한 시합에 참가할 수 없어요. 그녀는 꼬박 일주일 동안 아무것도 먹지 않고 잠도 안자고 있어요. 그녀는 매우 고통스러워 보여요. 그녀를 격려하세요.

> **Xiǎo Wáng, nǐ hǎo. Jiāyóu! Xīnkǔ le.**
> 小王, 你好. 加油! 辛苦了.
> 샤오왕, 안녕. 힘내! 수고했어.

어휘 因为 yīnwèi ~때문에　的 de ~의　妹妹 mèimei 여동생　在……中 zài …… zhōng ~하던 중에　练习 liànxí 연습하다
受伤 shòushāng 부상을 당하다　了 le ~했다　所以 suǒyǐ 그래서　不能 bù néng 할 수 없다
参加 cānjiā 참가하다, 참여하다　准备 zhǔnbèi 준비하다　大概 dàgài 대강, 대략　一年 yì nián 1년
整整 zhěngzhěng 꼬박　一个星期 yí ge xīngqī 일주일　不吃 bù chī 먹지 않다　不睡 bú shuì 자지 않다

看起来 kàn qǐlai 보아하니 非常 fēicháng 매우 tòngkǔ 고통스럽다 请 qǐng ~해주세요 鼓励 gǔlì 격려하다

小王 Xiǎo Wáng 샤오왕 你好 nǐ hǎo 안녕, 안녕하세요 加油 jiāyóu 힘내 辛苦 xīnkǔ 수고(고생)하다

시종일관 발음체크 jiāyóu(加油)의 jiā는 '찌' 발음 후 입을 크게 벌리면서 '찌아~'로 발음해요. '쨔'로 발음하지 않도록 주의해요.

 06

你在网上买了一件连衣裙，可衣服有点儿小，你要换大一号的。请给商家打电话说明情况，并咨询能否更换尺码。

Nǐ zài wǎng shang mǎile yí jiàn liányīqún, kě yīfu yǒudiǎnr xiǎo, nǐ yào huàn dà yí hào de. Qǐng gěi shāngjiā dǎ diànhuà shuōmíng qíngkuàng, bìng zīxún néng fǒu gēnghuàn chǐmǎ.

당신이 인터넷에서 원피스를 한 벌 샀는데, 옷이 약간 작아서 큰 사이즈로 바꾸고 싶어요. 업체에 전화해서 상황을 설명하고, 사이즈 교환이 가능한지 물어보세요.

→ 살짝 끊어 읽으세요

Xiǎo Wáng,	nǐ hǎo.	Wǒ	yǒu	ge	shìqing	xiǎng	wèn	nǐ.
小王,	你好。	我	有	个	事情	想	问	你。

샤오왕, 안녕하세요. 물어보고 싶은 게 있어.

어휘 在网上 zài wǎng shang 인터넷에서 买 mǎi 사다 了 le ~했다 一件 yí jiàn 한 벌 连衣裙 liányīqún 원피스
可 kě 그런데, 그러나 衣服 yīfu 옷 有点儿 yǒudiǎnr 약간 小 xiǎo 작다 要 yào ~하고 싶다 换 huàn 바꾸다
大一号 dà yí hào 큰 사이즈 的 de 강조를 나타냄 请 qǐng ~해주세요 给 gěi ~에게 商家 shāngjiā 업체
打电话 dǎ diànhuà 전화하다 说明 shuōmíng 설명하다 情况 qíngkuàng 상황 并 bìng 그리고 咨询 zīxún 물어보다
能否 néng fǒu 가능한지 (불가능한지) 更换 gēnghuàn 교환하다, 변경하다 尺码 chǐmǎ 사이즈 小王 Xiǎo Wáng 샤오왕
你好 nǐ hǎo 안녕하세요, 안녕 有 yǒu ~이 있다 个 ge 개, 명 事情 shìqing 일 想 xiǎng ~하고 싶다 问 wèn 묻다

시종일관 발음체크 wǒ yǒu ge shìqing(我有个事情)은 2성+반3성+경성+4성+경성으로 발음해요. 성조의 높낮이 변화가 크므로 입에 붙도록 여러 번 연습하세요.

실전 감각 익히기

01

你跟朋友是同一天生日，为了祝贺生日，你想跟她一起开生日派对。请你给朋友们打电话说明情况，并邀请他们。

Nǐ gēn péngyou shì tóngyì tiān shēngrì, wèile zhùhè shēngrì, nǐ xiǎng gēn tā yìqǐ kāi shēngrì pàiduì. Qǐng nǐ gěi péngyoumen dǎ diànhuà shuōmíng qíngkuàng, bìng yāoqǐng tāmen.

당신과 친구의 생일이 같은 날인데, 생일을 축하하기 위해 당신은 그녀와 함께 생일파티를 열고 싶어요. 친구들에게 전화해서 상황을 설명하고, 그들을 초대하세요.

Xiǎo Wáng,	nǐ hǎo.	Wǒ	xiǎng	yāoqǐng	nǐ.
小王,	你好。	我	想	邀请	你。

샤오왕, 안녕. 내가 너를 초청하고 싶어.

어휘 跟 gēn ~과, 와 朋友 péngyou 친구 是 shì ~이다 同 tóng 같다 一天 yì tiān 날, 하루 生日 shēngrì 생일
为了 wèile ~하기 위해서 祝贺 zhùhè 축하하다 想 xiǎng ~하고 싶다 一起 yìqǐ 함께, 같이 开 kāi 열다, 개최하다
派对 pàiduì 파티 请 qǐng ~해주세요 给 gěi ~에게 朋友们 péngyoumen 친구들 打电话 dǎ diànhuà 전화하다
说明 shuōmíng 설명하다 情况 qíngkuàng 상황 并 bìng 그리고 邀请 yāoqǐng 초청하다, 초대하다
小王 Xiǎo Wáng 샤오왕 你好 nǐ hǎo 안녕, 안녕하세요

시종일관 발음체크 wǒ xiǎng yāoqǐng nǐ(我想邀请你)는 2성+3성+1성+2성+3성으로 발음해요. 3성의 성조 변화에 주의하면서 여러 번 연습하세요.

02

你在考虑要不要选择中文系。请你给中文系毕业的朋友说明你的想法，并向他询问学习内容，就业前景等相关事项。

Nǐ zài kǎolǜ yào bu yào xuǎnzé zhōngwén xì, qǐng nǐ gěi zhōngwén xì bìyè de péngyou shuōmíng nǐ de xiǎngfǎ, bìng xiàng tā xúnwèn xuéxí nèiróng, jiùyè qiánjǐng děng xiāngguān shìxiàng.

당신은 중문과를 선택할지 말지 고려하고 있어요. 중문과를 졸업한 친구에게 당신의 생각을 설명하고, 그에게 배우는 내용, 취업전망 등 관련 사항들을 문의하세요.

Xiǎo Wáng, nǐ hǎo.
　小王，　　　你好。

Wǒ yǒu ge shìqíng ˅ xiǎng wèn nǐ.
　我　有　个　事情　　想　问　你。

샤오왕, 안녕. 물어보고 싶은 게 있어.

어휘　在 zài ~하고 있다　考虑 kǎolǜ 고려하다　要不要 yào bu yào ~할지 말지　选择 xuǎnzé 선택하다
　　中文系 zhōngwén xì 중문과　请 qǐng ~해주세요　给 gěi ~에게　毕业 bìyè 졸업하다　的 de ~한, ~의　朋友 péngyou 친구
　　说明 shuōmíng 설명하다　想法 xiǎngfǎ 생각　并 bìng 그리고　向 xiàng ~에게　询问 xúnwèn 문의하다
　　学习 xuéxí 배우다, 공부하다　内容 nèiróng 내용　就业 jiùyè 취업　前景 qiánjǐng 전망　等 děng 등, 따위
　　相关 xiāngguān 관련되다　事项 shìxiàng 사항　小王 Xiǎo Wáng 샤오왕　你好 nǐ hǎo 안녕, 안녕하세요　有 yǒu ~이 있다
　　个 ge 사람, 명(양사)　事情 shìqíng 일　想 xiǎng ~하고 싶다　问 wèn 묻다

시종일관 발음체크　wǒ yǒu ge shìqíng(我有个事情)은 2성＋반3성＋경성＋4성＋경성으로 발음해요. 성조의 높낮이 변화가 크므로 입에 붙도록 여러 번 연습하세요.

실전TEST

🎧 23_20_제6부분 실전TEST.mp3

01

这个周末朋友邀你一起去看棒球比赛，但你最近工作太忙，周末想在家休息。请委婉地拒绝她。

Zhège zhōumò péngyou yāo nǐ yìqǐ qù kàn bàngqiú bǐsài, dàn nǐ zuìjìn gōngzuò tài máng, zhōumò xiǎng zài jiā xiūxi. Qǐng wěiwǎn de jùjué tā.

친구가 이번 주말에 당신에게 같이 야구 경기를 보러 가자고 초청했지만 당신은 최근 일이 너무 바빴기 때문에 주말에 집에서 쉬고 싶어요. 그녀를 완곡하게 거절하세요.

Xiǎo Wáng, nǐ hǎo. Bù hǎoyìsi, wǒ bù kěyǐ.
　小王，　　　你好。　　不好意思，　我　不　可以。

샤오왕, 안녕. 미안해, 나 안 돼.

어휘　这个周末 zhège zhōumò 이번 주말　朋友 péngyou 친구　邀 yāo 초청하다　一起 yìqǐ 같이, 함께　去 qù 가다
　　看 kàn 보다　棒球 bàngqiú 야구　比赛 bǐsài 경기, 시합　但 dàn 하지만　最近 zuìjìn 최근　工作 gōngzuò 일
　　太 tài 너무 ~하다　忙 máng 바쁘다　周末 zhōumò 주말　想 xiǎng ~하고 싶다　在家休息 zài jiā xiūxi 집에서 쉬다
　　请 qǐng ~해주세요　委婉 wěiwǎn 완곡하다　地 de ~하게　拒绝 jùjué 거절하다　小王 Xiǎo Wáng 샤오왕
　　你好 nǐ hǎo 안녕, 안녕하세요　不好意思 bù hǎoyìsi 미안하다　不可以 bù kěyǐ 안 된다

시종일관 발음체크　wǒ bù kěyǐ(我不可以)는 반3성＋4성＋2성＋3성으로 발음해요. 한 호흡으로 말할 수 있도록 여러 번 연습하세요.

02

你的朋友在作文大赛犯了错误，所以没有获奖。这个结果让他对自己非常失望。请你安慰并鼓励他。

🎧 Nǐ de péngyou zài zuòwén dàsài fàn le cuòwù, suǒyǐ méiyǒu huò jiǎng. Zhège jiéguǒ ràng tā duì zìjǐ fēicháng shīwàng. Qǐng nǐ ānwèi bìng gǔlì tā.

당신의 친구가 글짓기 대회에서 실수를 저질러 상을 받지 못했어요. 이 결과는 그가 자신에게 매우 실망하게 만들었어요. 당신이 그를 위로하고 격려하세요.

🎤 **Xiǎo Wáng, nǐ hǎo. Jiāyóu! Xīnkǔ le.**
　　小王，　　你好。　　加油!　　辛苦了。

샤오왕, 안녕. 힘내! 수고했어.

어휘　的 de ~의　朋友 péngyou 친구　在 zài ~에서　作文 zuòwén 글짓기　大赛 dàsài 대회　犯 fàn 저지르다　了 le ~했다
错误 cuòwù 실수, 잘못　所以 suǒyǐ 그래서　没有 méiyǒu 못하다　获奖 huò jiǎng 상을 받다　这个 zhège 이, 이것
结果 jiéguǒ 결과　让 ràng ~하게끔 하다　对 duì ~에게　自己 zìjǐ 자신　非常 fēicháng 매우　失望 shīwàng 실망하다
请 qǐng ~해주세요　安慰 ānwèi 위로하다　并 bìng 그리고　鼓励 gǔlì 격려하다　小王 Xiǎo Wáng 샤오왕
你好 nǐ hǎo 안녕, 안녕하세요　加油 jiāyóu 힘내　辛苦 xīnkǔ 수고(고생)하다　了 le ~했다

시종일관 발음체크　jiāyóu(加油)의 yóu(油)를 강하게 끌어올려 발음하면 상대방에게 더 힘을 줄 수 있어요. 한 단어로 입에 붙도록 여러 번 연습하세요.

03

你打算今天晚上在公司附近的咖啡厅见朋友，可是公司突然发生急事，你得加班，不知道什么时候能下班。请你向朋友说明情况，并改约时间。

🎧 Nǐ dǎsuan jīntiān wǎnshang zài gōngsī fùjìn de kāfēitīng jiàn péngyou, kěshì gōngsī tūrán fāshēng jíshì, nǐ děi jiābān, bù zhīdào shénme shíhou néng xiàbān. Qǐng nǐ xiàng péngyou shuōmíng qíngkuàng, bìng gǎi yuē shíjiān.

당신은 오늘 저녁 회사 근처 카페에서 친구를 만날 계획이에요. 하지만 회사에 갑자기 급한 일이 생겨 야근을 해야 하는데 언제 퇴근할지 알 수 없어요.
친구에게 상황을 설명하고, 시간을 바꾸세요.

🎤 **Xiǎo Wáng, nǐ hǎo. Wǒmen xià cì zài yuē ba.**
　　小王，　　你好。　　我们　　下次　　再　　约　　吧。

샤오왕, 안녕. 우리 다음 번에 다시 약속 잡자.

어휘　打算 dǎsuan ~할 계획이다, ~할 것이다　今天 jīntiān 오늘　晚上 wǎnshang 저녁　在 zài ~에서　公司 gōngsī 회사
附近 fùjìn 근처　咖啡厅 kāfēitīng 카페　见 jiàn 만나다　朋友 péngyou 친구　可是 kěshì 하지만　突然 tūrán 갑자기
有 yǒu ~이 있다　急事 jíshì 급한 일　得 děi ~해야 한다　加班 jiābān 야근하다, 초과 근무하다
不知道 bù zhīdào 알 수 없다, 모르다　什么时候 shénme shíhou 언제　能 néng 할 수 있다　下班 xiàbān 퇴근하다
请 qǐng ~해주세요　向 xiàng ~에게　说明 shuōmíng 설명하다　情况 qíngkuàng 상황　并 bìng 그리고
改约 gǎi yuē 바꾸다, 변경하다　时间 shíjiān 시간　小王 Xiǎo Wáng 샤오왕　你好 nǐ hǎo 안녕, 안녕하세요
下次 xià cì 다음 번　再 zài 다시　约 yuē 약속하다　吧 ba ~하자, 하게

시종일관 발음체크　xià cì(下次)와 같이 4성이 연달아 있는 단어를 말할 때는 두 번째 4성인 cì(次)을 더 낮고 가볍게 발음해요. 그러면 더 쉽고 자연스럽게 단어를 말할 수 있어요. xià cì zài yuē ba(下次再约吧)를 한 호흡으로 말할 수 있도록 여러 번 연습하세요.

실전 공략하기

🎧 23_21_제7부분 실전 공략.mp3

패턴 입에 붙이기!

01

Yǒu yì tiān, Xiǎo Wáng zài lù shang. Xiǎo Wáng názhe xíngli.
有一天,   小王   在   路上。   小王   拿着   行李。
Xiǎo Wáng kàn tā de péngyou. Xiǎo Wáng hěn jīngyà.
小王   看   她 的 朋友。   小王   很   惊讶。
어느 날, 샤오왕은 길 위에 있어요. 샤오왕은 짐을 들고 있어요. 샤오왕은 그녀의 친구를 봤어요. 샤오왕은 매우 놀랐어요.

어휘 有一天 yǒu yì tiān 어느 날 小王 Xiǎo Wáng 샤오왕 在 zài ~에 있다 路上 lù shang 길 위 拿着 názhe 들고 있다
行李 xíngli 짐 看 kàn 보다 的 de ~의 朋友 péngyou 친구 很 hěn 매우 惊讶 jīngyà 놀라다

시종일관 발음체크 장소를 묘사할 때, zài lù shang (在路上)에서 4성이 연달아 두 번 나와요. 하지만 lù shang(路上)이 더 중요한
정보이기 때문에 lù(路)를 더 높고 크게 발음해요. 그러면 더 쉽고 유창하게 문장을 말할 수 있어요.

02

Yǒu yì tiān, Xiǎo Wáng zài miànbāodiàn. Xiǎo Wáng huí jiā.
有一天,   小王   在   面包店。   小王   回家。
Xiǎo Wáng gěi māma dàngāo. Xiǎo Wáng hěn shāngxīn.
小王   给 妈妈 蛋糕。   小王   很   伤心。
어느 날, 샤오왕은 빵집에 있어요. 샤오왕은 집으로 돌아왔어요. 샤오왕은 엄마에게 케이크를 드렸어요. 샤오왕은 매우 슬퍼해요.

어휘 有一天 yǒu yì tiān 어느 날 小王 Xiǎo Wáng 샤오왕 在 zài ~에 있다 面包店 miànbāodiàn 빵집

回家 huí jiā 집으로 돌아오다　给 gěi ~에게　妈妈 māma 엄마　蛋糕 dàngāo 케이크　很 hěn 매우
伤心 shāngxīn 슬퍼하다

시종일관 발음체크　gěi māma dàngāo(给妈妈蛋糕)는 반3성+1성+경성+4성+1성으로 발음해요. 성조의 높낮이 변화가 크므로
입에 붙도록 여러 번 연습하세요.

03
① ② ③ ④

살짝 끊어 읽으세요

Yǒu yì tiān,　Xiǎo Wáng　zài jiā.　Xiǎo Wáng　kàn ⌄ tā de qīzi.
有一天,　　小王　　在家。　　小王　　看　他的妻子。
Xiǎo Wáng　kàn ⌄ tā de lǐwù.　Xiǎo Wáng　hěn　gǎndòng.
小王　　看　他的礼物。　　小王　　很　　感动。
어느 날, 샤오왕은 집에 있어요. 샤오왕이 아내를 봐요. 샤오왕은 그의 선물을 봐요. 샤오왕은 매우 감동해요.

어휘　有一天 yǒu yì tiān 어느 날　小王 Xiǎo Wáng 샤오왕　在 zài ~에 있다　家 jiā 집　看 kàn 보다　的 de ~의
妻子 qīzi 아내　礼物 lǐwù 선물　很 hěn 매우　感动 gǎndòng 감동하다

시종일관 발음체크　hěn gǎndòng(很感动)은 2성+반3성+4성으로 발음해요. hěn(很)을 발음할 때 혀뿌리와 입천장 사이로 공기
를 길게 내보내면 '매우'라는 의미를 강조할 수 있어요.

실전 감각 익히기

01
① ② ③ ④

Yǒu yì tiān,　Xiǎo Wáng　zài　bǎihuò shāngdiàn.
有一天,　　小王　　在　　百货商店。
Xiǎo Wáng　mǎi hěn　duō　dōngxi.
小王　　买　很　多　东西。
Xiǎo Wáng　de　dōngxi ⌄ bú jiàn le.　Xiǎo Wáng　hěn　jīngyà.
小王　　的　东西　不见了。　　小王　　很　惊讶。
어느 날, 샤오왕은 백화점에 있어요. 샤오왕은 많은 물건들을 사요. 샤오왕의 물건이 없어졌어요. 샤오왕은 매우 놀라요.

어휘　有一天 yǒu yì tiān 어느 날　小王 Xiǎo Wáng 샤오왕　在 zài ~에 있다　百货商店 bǎihuò shāngdiàn 백화점　买 mǎi 사다
很 hěn 매우　多 duō 많다　东西 dōngxi 물건　的 de ~의　不见了 bú jiàn le 없어졌다　惊讶 jīngyà 놀라다

시종일관 발음체크　hěn(很)을 발음할 때 혀뿌리와 입천장 사이로 공기를 길게 내보내면 '매우'라는 의미를 강조할 수 있어요. mǎi
hěn duō dōngxi(买很多东西)를 한 호흡으로 말할 수 있도록 여러 번 연습하세요.

🎧 23_22_제7부분 실전TEST.mp3

TEST (1)

01

① ② ③ ④

Yǒu yì tiān, Xiǎo Wáng ˇzài bàba de fángjiān. Xiǎo Wáng huàhuàr.
有一天, 小王 在 爸爸 的 房间。 小王 画画儿。
Xiǎo Wáng de bàba ˇkàn tā de huà. Xiǎo Wáng hěn kāixīn.
小王 的 爸爸 看 她 的 画。 小王 很 开心。
어느 날, 샤오왕은 아빠의 방에 있어요. 샤오왕은 그림을 그려요. 샤오왕의 아빠는 그녀의 그림을 봐요. 샤오왕은 매우 기뻐해요.

어휘 有一天 yǒu yì tiān 어느 날 小王 Xiǎo Wáng 샤오왕 在 zài ~에 있다 爸爸 bàba 아빠 的 de ~의 房间 fángjiān 방
画画儿 huàhuàr 그림을 그리다 看 kàn 보다 画 huà 그림 很 hěn 매우 开心 kāixīn 기쁘다

시종일관 발음체크 huàhuàr(画画儿)의 huàr(画儿)은 '후아'를 먼저 발음한 후 혀끝을 입천장 움푹 패인 곳에 대면서 r(儿) 발음을
완성시키면 돼요. huàhuàr(画画儿)을 한 단어로 입에 붙도록 여러 번 연습하세요.

TEST (2)

02

① ② ③ ④

Yǒu yì tiān, Xiǎo Wáng zài gōngyuán. Xiǎo Wáng kàn ˇtā de péngyou.
有一天, 小王 在 公园。 小王 看 他 的 朋友。
Xiǎo Wáng de péngyou ˇdàizhe yǎnjìng. Xiǎo Wáng hěn jīnghuāng.
小王 的 朋友 戴着 眼镜。 小王 很 惊慌。
어느 날, 샤오왕은 공원에 있어요. 샤오왕은 그의 친구를 봐요. 샤오왕의 친구는 안경을 쓰고 있어요. 샤오왕은 매우 당황해요.

어휘 有一天 yǒu yì tiān 어느 날 小王 Xiǎo Wáng 샤오왕 在 zài ~에 있다 公园 gōngyuán 공원 看 kàn 보다 的 de ~의
朋友 péngyou 친구 戴着 dàizhe 쓰고 있다 眼镜 yǎnjìng 안경 很 hěn 매우 惊慌 jīnghuāng 당황하다

시종일관 발음체크 yǎnjìng(眼镜)의 yǎn을 '얀'이 아니라 '이엔'으로 발음하는 것에 주의해요. yǎnjing(眼睛, 눈)과 혼동되지 않도록
4성인 jìng(镜)을 크고 정확하게 발음해요.

실전모의고사

🎧 23_23_실전모의고사.mp3

제1부분

"제1부분에는 모두 4개의 간단한 문제가 있습니다.

문제와 제시음이 들리고 난 후, 답변을 시작하세요.

문제 당 10초의 답변시간이 제공됩니다.

지금 문제가 시작됩니다."

01

🎧 你 叫 什么 名字?
Nǐ jiào shénme míngzi?
당신의 이름은 무엇입니까?

🎤 Wǒ jiào Cuī Xiùzhēn.
我 叫 崔秀珍。
저는 최수진이라고 합니다.

어휘 你 nǐ 당신, 너 叫 jiào ~이다, ~라고 부르다 什么 shénme 무엇, 어떤 名字 míngzi 이름 我 wǒ 저, 나

시종일관 발음체크 jiào(叫)는 ji, a를 차례대로 발음한 후 바로 입술을 오므려 '찌아오'로 발음해요. '짜오'로 발음하지 않도록 주의하며 여러 번 연습하세요.

02

🎧 请 说出 你 的 出生 年 月 日。
Qǐng shuōchū nǐ de chūshēng nián yuè rì.
당신의 출생 연월일을 말해주세요.

➔ 살짝 끊어 읽으세요

🎤 Wǒ shì˅ yī jiǔ jiǔ liù nián˅ sì yuè˅ èrshíqī hào˅ chūshēng de.
我 是 一九九六 年 四 月 二十七 号 出生 的。
저는 1996년 4월 27일에 태어났습니다.

어휘 请 qǐng ~해주세요 说出 shuōchū 말하다 你 nǐ 당신, 너 的 de ~의 出生年月日 chūshēng nián yuè rì 출생 연월일
我 wǒ 저, 나 是 shì ~이다 一九九六 yī jiǔ jiǔ liù 1996 四 sì 4, 넷 二十七 èrshíqī 27 号 hào 일, 호

시종일관 발음체크 yī jiǔ jiǔ liù nián(一九九六年)은 1성+2성+3성+4성+2성으로 발음해요. 3성의 성조 변화에 주의하며 여러 번 연습하세요.

03

🎧 你 家 有 几 口 人?
Nǐ jiā yǒu jǐ kǒu rén?
당신의 가족은 몇 명입니까?

🎤 Wǒ jiā yǒu˅ sān kǒu rén.
我 家 有 三 口 人。
저희 가족은 3명입니다.

어휘 你 nǐ 당신, 너 家 jiā 집, 가정 有 yǒu ~이 있다 几 jǐ 몇, 얼마 口 kǒu 식구[사람을 셀 때 쓰임] 人 rén 사람 我 wǒ 저, 나
三 sān 3, 셋

시종일관 발음체크 sān kǒu rén(三口人)은 1성＋반3성＋2성으로 발음해요. 이때 kǒu는 '코우'가 아니라 '커우'로 발음하는 것에 주의해요.

---

04 你　在　什么　地方　工作？　或者　你　在　哪个　学校　　上学？
🎧　Nǐ　zài　shénme　dìfang　gōngzuò?　huòzhě　nǐ　zài　nǎge　xuéxíào　shàngxué?
　　당신은 어느 곳에서 일합니까? 혹은 어느 학교에 다닙니까?

🎤　**Wǒ　zài** ˇ **Dàhán Hángkōng　gōngzuò.**
　　我　在　　　大韩航空　　　　工作。
　　저는 대한항공에서 일합니다.

어휘　你 nǐ 당신, 너　在 zài ~에서, ~에 있다　什么 shénme 어느, 무엇　地方 dìfang 곳, 장소　工作 gōngzuò 일하다, 일
　　或者 huòzhě 혹은, 또는　哪个 nǎge 어느　学校 xuéxíào 학교　上学 shàngxué 학교에 다니다　我 wǒ 저, 나　在 zài ~에서
　　大韩航空 Dàhán Hángkōng 대한항공　工作 gōngzuò 일하다, 일

시종일관 발음체크 zài(在)는 4성이지만 그 다음에 말하는 정보가 더 중요하기 때문에 낮고 가볍게 발음해요. 그러면 더 쉽고 유창하게 문장을 말할 수 있어요.

제2부분
"제2부분에는 모두 4문제가 있고, 문제마다 1장의 그림이 출제됩니다.
그림에 근거하여 문제에 답변하세요.
문제와 제시음이 들리고 난 후, 정확하게 답변하세요.
문제 당 6초의 답변시간이 제공됩니다.
지금 문제가 시작됩니다."

05

🎧　**Gōngjiāochē　gèng　kuài　ma?**
　　公交车　　　更　快　吗？
　　버스가 더 빠릅니까?

🎤　**Bù , chūzūchē　gèng　kuài.**
　　不,　出租车　　更　快。
　　아니요. 택시가 더 빠릅니다.

어휘　公交车 gōngjiāochē 버스　更 gèng 더, 더욱　快 kuài 빠르다　吗 ma ~입니까　不 bù 아니다　出租车 chūzūchē 택시

시종일관 발음체크 chūzūchē(出租车)는 혀를 입천장 뒤에서 윗니 뒤로, 또 다시 입천장 뒤로 빠르게 움직이며 '츄우주우츄어'로 발음해요. 쉽지 않은 발음이니 한 단어로 입에 붙을 때까지 듣고 따라 말하는 연습을 여러 번 해야 해요.

06

🎧　**Tā　zài　mǎi　dōngxi　ma?**
　　他　在　买东西　　吗？
　　그는 물건을 사고 있습니까?

🎤　**Bù, tā　zài　kànshū.**
　　不,　他　在　看书。
　　아니요. 그는 책을 보고 있습니다.

어휘　他 tā 그　在 zài ~하고 있다　买东西 mǎi dōngxi 물건을 사다　吗 ma ~입니까　不 bù 아니다　看书 kànshū 책을 보다

시종일관 발음체크 tā zài kàn shū(他在看书)에서는 4성이 두 번 연달아 나와요. 하지만 kàn shū (看书)가 중요한 정보이기 때문에 kàn(看)를 더 높고 크게 발음해요. 그러면 더 쉽고 유창하게 문장을 말할 수 있어요.

07

🎧 **Yì jīn píngguǒ duōshǎo qián?**
　　一斤　　苹果　　多少　　钱?
　　사과는 한 근에 얼마입니까?

🎤 **Yì jīn píngguǒ** ⌄ **sānshíqī kuài qián.**
　　一斤　　苹果　　三十七块　　钱。
　　사과는 한 근에 37위안입니다.

어휘 一斤 yì jīn 한 근(500g)　苹果 píngguǒ 사과　多少 duōshǎo 얼마, 몇　钱 qián 돈, 값　三十七块 sānshíqī kuài 37위안

시종일관 발음체크 sānshíqī kuài qián(三十七块钱)을 한 호흡으로 말할 수 있도록 여러 번 연습하세요.

08

🎧 **Shénme dōngxi zài zhōngjiān?**
　　什么东西　　在　　中间?
　　어떤 물건이 가운데에 있습니까?

🎤 **Bàozhǐ zài zhōngjiān.**
　　报纸　　在　　中间。
　　신문이 가운데에 있습니다.

어휘 什么东西 shénme dōngxi 어떤 물건　在 zài ~에 있다　中间 zhōngjiān 가운데　报纸 bàozhǐ 신문

시종일관 발음체크 bàozhǐ zài zhōngjiān에서 zhǐ(纸)과 zài(在)와 zhōngjiān(中间)을 이어서 발음하려면 혀를 입천장 뒤에서 윗니 뒤로, 또 다시 입천장 뒤로 빠르게 움직이며 발음해야 해요. 쉽지 않은 발음이니 입에 붙을 때까지 듣고 따라 말하는 연습을 여러 번 해야 해요.

제3부분
"제3부분에는 모두 5문제가 있습니다. 간단한 대화를 완성하세요.
모든 대화는 생활 속에서 자주 접하는 상황들로 출제되며, 대화 시작 전에 그림이 보여집니다.
최대한 완전하게 답변하세요. 내용의 길이와 사용한 모든 어휘는 시험 점수에 영향을 줄 수 있습니다.
아래 예시를 들어보세요.

문제: 라오왕은 왔습니까?
답변 1 : 아직 안왔습니다.
답변 2 : 그는 아직 안왔습니다. 왜 그러시죠? 무슨 일 있으신가요?

두 가지 답변 방식 모두 가능하지만, '답변2'가 더 구체적이기 때문에, 더 높은 점수를 받을 수 있습니다.
문제와 제시음이 들리고 난 후, 답변을 시작하세요.
문제 당 15초의 답변시간이 제공됩니다. 지금 문제가 시작됩니다."

🎧 **Zánmen   zuò gōngjiāochē   qù   háishi   zuò chūzūchē**
　　咱们　　　坐公交车　　　去　　还是　　　坐出租车
　　qù?
　　去?
　　우리 버스 타고 가 아니면 택시 타고 가?

🎤 **Zánmen** ˅ **zuò gōngjiāochē   qù.**
　　咱们　　　坐公交车　　　去。
　　우리 버스 타고 가자.

어휘　坐公交车 zuò gōngjiāochē 버스를 타다　去 qù 가다　还是 háishi 아니면　坐出租车 택시를 타다

시종일관 발음체크　zánmen(咱们)은 2성인 zán(咱)에서 끌어올리는 힘으로 경성인 men(们)을 짧고 가볍게 던지듯이 발음하면 돼요.

10

🎧 **Wǒ   zhè jǐ tiān   yìzhí   fāshāo.**
　　我　　这几天　　　一直　　发烧。
　　나 요 며칠 줄곧 열이 나.

🎤 **Bù hǎoyìsi,   wǒ   méi   tīngdǒng.**
　　不好意思,　我　没　　听懂。
　　미안해. 못 알아들었어.

어휘　这几天 zhè jǐ tiān 요 며칠　一直 yìzhí 줄곧　发烧 fāshāo 열이 나다　不好意思 bù hǎoyìsi 미안하다, 죄송합니다
　　　没 méi ~않다　听懂 tīngdǒng 알아듣다

시종일관 발음체크　wǒ méi tīngdǒng(我没听懂)은 반3성+2성+1성+3성으로 발음해요. 한 호흡으로 말할 수 있도록 여러 번 연
　　　습하세요.

🎧 **Tīngshuō   zhè bù diànyǐng   hěn yǒu yìsi,**
　　听说　　　这部电影　　　　很有意思,
　　xiǎng bu xiǎng   kàn?
　　想不想　　　看?
　　듣자 하니 이 영화가 매우 재미있다는데, 보러 가고 싶어?

🎤 **Wǒ   xiǎng   kàn.**
　　我　想　　看。
　　나는 보고 싶어.

어휘　听说 tīngshuō 듣자하니　这部电影 zhè bù diànyǐng 이 영화　很有意思 hěn yǒu yìsi 매우 재미있다
　　　想不想 xiǎng bu xiǎng 하고 싶다 안 하고 싶다　看 kàn 보다　想 xiǎng ~하고 싶다

시종일관 발음체크　wǒ xiǎng kàn(我想看)은 2성+반3성+4성으로 발음해요. 3성의 성조 변화에 주의하며 여러 번 연습하세요.

12

🎧 **Duìbuqǐ, jīntiān wǒ wàng dài zīliào le.**
对不起, 今天 我 忘带资料了。
죄송합니다. 저 오늘 자료를 두고 왔어요.

🎤 **Shénme? Zěnme yòu wàng dài zīliào le?**
什么? 怎么又 忘带资料了?
뭐라고? 어떻게 또 자료를 두고 왔니?

어휘 对不起 duìbuqǐ 죄송합니다 今天 jīntiān 오늘 忘带资料了 wàng dài zīliào le 자료를 두고오다 了 le ~했다
什么 shénme 무엇 怎么又 zěnme yòu 어떻게 또

시종일관 발음체크 yòu wàng dài zīliào le(又忘带资料了)에서는 4성이 연달아 세 번 나와요. 하지만 yòu(又, 또)가 더 중요한 정보
이기 때문에 yòu(又)를 더 높고 크게 발음해요. 그러면 더 쉽고 유창하게 문장을 말할 수 있어요.

13

🎧 **Wǒ juéde zhè tiáo qúnzi yǒudiǎnr cháng.**
我 觉得 这条裙子 有点儿 长。
나는 이 치마가 약간 길다고 생각해.

🎤 **Nǐ shuō de duì, wǒ yě juéde zhè tiáo qúnzi yǒudiǎnr cháng.**
你 说 得 对, 我 也 觉得 这条裙子 有点儿 长。
네 말이 맞아. 나도 이 치마가 약간 길다고 생각해.

어휘 觉得 juéde ~라고 생각하다 这条裙子 zhè tiáo qúnzi 이 치마 有点儿 yǒudiǎnr 약간 长 cháng 길다
说得对 shuō de duì 말이 맞다 也 yě ~도

시종일관 발음체크 wǒ yě juéde(我也觉得)는 2성+반3성+2성+경성으로 발음해요. 이때 juéde(觉得)의 de(得)를 길게 늘어뜨리
듯 발음하면 자기 생각을 전달하는 느낌으로 말할 수 있어요.

제4부분
"제4부분에는 모두 5문제가 있습니다.
최대한 완전하게 답변하세요. 내용의 길이와 사용한 모든 어휘는 시험 점수에 영향을 줄 수 있습니다. 아래 예시를 들어보세요.

문제 : 이번 주 주말에 당신은 무엇을 할 계획입니까?
답변 1 : 등산이요.
답변 2 : 이번 주 토요일 아침에 저는 가족들과 함께 등산을 갈 거고, 그리고 일요일 저녁에 저는 영화관에 가서 영화를 볼 겁니다.

두 가지 답변 방식 모두 가능하지만, '답변2'가 더 구체적이기 때문에, 더 높은 점수를 받을 수 있습니다.
문제와 제시음이 들리고 난 후, 답변을 시작하세요.
문제 당 15초의 답변 준비시간과 25초의 답변시간이 제공됩니다. 지금 문제가 시작됩니다."

14

如果 有 机会 的话，你 最 想 跟 谁 一起 去旅行?
Rúguǒ yǒu jīhuì de huà, nǐ zuì xiǎng gēn shéi yìqǐ qù lǚxíng?
만약 기회가 있다면, 당신은 누구와 함께 가장 여행을 가고 싶습니까?

Rúguǒ yǒu jīhuì de huà wǒ zuì xiǎng˅ gēn péngyou yìqǐ˅ qù lǚxíng.
如果 有 机会 的话，我 最 想 跟 朋友 一起 去旅行。
Wǒ juéde˅ gēn péngyou yìqǐ qù lǚxíng hěn yǒu yìsi.
我 觉得 跟 朋友 一起 去旅行 很 有意思。
만약 기회가 있다면, 저는 친구와 함께 가장 여행을 가고 싶습니다. 저는 친구와 함께 여행 가는 것이 매우 재미있다고 생각합니다.

어휘　如果 rúguǒ 만약　有 yǒu ~이 있다　机会 jīhuì 기회　的话 de huà ~하다면　最 zuì 가장　想 xiǎng ~하고 싶다
　　　跟 gēn 누구　谁 shéi ~와, 과　一起 yìqǐ 함께, 같이　去旅行 qù lǚxíng 여행을 가다　朋友 péngyou 친구
　　　觉得 juéde ~라고 생각하다　很 hěn 매우　有意思 yǒu yìsi 재미있다

시종일관 발음체크　rúguǒ yǒu jīhuì(如果有机会)는 2성+2성+반3성+1성+4성으로 발음해요. rúguǒ yǒu jīhuì de huà(如果有机会的话)를 한 호흡으로 말할 수 있도록 여러 번 연습하세요.

15

为了 保持健康，你 做过 哪些 努力? 请简单说说。
Wèile bǎochí jiànkāng, nǐ zuòguo nǎxiē nǔlì? Qǐng jiǎndān shuōshuo.
당신은 건강을 유지하기 위해서 어떤 노력들을 한 적 있습니까? 간단히 말해보세요.

Wèile bǎochí jiànkāng, wǒ zuòguo˅ hěn duō nǔlì. Bǐrú shuō
为了 保持健康， 我 做过 很多 努力。 比如说
zuò yùndòng hē chá˅ děngděng.
做运动， 喝茶 等等。
유지하기 위해서 저는 많은 노력들을 해 봤습니다. 예를 들어 말하자면 운동하기, 차 마시기 등등입니다.

어휘　为了 wèile ~을 위해서　保持健康 bǎochí jiànkāng 건강을 유지하다　做过 zuòguo ~한 적 있다　哪些 nǎxiē 어떤
　　　努力 nǔlì 노력　请简单说说 qǐng jiǎndān shuōshuo 간단히 말해보세요　很多 hěn duō 매우 많다
　　　比如说 bǐrú shuō 예를 들어 말하자면 ~이다　运动 yùndòng 운동(하다)　喝茶 hē chá 차를 마시다　等等 děngděng 등등

시종일관 발음체크　hěn duō(很多)에서 hěn(很)을 발음할 때 혀뿌리와 입천장 사이로 공기를 길게 내보내면 '매우'라는 의미를 강조할 수 있어요. hěn duō nǔlì(很多努力)를 한 호흡으로 말할 수 있도록 여러 번 연습하세요.

16

在 超市 和 菜市场 中，你 更 愿意 去 哪儿 买 菜? 请简单谈一谈。
Zài chāoshì hé cài shìchǎng zhōng, nǐ gèng yuànyì qù nǎr mǎi cài? Qǐng jiǎndān tán yi tán.
슈퍼마켓과 채소시장 중에서, 당신은 어디에 더 가서 채소를 사고 싶습니까? 간단히 말해보세요.

Wǒ gèng yuànyì˅ qù chāoshì mǎi cài. Wǒ jīhū měi tiān˅ dōu qù
我 更 愿意 去 超市 买 菜。 我 几乎 每天 都 去
chāoshì mǎi cài.
超市 买 菜。
저는 슈퍼마켓에 가서 채소를 더 사고 싶습니다. 저는 거의 매일 슈퍼마켓에 가서 채소를 삽니다.

어휘　在……中 zài……zhōng ~중에서　超市 chāoshì 슈퍼마켓　和 hé ~과, 와　菜市场 cài shìchǎng 채소 시장
　　　更 gèng 더, 더욱　愿意 yuànyì ~하고 싶다, 원하다　去 qù 가다　哪儿 nǎr 어디　买 mǎi 사다　菜 cài 채소
　　　请简单说说 qǐng jiǎndān tán yi tán 간단히 이야기해 보세요　几乎 jīhū 거의　每天 měitiān 매일　都 dōu 모두

시종일관 발음체크　wǒ gèng yuànyì(我更愿意)는 반3성+4성+4성+4성으로 발음해요. 4성이 연달아 세 번 나오지만 gèng(更)이 더 중요한 정보이기 때문에 gèng(更)을 높고 크게 발음하고 yuànyì(愿意)는 계단을 내려가듯이 점점 낮게 발음하면 돼요. 그러면 더 쉽고 유창하게 문장을 말할 수 있어요.

17

你家　附近　有　值得　一去　的　餐厅　吗？　　请简单说说。

Nǐ jiā　fùjìn　yǒu　zhídé　yí qù　de　cāntīng　ma?　Qǐng jiǎndān shuōshuo.

당신의 집 근처에 한 번 가볼 만한 식당이 있습니까? 간단히 말해보세요.

Wǒ jiā　fùjìn ˇ yǒu　zhídé　yí qù　de cāntīng.　Nǐ ne?　Nǐ　jiā　fùjìn ˇ yǒu　zhídé
我家　　附近　有　值得　一去　的　餐厅。　你呢？　你　家　附近　有　值得

yí qù　de cāntīng　ma?
一去　的　餐厅　吗？

우리 집 근처에 한 번 가볼 만한 식당이 있습니다. 당신은요? 당신의 집 근처에 한 번 가볼만한 식당이 있습니까?

어휘　家 jiā 집　附近 fùjìn 근처　有 yǒu ~이 있다　值得 zhídé ~할 만하다　一去 yí qù 한 번 가다　的 de ~한　餐厅 cāntīng 식당
请简单说说 qǐng jiǎndān shuōshuo 간단히 말해보세요　你呢？ Nǐ ne? 당신은요?

시종일관 발음체크　yǒu zhídé yí qù de cāntīng(有值得一去的餐厅)은 반3성＋2성＋2성＋2성＋4성＋경성＋1성＋1성으로 발음해요. 성조의 높낮이 변화가 크므로 입에 붙을 때까지 여러 번 연습하세요.

18

在什么情况下，　你　觉得　自己　在　浪费　时间？

Zài shénme qíngkuàng xià,　nǐ　juéde　zìjǐ　zài　làngfèi　shíjiān?

무슨 상황에서, 당신은 자신이 시간을 낭비하고 있다고 생각합니까?

Wánr yóuxì de shíhou,　wǒ　juéde ˇ zìjǐ　zài　làngfèi　shíjiān.
玩儿游戏的时候，　　我　觉得　自己　在　浪费　时间。

Wǒ　zuìjìn ˇ chángcháng　juéde ˇ zìjǐ　zài　làngfèi　shíjiān.
我　最近　常常　觉得　自己　在　浪费　时间。

게임을 할 때, 저는 제가 시간을 낭비하고 있다고 생각합니다. 저는 최근 자주 제가 시간을 낭비하고 있다고 생각합니다.

어휘　在什么情况下 zài shénme qíngkuàng xià 무슨 상황에서　觉得 juéde ~라고 생각하다　自己 zìjǐ 자신　在 zài ~하고 있다
浪费 làngfèi 낭비하다　时间 shíjiān 시간　玩儿游戏 wánr yóuxì 게임을 하다　的时候 de shíhou ~할 때
最近 zuìjìn 최근　常常 chángcháng 자주

시종일관 발음체크　wánr(玩儿)은 운모 n를 생략하고 바로 r을 붙여 '와알'로 발음하면 돼요. wánr yóuxì de shíhou(玩儿游戏的时候)를 한 호흡으로 말할 수 있도록 여러 번 연습하세요.

제5부분

"제5부분에는 모두 4문제가 있습니다. 당신의 관점을 말해주세요.

최대한 완전하게 답변하세요. 내용의 길이와 사용한 모든 어휘는 시험 점수에 영향을 줄 수 있습니다.

아래 예시를 들어보세요.

문제 : 최근 적지 않은 사람들이 성형을 합니다. 당신은 이에 대해 어떻게 생각합니까?

답변 1 : 저는 성형은 안 좋다고 생각합니다.

답변 2 : 저는 성형은 좋은 것이라고 생각합니다. 첫 번째 이유는, 성형 후 외모가 더 보기 좋아진다면, 자신에게 자신감이 생길 수 있습니다. 두 번째
　　　　이유는, 상대방에게 더 좋은 인상을 남길 수 있습니다. 그래서 저는 성형은 좋은 것이라고 생각합니다.

두 가지 답변 방식 모두 가능하지만, '답변2'가 더 구체적이기 때문에, 더 높은 점수를 받을 수 있습니다.

문제와 제시음이 들리고 난 후, 답변을 시작하세요.

문제 당 30초의 답변 준비시간과 50초의 답변시간이 제공됩니다. 지금 문제가 시작됩니다."

19

为了降低吸烟率，政府要提高香烟的价格，对此你怎么看？

Wèile jiàngdī xīyān lǜ, zhèngfǔ yào tígāo xiāngyān de jiàgé, duì cǐ nǐ zěnme kàn?

흡연율을 낮추기 위해, 정부는 담뱃값을 인상하려고 하는데, 이것에 대해 당신은 어떻게 생각합니까?

Wǒ juéde ˇ yǒu wèntí.
我 觉得 有 问题。

저는 문제가 있다고 생각합니다.

어휘 为了 zuìjìn ~을 위해서 降低 jiàngdī 낮추다 吸烟率 xīyān lǜ 흡연율 政府 zhèngfǔ 정부 要 yào ~하려고 하다
提高 tígāo 인상하다 香烟 xiāngyān 담배 的 de ~의 价格 jiàgé 가격 对 duì ~에 대해 此 cǐ 이것
怎么看 zěnme kàn 어떻게 생각합니까? 觉得 juéde ~라고 생각하다 有 yǒu ~이 있다 问题 wèntí 문제

시종일관 발음체크 wǒ juéde(我觉得)와 yǒu wèntí(有问题)를 가볍게 끊어서 말하되 한 호흡으로 말할 수 있도록 여러 번 연습하세요.

20

吃保健品和做运动，你认为更重要的是什么？谈谈你的看法。

Chī bǎojiànpǐn hé zuò yùndòng zhōng, Nǐ rènwéi gèng zhòngyào de shì shénme? Tántan nǐ de kànfǎ.

영양제를 먹는 것과 운동하는 것, 당신이 생각하기에 더 중요한 것은 무엇입니까? 당신의 의견을 이야기해 보세요.

Bù hǎoyìsi, wǒ méi xiǎngguo.
不好意思, 我 没 想过。

죄송합니다. 저는 생각해본 적이 없습니다.

어휘 吃 chī 먹다 保健品 bǎojiànpǐn 영양제 和 hé ~과, 와 做运动 zuò yùndòng 운동하다 认为 rènwéi ~라고 생각하다
更 gèng 더, 더욱 重要 zhòngyào 중요하다 什么 shénme 어떤, 무엇 谈谈 tántan 이야기해 보세요 你的 nǐ de 너의
看法 kànfǎ 의견 不好意思 bù hǎoyìsi 죄송합니다 没 méi ~않다 想过 xiǎngguo 생각해본 적 있다

시종일관 발음체크 xiǎngguo(想过)에서 guo(过)는 경성이지만 원래 성조인 4성에 가깝게 발음하는 것이 더 자연스러워요.

21

你认为学校取消穿校服的规定，实行自由着装，好处多还是坏处多？

Nǐ rènwéi xuéxiào qǔxiāo chuān xiàofú de guīdìng, shíxíng zìyóu zhuózhuāng, hǎochù duō háishi huàichù duō?

당신이 생각하기에 학교가 교복 규정을 없애고, 자율복장을 시행한다면, 장점이 많다고 생각합니까 아니면 단점이 많다고 생각합니까?

Wǒ juéde ˇ hǎochù duō.
我 觉得 好处 多。

저는 장점이 많다고 생각합니다.

어휘 认为 rènwéi 생각하다 学校 xuéxiào 학교 取消 qǔxiāo 없애다, 취소하다 穿 chuān 입다 校服 xiàofú 교복 的 de ~의
规定 guīdìng 규정 实行 shíxíng 시행하다 自由着装 zìyóu zhuózhuāng 자율복장 好处 hǎochù 장점 多 duo 많다
还是 háishi 아니면 坏处 huàichù 단점 觉得 juéde ~라고 생각하다

시종일관 발음체크 hǎochù duō(好处多)는 반3성＋4성＋1성으로 발음해요. 한 호흡으로 말할 수 있도록 여러 번 연습하세요.

22 你觉得最近韩国情侣之间最受欢迎的礼物是什么？

Nǐ juéde zuìjìn Hánguó qínglǚ zhījiān zuì shòu huānyíng de lǐwù shì shénme?

당신이 생각하기에 최근 한국에서 커플들 사이에 가장 환영 받는 선물은 무엇입니까？

> **Bù hǎoyìsi, wǒ méi xiǎngguo.**
> 不好意思， 我 没 想过。
> 죄송합니다. 저는 생각해본 적이 없습니다.

어휘 觉得 juéde ~라고 생각하다 最近 zuìjìn 최근 韩国 Hánguó 한국 情侣 qínglǚ 커플, 연인 之间 zhījiān ~사이에
最 zuì 가장 受 shòu 받다 欢迎 huānyíng 환영 的 de ~한 礼物 lǐwù 선물 是 shì ~이다 什么 shénme 무엇, 어떤
不好意思 bù hǎoyìsi 죄송합니다 没 méi ~않다 想过 xiǎngguo 생각해본 적이 있다

시종일관 발음체크 bù hǎoyìsi(不好意思)는 4성＋반3성＋4성＋경성으로 발음해요. 성조의 높낮이 변화가 크므로 한 단어로 입에
붙도록 여러 번 연습하세요.

제6부분
"제6부분은 모두 3문제가 있고, 문제마다 1장의 그림이 출제됩니다.
그리고 그림을 설명하는 중국어도 함께 제공됩니다.
만약 당신이 그러한 상황에 처해있다면, 어떻게 대응할 것입니까？
최대한 완전하게 답변하세요. 내용의 길이와 사용한 모든 어휘는 시험 점수에 영향을 줄 수 있습니다.
문제와 제시음이 들리고 난 후, 답변을 시작하세요.
문제 당 30초의 답변 준비시간과 40초의 답변시간이 제공됩니다. 지금 문제가 시작됩니다."

---

23 你的朋友想跟你商量关于就业的问题。他在国内就业和海外就业中犹豫不决。请你给他说明你的想法，并提出建议。

 Nǐ de péngyou xiǎng gēn nǐ shāngliang guānyú jiùyè de wèntí. Tā zài guónèi jiùyè hé hǎiwài jiùyè zhōng yóuyùbùjué. Qǐng nǐ gěi tā shuōmíng nǐ de xiǎngfǎ, bìng tíchū jiànyì.

당신의 친구는 당신과 취업에 관한 문제를 상의하고 싶어해요. 그는 국내 취업과 해외 취업 중에서 아직 결정을 내리지 못하고 있어요. 그에게 당신의 생각을 설명하고, 제안하세요.

> **Xiǎo wáng, nǐ hǎo.**
> 小王， 你好。
>
> **Wǒ yǒu ge shìqing xiǎng wèn nǐ.**
> 我 有 个 事情 想 问 你。
> 샤오왕, 안녕. 물어보고 싶은 게 있어.

어휘 的 de ~의 朋友 péngyou 친구 想 xiǎng ~하고 싶다 跟 gēn ~과, 와 商量 shāngliang 상의하다 关于 guānyú ~에 관한
就业 jiùyè 취업 问题 wèntí 문제 在……中 zài……zhōng ~중에서 国内就业 guónèi jiùyè 국내 취업 和 hé ~과, 와
海外就业 hǎiwài jiùyè 해외 취업 犹豫不决 yóuyùbùjué 결단을 내리지 못하고 망설이다 请 qǐng ~해주세요 给 gěi ~에게
说明 shuōmíng 설명하다 想法 xiǎngfǎ 생각, 의견 并 bìng 그리고 提出 tíchū 제의하다, 제기하다
建议 jiànyì 제안(하다) 小王 Xiǎo Wáng 샤오왕 你好 nǐ hǎo 안녕, 안녕하세요 有 yǒu ~이 있다 个 ge 개, 명
事情 shìqing 일 想 xiǎng ~하고 싶다 问 wèn 묻다

시종일관 발음체크 wǒ yǒu ge shìqing(我有个事情)은 2성＋반3성＋경성＋4성＋경성으로 발음해요. 성조의 높낮이 변화가 크므로
입에 붙도록 여러 번 연습하세요.

24

下周末有你最喜欢的歌手的演唱会。请你给喜欢去演唱会的朋友打电话说明情况，并邀请他一起去。

Xiàzhōumò yǒu nǐ zuì xǐhuan de gēshǒu de yǎnchànghuì. Qǐng nǐ gěi xǐhuan qù yǎnchànghuì de péngyou dǎ diànhuà shuōmíng qíngkuàng, bìng yāoqǐng tā yìqǐ qù.

다음 주 주말에 당신이 좋아하는 가수의 콘서트가 있어요. 콘서트에 가는 걸 좋아하는 친구에게 전화해서 상황을 설명하고, 함께 가자고 초청하세요.

Xiǎo Wáng,　nǐ hǎo.　Wǒ　xiǎng　yāoqǐng　nǐ.
小王，　你好。我　想　邀请　你。
샤오왕, 안녕. 내가 너를 초청하고 싶어.

어휘　下周末 xiàzhōumò 다음 주 주말　有 yǒu ~이 있다　最 zuì 가장　喜欢 xǐhuan 좋아하다　的 de ~의　歌手 gēshǒu 가수
演唱会 yǎnchànghuì 콘서트　请 qǐng ~해주세요　给 gěi ~에게　去 qù 가다　朋友 péngyou 친구
打电话 dǎ diànhuà 전화하다　说明 shuōmíng 설명하다　情况 qíngkuàng 상황　并 bìng 그리고
邀请 yāoqǐng 초청하다, 초대하다　一起 yìqǐ 함께, 같이　去 qù 가다　小王 Xiǎo Wáng 샤오왕
你好 nǐ hǎo 안녕, 안녕하세요　想 xiǎng ~하고 싶다

시종일관 발음체크　wǒ xiǎng yāoqǐng nǐ(我想邀请你)는 2성+3성+1성+2성+3성으로 발음해요. 3성의 성조 변화에 주의하면서
여러 번 연습하세요.

25

你新买的照相机没用几天就坏了，请给商店打电话说明情况，并要求解决问题。

Nǐ xīn mǎi de zhàoxiàngjī méi yòng jǐ tiān jiù huài le, qǐng gěi shāngdiàn dǎ diànhuà shuōmíng qíngkuàng, bìng yāoqiú jiějué wèntí.

당신이 새로 산 카메라가 며칠 쓰지도 않았는데 고장 났어요, 가게에 전화해서 상황을 설명하고, 문제 해결을 요구하세요.

Xiǎo Wáng,　nǐ hǎo.　Qǐng　jǐnkuài　jiějué.
小王，　你好。请　尽快　解决。
샤오왕, 안녕하세요. 최대한 빨리 해결해주세요.

어휘　新买 xīn mǎi 새로 사다　的 de ~한　照相机 zhàoxiàngjī 카메라　没用 méi yòng 쓰지 않았다　几天 jǐ tiān 며칠
就 jiù 곧, 바로　坏 huài 고장나다　了 le ~했다　请 qǐng ~해주세요　给 gěi ~에게　商店 shāngdiàn 상점
打电话 dǎ diànhuà 전화하다　说明 shuōmíng 설명하다　情况 qíngkuàng 상황　并 bìng 그리고
要求 yāoqiú 요구하다　解决 jiějué 해결하다　问题 wèntí 문제　小王 Xiǎo Wáng 샤오왕　你好 nǐ hǎo 안녕하세요, 안녕
尽快 jǐnkuài 최대한 빨리

시종일관 발음체크　qǐng jǐn kuài jiějué(请尽快解决)는 2성+반3성+4성+반3성+2성으로 발음해요. 성조의 높낮이 변화가 크므
로 여러 번 연습하세요.

제7부분
"제7부분은 4컷의 연속된 만화가 나옵니다.
만화를 자세히 보고 만화의 내용을 서술하세요.
지금 4컷 만화를 봐주세요. (30초)"

26

Yǒu yì tiān, Xiǎo Wáng zài chuáng shang. Xiǎo Wáng de bàba názhe lǐwù.
有一天, 小王 在 床上。 小王 的 爸爸 拿着 礼物。

Xiǎo Wáng kàn tā de bàba. Xiǎo Wáng hěn shīwàng.
小王 看 她 的 爸爸。 小王 很 失望。

어느 날, 샤오왕은 침대 위에 있어요. 샤오왕의 아빠는 선물을 들고 있어요. 샤오왕은 그녀의 아빠를 봐요. 샤오왕은 매우 실망했어요.

어휘 有一天 yǒu yì tiān 어느 날   小王 Xiǎo Wáng 샤오왕   在 zài ~에 있다   床上 chuáng shang 침대 위
  拿着 názhe 들고 있다   礼物 lǐwù 선물   看 kàn 보다   的 de ~의   爸爸 bàba 아빠   很 hěn 매우
  失望 shīwàng 실망하다

시종일관 발음체크 ná zhe lǐwù(拿着礼物)는 2성+경성+반3성+4성으로 발음해요. zhe(着)와 같이 표현 사이에 경성이 들어있는
  경우에는 또박또박 발음하는 것보다 짧고 가볍게 던지듯이 발음하고 바로 다음 단어로 넘어가도록 연습하세
  요. 그러면 더 쉽고 유창하게 문장을 말할 수 있어요.

발음부터 시작하는 TSC 첫걸음!

해커스 중국어

TSC 3급

중국어말하기시험

"니하오"를 몰라도 20일 만에 딸 수 있다!

초판 7쇄 발행 2025년 1월 13일

초판 1쇄 발행 2020년 6월 26일

지은이	해커스 중국어연구소
펴낸곳	㈜해커스 어학연구소
펴낸이	해커스 어학연구소 출판팀

주소	서울특별시 서초구 강남대로61길 23 ㈜해커스 어학연구소
고객센터	02-537-5000
교재 관련 문의	publishing@hackers.com
	해커스중국어 사이트(china.Hackers.com) 교재Q&A 게시판
동영상강의	china.Hackers.com

ISBN	978-89-6542-372-0 (13720)
Serial Number	01-07-01

**중국어인강 1위
해커스중국어(china.Hackers.com)**

해커스중국어

- 쉽게 따라하고 암기하는 **다양한 버전의 무료 교재 MP3**
- 무료 TSC 3급 주제별 필수 암기 어휘집, 해커스 TSC 3급 발음 완성 트레이너 등 **다양한 TSC 학습 콘텐츠**
- 해커스 스타강사의 **본 교재 인강**(교재 내 할인쿠폰 수록)

[중국어인강 1위] 주간동아 선정 2019 한국 브랜드 만족지수 교육(중국어인강) 부문 1위

1위 해커스중국어

중국어인강
1위

중국어학원
1위

굿콘텐츠
서비스인증
획득

중국어인강 1위 해커스의 저력,

TSC 합격자로 증명합니다.

TSC 환급 신청자	TSC 5급 환급 신청자
합격 등급	**합격까지**
평균 레벨 5	**약 1개월**

(* 출석+성적 미션 달성자)   (* 출석+성적 미션 달성자)

"1주일간 TSC 수업을 듣고 나서 4급을 취득했습니다. 전체 커리큘럼을 다 이해하고 시험을 응시했던 것은 아니지만, 최대한 실제 시험에서 써먹을 수 있는 템플릿을 만들어주셔서 단기간에 합격할 수 있었습니다."

– 해커스 TSC 수강생 박**

회차	응시일	수험번호	LEVEL/상세보기
218회	2019. 09. 21		LEVEL 4 (中級) ➡ 상세보기

TSC, 해커스에서 시작해야
단기간 고득점 합격이 가능합니다.